KB085642

군주론

군주론

니콜로 마키아벨리 지음 | **신복룡** 옮김

❖ 을유문화사

을유사상고전
군주론

발행일 1980년 11월 10일 초판 1쇄
2006년 9월 25일 2판 1쇄
2007년 2월 10일 3판 1쇄
2019년 6월 30일 전면개정판 1쇄
2023년 11월 5일 전면개정판 4쇄

지은이 니콜로 마키아벨리
옮긴이 신복룡
펴낸이 정무영, 정상준
펴낸곳 (주)을유문화사

창립일 1945년 12월 1일
주소 서울시 마포구 월드컵로16길 52-7
전화 02-733-8153
팩스 02-732-9154
홈페이지 www.eulyoo.co.kr

ISBN 978-89-324-4003-3 04340
ISBN 978-89-324-4000-2 (세트)

"지금 존재하는 우리의 인생은
첫째는 운명이며
둘째는 이제껏 쌓은 덕망 덕분이며
셋째는 역사가 부를 때 당신은 거기에 있었는가
하는 세 가지로 결정됩니다."

"위대한 궁수는 과녁보다 조금 더 높은 곳을 겨냥하여
활시위를 당깁니다."

"아버지를 죽인 원수는 세월이 가면 잊히지만
땅과 아내를 빼앗아 간 원수는 영원히 잊지 못합니다."

— 니콜로 마키아벨리Niccolò Machiavelli(1469~1527)

「니콜로 마키아벨리의 초상」 산티 디 디토, 16세기

전면개정판 옮긴이 서문
—「해제」에 대신하여

1. 나는 왜 네 번째 개정판을 쓰는가
— 세 번째 개정판이 나오기 전까지 필자는 자기 책을 장담할 수 없다

초판을 쓴 지 40년이 지나 네 번째 개정판을 쓰는 감회가 남다르다. 세월이 빠르다는 느낌이 먼저 들고, 이 책이 그 긴 시간 동안 스테디셀러로 독자들의 곁에 있었다는 기쁨도 크지만 어쩌면 이것이 내 생애에 이 책의 마지막 개정판이 될는지도 모른다는 생각을 하니 가슴이 먹먹하고 스산하다. 그러나 그 모든 것보다도 이 허약한 몸을 이끌고 이제까지 살아온 것과 다시 개정판을 쓰게 된 데 대한 감사의 마음을 억누를 수 없다.

네 번째 개정판이라 해서 새삼 달리 고쳐 쓴 부분이 많은 것은 아니다. 평소 발견하여 적어 두었던 수정과 보완 부분을 빼면 내용에는 큰 바뀜이 없다. 다만 나도 이제 구시대의 인물이 되었다는 것을 깨달았을 때 문득 내 글의 허물이 보이기 시작했다. 지금의 젊은이들은 육필로 쓰지 않고 컴퓨터 자판에 매달리고 있으며, 이제 한자 공부는 남의 일이 되어 아버지 이름은 제쳐 두더라도 자기 이름마저 획순에 맞춰 쓸 줄 아는 대학생이 드문 세상이 되었음을 알았을 때 나는 내가 바뀌어야 한다고 생각했다. 이제 너무 예스러운 문장은 가독력可讀力이 떨어진다는 출판사의 하소연을 들었을 때 나는 내 고집만 세울 일이 아님을 알았다.

그뿐만 아니라 글쓰기에서 나는 나의 결함을 발견했다. 그것은 다름이 아니라 부사副詞를 너무 자주 쓴다는 사실이다. "많았다"고 해도 좋았을 글에 "매우 많았다"라고 썼다. 한국사는 비분강개悲憤慷慨의 역사이기 때문에 선대부터 그런 식의 과장법을 썼다고 변명할 수 있지만, 그렇다고 해서 나의 책임이 벗겨지는 것은 아니다. 간[鹽]이 짠 음식에 입맛이 든 사람은 자극적인 음식에 익숙하듯이, 평이하고 건조하고 냉정해야 할 사회과학의 글에서도 그런 어리석음을 저지른 것은 부끄러운 일이다. 그리고 문장은 짧고 절제되어야 하는데, 역사학의 사설辭說이 너무 길었다는 것도 후회스럽다. 칭찬인지 허물인지 모르겠으나, 나는 나의 글이 사회과학자의 글이라기보다는 인문학자의 글이라는 평가를 많이 들었다.

그러나 그보다도 더 절박하게 내가 네 번째 개정판을 쓸 수밖에 없었던 중요한 이유는 다른 데 있다. 그것은 다름 아니라 뒤늦게 깨달은 것인데, '세 번째 교정판이 나오기 전까지 필자는 자기 글에 장담하거나 자신해서는 안 된다'는 나의 확신 때문이다. 그동안 내 딴에는 이런저런 글을 많이 썼고 어떤 책에 대해서는 자부심도 있었지만, 지나고 보니 부끄러운 데가 많았다. 그런 점에서 필자는 자신의 글에 대해서 끝없이 겸손하고 더 좋은 글을 위한 노력의 끈을 놓지 말아야 한다. "나 죽은 뒤 백 년 안에 내 책에서 고칠 것이 없을 것"이라던 어느 선학先學의 말씀은 믿을 것도 아니고 따를 바도 못된다. 국문학자인 그의 글에는 사회과학도인 내가 보기에도 틀린 곳이 많았다.

2. 마키아벨리는 왜 『군주론』을 썼을까
― 마키아벨리는 과연 메디치가家에 아첨하고자 했을까

마키아벨리를 둘러싼 논쟁을 시작할 때 맨 먼저 나오는 화두는 그가 왜 『군주론Il Principe』을 썼는가 하는 점이다. 『군주론』을 처음 손에 잡고 읽기 시작할 때 그런 의문이 든 것은, 이 책이 단순히 마키아벨리가 명상하고 번뇌한 결과가 아니라 누구의 비위를 맞추려고 쓴 글인 것 같다는 인상 때문이었을 것이다. 따라서 나는 이 문제에 대한 해답을 제시하려는 뜻에서 먼저 문체를 바꾸었다. 이 번역본이 다른 번역본과 다른 점은 종래의 평이한 서술체 문장이 아닌 공손한 서간체라는 데 있다. 아마도 『군주론』이 서간체로 번역된 것은 을유문화사에서 1980년에 나온 이 책이 최초의 판본이었을 것이다.

내가 이 책을 서간체로 옮긴 것은 실제로 이 책이 마키아벨리가 피렌체의 지배자였던 메디치 가문에 헌정하고자 쓴 일종의 상소문이었기 때문이다. 애당초 마키아벨리는 줄리아노 데 메디치Giuliano de' Medici(1479~1516)에게 봉정하려고 『군주론』을 썼으나, 그가 1513년 신성 로마 제국의 행정관이 되어 피렌체를 떠났기 때문에 뜻을 이루지 못하고 로렌초 디 피에로 데 메디치Lorenzo di Piero de' Medici(1492~1519)에게 봉정했다. 헌정해야 할 대상을 이리 저리 바꾼 것부터 남들의 오해를 불러일으키기에 충분했다.

이렇게 마키아벨리가 누구에게 이 글을 헌정할 것인가 하고 기웃거렸다는 것 자체가 진정한 선비라면 바람직한 일은 아니었다고 지적하는 데에 무리가 없다. 그러나 여기에는 우리가 모르고 지나친 부분이 있다. 그것은 다름 아니라 이탈리아에서는 고대로부터 중세 및 근대에 이르기까지 학자나 작가가 어떤 사람에게, 이를테면 자신이 존경하거나 마음의 빚을 졌거나 아니면 앞으로 함께 모시고 일하고 싶은 인물에게 자신의 글을 헌정하는 것은 하나의 관례였지 허물이 아니었다는 점이다. 그는 이 책 말고도 『피렌체사History of Florence』를 교황 클레멘스 7세Clement VII에게 헌정(1525)한 사례도 있다.

그보다 역사를 더 거슬러 올라가면, 플루타르코스Plutarchos(46년경~120년경)도 서양사 최고의 전기물인 『영웅전Bioi Paralleloi』을 쓰면서 첫 장인 「테세우스전Theseus」과 「데모스테네스전Demosthenes」과 「디온전Dion」에서 소시우스 세네키오Sosius Senecio에 바치는 헌사를 첫머리에 기록하고 있다. 소시우스는 플루타르코스가 로마에 머물 무렵에 사귄 친구로서 서기 98~107년 동안에 네 번에 걸쳐 집정관을 지낸 명사였는데, 플루타르코스는 자료 수집과 집필 과정에서 그에게 신세진 것을 그런 식으로 표현했다. 이런 사조는 이탈리아뿐만 아니라 다른 나라에서도 마찬가지였는데, 이를테면 베토벤Ludwig van Beethoven이 당대의 영웅인 나폴레옹Napoléon(1769~1821)에게 「영웅 교향곡」을 바친 경우도 마찬가지이다.

이런 점에서 본다면 누구에게 책을 헌정한다는 것은 작가로서 허물이 아니다. 지금의 사회에서도 글을 선물하는 것은 미담일 수 있으며, 반드시 비난할 일만은 아니다. 마키아벨리가 메디치가에 아첨하고자 했다면 그는 더 일찍, 다시 말해 그가 꿈을 이루지 못하고 풀이 죽어 있던 젊은 날에 이 글을 써서 헌정하는 것이 더 지혜로운 선택이었을 것이다. 그런데 그가 통치술에 관한 글을 쓰기 시작한 것은 공직에서 사실상 물러난 뒤 10년이 지나서의 일이었다.

여러 가지 정황으로 볼 때 마키아벨리가 『군주론』을 집필한 것은 1512년 이후일 것이다. 그때 그의 나이가 이미 쉰세 살이었고, 사실상 공직의 꿈을 버리고 낙향한 때였다. 따라서 이 책에 담긴 내용은 '앞으로의 꿈'에 대한 기록이라기보다는 '지나간 날에 대한 회한悔恨의 심정'이 더 깊게 배어 있다. 그러므로 이 책은 미래학이라기보다는 회상기이면서 역사적 훈계의 성격이 짙다는 점에서 아첨의 뜻과는 일정한 거리가 있다.

또 한 가지 유념할 것은 이 글이 어떤 형태로든 메디치가에 전달되었을 것이라고 볼 수 있는데, 막상 이 글을 받아 본 인물은 이 책에 대하여 그리 감격하거나 기뻐하지 않았다고 하는 사실이다. 앞서 살펴본 바와 같이 이 글을 집필하기 시작한 것은 1512년이며, 탈고하기까지는 한 해 정도의 시간이 걸리지 않았다. 그가 수고본手稿本을 가지고 줄리아노 데 메디치를 찾아간 것이 1513년이었다. 당초에는 책의 이름이 『공국公國들Principatibus; Of Principalities』이었다. 뒷날 줄리아노가 마키아벨리에게 『피렌체 정부 개혁론』의 집필을 의뢰(1519)한 것으로 보아 줄리아노도 『군주론』의 원고를 읽고 감명을 받았다고 볼 수 있다. 그러나 책을 읽고 감명을 받는 것과 그 책의 출판을 기뻐하는 것은 별개의 문제이다.

이를테면 아리스토텔레스Aristoteles가 『정치학』을 집필했다는 소식을 들은 알렉산드로스 대왕Alexandros the Great이 스승인 그에게 편지를 보내어 "정치학을 가르친 것은 저 하나로 충분하니 그 책을 발행하지 마시기를" 부탁했던 사례와 마찬가지로, 메디치 가문도 『군주론』의 발간을 반겨하지 않았다. 더욱이 메디치가 출신의 교황 클레멘스 7세는 이를 금서로 지정하여, 책은 마키아벨리가 죽은 뒤 5년이 지난 1532년에서야 겨우 출간될 수 있었다. 마키아벨리도 이 책을 쓰면서 메디치가로부터 인정받고, 그래서 벼슬이라도 한 자리 얻고 싶은 소망이 어찌 조금도 없었을까만, 그것은 아마도 그가 이 책을 쓰게 된 결정적인 동기는 아니었을 것이다.

3. 마키아벨리는 무엇을 말하고 싶었을까
— 그의 본심은 로마 영웅들의 우국심을 전파하는 것이다

마키아벨리의 가문이 어떠했는지, 소년 시절의 삶이 어떠했는지에 대해서는 잘 알려져 있지 않다. 그런데 그가 자신의 문제에 관하여 말하면서 묻어나오는 단편斷片들을 종합해 보면 다음과 같이 몇 가지를 추정할 수 있다.

첫째로 마키아벨리의 가정은 부유했거나 명문가가 아니었을 것이다. 그렇다고 해서 적빈했거나, 그래서 마음이 병들고 이지러진 집안도 아니었다. 어느 날 그가 해외에 출장을 다녀와서 아버지께 "제가 어디 어디를 가서 이러저러한 일을 마치고 왔습니다"라고 말씀을 드렸더니 그 아버지가 아들을 훈계하기를, "앞으로 공직의 임무를 띠고 출장을 다녀왔을 때는 '제가 어디 어디를 다녀왔습니다'라고 말하지 말고 '우리가 어디 어디를 다녀왔습니다'라고 말하는 습관을 들이도록 해라"라고 말한 대목이 크게 울린다.

이는 마키아벨리의 가정 교육이 그만큼 근엄했고 아버지가 훌륭한 분이었음을 들려주는 좋은 사례이다. 따라서 마키아벨리가 화려하지는 않지만 지성적이고 단정한 가정에서 자랐음을 알 수 있다. 아마도 귀족의 후예일 가능성이 높다. 그의 생애에 관한 전기에도 그가 태어나서부터 서른 살이 되어 80인 위원회와 10인군사위원회의 사무국장이 된 1498년까지는 여백과 추정만이 남아 있을 뿐이다. 이렇게 '백수'의 기간이 길었다는 사실이 위에서 말한 것처럼 '아첨'할 수도 있었다는 추론의 근거가 되지 않았나 여겨진다.

두 번째로는 그가 글 읽기를 좋아하는[好學] 인물이었다는 점이다. 그는 로마의 역사에 대한 깊은 애정과 긍지를 가지고 있었다. 만약 그가 정치학에만 몰두했다면 그는 이만한 책을 쓸 수 없었을 것이다. 이 책에는 성경은 말할 나위도 없고 그리스와 로마 그리고 프랑스와 독일과 스페인에 등장하는 수많은 영웅 재사와 독재자와 왕의 행적이 인용되어 있으며, 지리학에도 해박한 지식을 보여 주고 있다. 그 수준은 독서를 즐긴 정도가 아니라 전문가의 경지를 넘는 것이다.

그러한 역사물 가운데 그 당대의 인물을 다룬 것 이외에 가장 많이 인용된 것이 플루타르코스의 『영웅전』이다. 플루타르코스가 쓴 영웅들은 결코 하늘에서 떨어진 사람도 아니고 어느 날 문득 땅에서 솟은 사람도 아닌, 우리와 같은 필부필부匹夫匹婦들이었다. 그들도 우리처럼 희로애락에 울고 웃었다. 다른 점이 있다면 그들은 우리들보다 더 많이 책을 읽었고, 시운時運이 따랐다. 그는 인간의 삶에서 차지하는 운명성, 미신 또는 신의 섭리를 매우 중요하게 생각했다.

마키아벨리가 플루타르코스의 『영웅전』을 읽으면서 배운 또 다른 교훈은, 당신도 인생을 살아가는 동안에 수없이 많은 '나쁜 사람들을 만날 수 있다'는 경각심이었다. 인생이 아름다울 수는 있으나 나쁜 사람도 많다는 사실은 교과서에서 "정의가 반드시 이긴다[事必歸正]"는 선현의 말씀을 수없이 들어온 젊은이에게 절망을 줄 수도 있지만, 어쩌면 이 말이 더 정직한 대답일 수 있다. 이 책에는 음모와 배신의 추악한 무리들이 수없이 등장한다. 세상살이에서 정의는 늘 이기는 것이 아니었다.

플루타르코스의 『영웅전』을 처음 영문으로 번역한 노스 경Sir Thomas North의 지적처럼, 우리는 삶의 모범을 위인에게서 배우지 철학자에게서 배우지 않는다. 플루타르코스가 말하는 삶의 모범이란 명예·사랑·충직·경건·열정·충성심·청렴·검소·우정·신의를 뜻하는 것이었다. 그가 그 책을 처음 썼을 때 그 제목은 '영웅전'이 아니라 '고결한 인생을 살다간 그리스와 로마 영웅들의 비교 행적Parallel Lives of the Noble Grecians and Romans'이었다. 플루타르코스가 생각한 '고결한 인물'이라 함은 난마와 같은 세상에서 위와 같은 덕목과 함께 '우국심'을 기본 가치로 삼으며 살다간 사람들을 의미하는 것이다.

마키아벨리는 자기가 살던 시대에 바로 그러한 영걸들의 삶을 보여 줌으로써 어지러운 조국을 구출하고 싶었던 것이다. 후대의 학자들은 마키아벨리를 가리켜 "현실 정치/권력 정치real politics/power politics의 창시자"라고 말한다. 그렇게 말할 수도 있다. 그러나 그의 내면을 들여다보면 그에게는 그리스/로마 시대의 철인들의 삶에 대한 깊은 동경과 향수가 배어 있다.

내가 공부한 바에 따르면, 역사에 명멸했던 많은 사상가들 가운데에서 '극단적인 현실주의자extreme realist는 실제로 이상주의자idealist였다.' 극단적인 현실은 존재할 수 있는 것이 아니라 그 자체가 이상주의적이기 때문이다. 이는 극단적인 이상주의자들이 사실은 현실주의자였던 점과 같은 현상이다. 한국사에서의 조광조趙光祖(1482~1519)가 그러했고, 프랑스 역사에서 로베스피에르Maximilien François Robespierre(1758~1794)가 그러했다.

마키아벨리가 주창한 여러 가지 현실 인식을 주목한다면, 행태주의 정치학behavioral politics의 서장緖章에 그를 두는 데에는 충분한 근거가 있다. 그러나 그가 현실을 주목한 것은 사실이지만 그 거울은 역사였다. 따라서 굳이 그의 학문 세계를 틀 지워 설명하고자 한다면, 그는 역사주의historicism에 배열되어야 할 인물이다. 이 점에서 나는 마키아벨리의 기존 해석과 다르다. 인간의 내면적 성찰보다는 선악을 넘어 밖으로 표출된 행위에 주목한다면, 마키아벨리가 보여 준 정치인의 처신은 분명히 행태주의로 분류될 수도 있겠지만 그는 자신의 의도가 그러한 뜻으로 해석되는 지금의 정치학에 다소 당황스러울 것이다. 역사적 사실과 맥락에 대한 이해나 주석 없이 본문만으로는 이 책을 이해할 수 없는 이유가 여기에 있다.

4. 마키아벨리가 말하고자 하는 '덕성'의 진정한 의미는 무엇이었을까
— 덕성virtue의 본질은 용맹valor과 뿌리가 같다

중국의 주자朱子(1130~1200)는 『예기禮記』를 읽다가 그 가운데 제42편이 너무

훌륭하여 한 장章을 따로 떼어 내어 책을 만들었으니, 그것이 곧 『대학大學』이다. 주자는 대학의 주注를 달면서 "내가 이 [작은] 책에 쏟은 정성은 사마광司馬光(1019~1086)이 [저 방대한] 『자치통감資治通鑑』을 쓰면서 기울인 노력과 같았다"고 말했다. 그 본문은 공자孔子(기원전 551~479)의 말씀인데, 이렇게 시작하고 있다.

> "세상에서 가장 큰 학문의 길은 첫째, 지혜로운 덕성德性을 세상에 드러내며,
> 둘째, 백성을 사랑하며, 셋째, 가장 정의로운 곳에 머무는 것이다
> 大學之道 在明明德 在親民 在止於至善."

이 주제에서 조금 벗어나는 일이지만, 주자는 이 대목을 풀이하면서 "백성을 사랑한다[親民]"라는 구절은 종이[紙質]도 좋지 않은 시절에 수기手記로 오랫동안 내려오는 과정에서 "백성을 가르친다[新民]"라는 글자를 잘못 옮겨 쓴 것이니 신민新民으로 써야 한다고 후학들을 가르침으로써 이제는 그것이 정설처럼 되었지만, 이 글에서는 왕양명王陽明(1472~1528년경)의 가르침에 따라 친민親民으로 풀이하고자 한다.

마키아벨리의 글을 논의하면서 공자의 『대학』을 인용하는 것은 두 사람이 모두 인간의 덕성을 중요 가치로 주장했기 때문이다. 동양에서 말하는 덕성이라 함은 곧고 성실한 마음가짐을 뜻하는 것이었다. 덕德이라는 글자도 본디에는 덕悳이라고 썼으니 풀어쓴다면 곧은 마음[直心]이었다. 무엇이 곧은 마음인가? 주자는 그것을 대인大人의 마음가짐이라고 풀이했다. 이는 곧 사랑[仁]과 너그러움[寬]과 베풂[施]과 헤아림[恕]이었다. 이런 점에서는 주자나 왕양명의 경우에도 서로 다툼이 없다.

그렇다면 마키아벨리가 말하고자 하는 덕성a good moral quality in a person이라 함은 무엇일까? 서양 철학사에서 이 논쟁은 아직 합의되지 않았다. 그는 "지금 존재하는 우리의 인생은 첫째는 운명이며fortune, 둘째는 이제까지 쌓은 덕망virtue 덕분이며, 셋째는 역사가 부를 때historical calling 당신은 거기에 있었는가 하

는 세 가지로 결정됩니다"라고 말한다.

그러면 다시, 덕망德望이란 무엇인가? 마키아벨리가 의미하는 덕망 또는 덕성에는 신중함prudentia, prudence, 정의로움iustitia, justice, 자제심temperantia, temperance 그리고 용맹스러움fortitudo, courage이 있다. 여기에서 주목해야 할 사실은 인간의 덕망에 용맹스러움이 포함되어 있다는 사실이다. 이와 관련하여 플루타르코스는 그의 『영웅전』「코리올라누스Caius Marcius Coriolanus, §1」편에서 다음과 같은 말을 남겼다.

"그러나 오늘날 로마에서 '덕망virtue'이라는 말을 쓸 때 전쟁이나 무공에 커다란 가치를 두는 것은 분명한 사실이며, 라틴어에서 덕망virtūs이라는 용어는 분명히 '남자다움'이라는 뜻으로 쓰이지만, 일반적으로 '용맹함valor'의 의미를 담고 있다."

본디 라틴어에서 덕성을 뜻하는 virtūs의 어근인 vir는 '남자다움man'을 뜻하는 것이었다. 마키아벨리나 플루타르코스가 이탈리아 정신사에서 '덕성'을 거론하면서 하필이면 '용맹스러움'을 거론했을까 하는 점이 예사롭지 않다. 그들의 말대로라면 덕성이라 함은 인문학적 의미로서의 철학 용어인 인품이나 인격 또는 수양이 아니라 서구적 무사도warrior-ship나 일본식 사무라이 정신[武士道]에 가깝다. 이것은 문예부흥이라는 인문학의 혁명을 거쳤음에도 불구하고 이탈리아의 정신은 여전히 제왕의 정신Caesarianism에 머물러 있었음을 뜻한다.

요컨대, 후대의 정치학자들은 마키아벨리가 뜻하고자 하는 virtue의 의미를 잘못 해석했다. 그가 진실로 메디치가에게 권면하고자 했던 것은 로마 제국을 이끌던 명인 재사들의 용맹함을 그 시대에 되살려 교황권으로부터의 종속을 벗고 흩어진 조국을 통일시키고자 하는 염원의 과정에서 구상한 이상향이었다. 그런 점에서 그의 사상에 일관되게 흐르는 정신은 고대 로마 제국을 이끌던 영걸들의 우국심을 지도자의 덕성으로 해석하는 것이었다. 따라서 성리학에서 의미하는 덕성의 개념에 몰입한 동양에서는 지중해 문명에 기초한 마키아벨리의 덕성을 오해한 셈이 된다.

5. 우리는 마키아벨리의 말을 우리 입맛에 맞게 잘못 인용했다
— '사자의 용맹'과 '여우의 교활함'은 그의 주제어가 아니다

독자 여러분들은 소크라테스Socrates의 경구警句를 말하라면 무엇이 먼저 연상되는가? 아마도 대부분의 사람들은 "네 자신을 알라"라는 말과 "악법도 법이다"라는 말을 떠올릴 것이다. 플라톤Platon이 쓴 『알키비아데스전』에 따르면, 앞의 말은 소크라테스의 제자인 알키비아데스Alcibiades가 찾아와 "정치를 하고 싶다"고 말하자, 소크라테스가 "네 자신을 먼저 알아야 한다. 정치인에게는 해독제가 필요하다"고 말했다고 한다. 그러니 이는 믿을 만한 일이다. 그런데 강정인姜正仁(서강대학교)의 연구에 따르면, 소크라테스는 "악법도 법이다"라는 말을 한 기록이 일차 사료로 입증되지 않으며, 한국의 권위주의 시대에 우민론愚民論에 빠진 위정자들이 국민을 묵종시키고자 꾸며 낸 말이라고 한다.

다시 묻건대, 독자 여러분들은 애덤 스미스Adam Smith의 경구를 말하라면 무엇이 먼저 떠오르는가? 아마도 '보이지 않는 손invisible hand'의 창안자로 그를 연상할 것이다. 그는 예순일곱 살로 세상을 떠났는데, 만년에 자신의 학문을 돌아보면서 스스로에 대하여 세 가지 점이 의아했다고 고백한 적이 있다.

첫째로, 애덤 스미스는 스스로를 철학자로 알고 있었는데, 『국부론The Wealth of Nations』(1776)을 발표한 뒤로 자기가 경제학자로 세상에 알려져 있더라는 점이다. 그의 자기 정체성은 끝내 철학자이지 경제학자가 아니었다.

둘째로, 애덤 스미스는 자기 작품 가운데 『도덕적 감정론The Theory of Moral Sentiments』(1759)의 집필에 가장 심혈을 기울였고 후대에도 그 책의 필자로 기억되기를 바랐는데, 전혀 예상치 않게 세상 사람들은 자신을 『국부론』의 필자로 칭송하더라는 것이다. 그는 물리학과 천체학과 법률에 관한 글[遺稿]을 남겼지만 생전에 출판된 것은 위의 두 편뿐이었다. 그는 특히 『도덕적 감정론』에 애착을 가지고 있었는데, 세상이 그것을 알아주지 않은 데 대한 섭섭함을 표현

한 적이 있다.

셋째로, 이 점이 가장 중요한데, 애덤 스미스는 자기 이론의 핵심 주어가 '보이지 않는 손'으로 알려진 데 대하여 무척 놀랐다. 그가 『국부론』(제4편 제2장)에서 "보이지 않는 손"을 거론한 것은 사실이다. 그러나 그는 그리 중요한 의미를 담지 않은 채, 아무런 설명도 없이 툭 던지듯이 '딱 한 번' 그런 말을 했을 뿐이다. 그런데 그 말이 학계에 회자膾炙되었을 때 애덤 스미스는 자기의 뜻이 과장되었거나 아니면 곡해된 데 대하여 놀라움을 표시했다. 심지어 펭귄 고전 시리즈Penguin Classics처럼 서양의 고전파 경제학에서는 그 "보이지 않는 손"이 언급된 제4편을 『국부론』에 수록하지 않는 경우도 있다.

자, 그렇다면 내가 이야기하고자 하는 본론으로 돌아가서, 독자들은 『군주론』에 담긴 경구를 생각할 때 무엇이 먼저 머리에 떠오르는가? 아마도 '사자의 용맹과 여우의 간교함'을 연상할 것이다. 그가 『군주론』(18장 [3])에서 "군주는 (…) 함정을 피하는 방법을 알려면 여우처럼 처신할 필요가 있고, 이리를 쫓으려면 사자처럼 처신할 필요가 있습니다"라고 말했다. 그러나 그의 이 명제는 이 책을 지배하는 핵심어가 아닌데도 후세의 학자들과 독자들은 그 말을 마키아벨리의 상징어처럼 입에 달고 살았다.

이러한 현상은 앞서 든 소크라테스나 애덤 스미스의 경우와 마찬가지로, 필자의 의도와는 아주 다르게 후대의 입맛에 맞게 인용된 것이다. 과분하게도 나의 글이 중고등학교 국정교과서에 수록되었기에 감사하고 기쁜 마음으로 읽어 보았더니, 그 글의 뒤편에 달린 '필자의 의도'라든가 부교재에 실린 부연 설명은 나도 무슨 말인지 알 수 없었다. 에드워드 핼릿 카E. H. Carr의 말처럼, "역사가의 글은 어차피 선택적이고, 해석은 읽는 이의 나름"이라 하지만 이런 식의 자의적인 해석은 실례失禮의 영역을 넘어 오류가 될 수 있다.

나의 이 『군주론』은 위와 같은 오류를 저지르지 않으려고 고심했다. 누구인들 자기의 글에 애정을 느끼지 않을까만, 학자가 글을 쓸 때면 토씨 하나, 점(.) 하나에도 찍을까 말까 고민하는데, 하물며 본디의 뜻이 곡해된다면 이는 필자의 마음을 헤아리지 않은 것일 뿐만 아니라 진실과 오류의 문제가 된다. 그래서 번역은 창작 못지않게 어렵고, 또 그만큼 대접받아야 한다.

* * *

이 네 번째 개정판이 독자들에게 조금이라도 더 친숙한 모습으로 다가갔으면 좋겠다. 그리고 이 책을 기획한 을유문화사의 정상준鄭相俊 편집주간과 40년 동안 거쳐 간 여러 편집장 그리고 이번 작업을 맡아 준 정미진鄭美珍 편집자에게 깊은 감사를 드린다.

2019년 초여름
신복룡

3판 옮긴이 서문

나는 내가 공부하고 글을 쓴 장르 가운데에서 전기정치학biographical politics이라는 새로운 영역에 남다른 애착을 가지고 있다. 한국사에 명멸한 몇몇 선학의 생애에 관한 글을 쓰면서 나는 한국사가 『삼국사기』나 『삼국유사』나 『조선왕조실록』만으로 기록되는 편협함에 늘 불만을 느꼈다. 그들의 생애를 기록하면서 서양의 역사학이나 인물학의 방법을 도입하면 글이 훨씬 더 기름지고 시좌視座도 넓어지리라는 생각을 평소에 많이 해왔다. 내가 마키아벨리를 주목하고 이 글을 번역한 것도 그러한 의도 가운데 하나에서 비롯되었다.

니콜로 마키아벨리는 1469년 5월 3일 피렌체에서 태어났다. 그는 몰락한 귀족의 후손으로 정규 학교를 다닌 것 같지는 않으나 문필가가 되고자 하는 야망 속에 라틴어를 익히며 젊은 날을 보냈다. 그가 이 시절에 탐독했던 것은 플루타르코스의 『영웅전』이었는데, 그러한 그의 독서 편력은 이 책 『군주론』의 여러 곳에 많이 묻어 나오고 있으며, 특히 빈번히 인용되고 있는 알렉산드로스 대왕의 행적을 기술하는 부분에서는 더욱 그렇다.

청년 시절에 마키아벨리는 10인군사위원회Ten in Charge of War의 사무국장에 선출되어 피렌체의 군사 업무를 다루면서 필요할 경우에는 인접 국가를 방문했는데, 이때 그리 중요하지 않은 외교 업무도 부수적으로 처리했다. 이러한 직책상 여행은 젊은 날에 그의 인격 형성과 견문을 넓히는 데 크게 도움이 되었으리라고 추측할 수 있다.

인생이란 결국 만남, 곧 인연인데, 마키아벨리의 경우도 예외는 아니었다. 그는 업무의 연결 고리를 넘어 당대의 유력한 정치인들에게 의도적으로 접근하여 자신의 입신양명과 저술을 인지시키려는 노력을 게을리하지 않았다. 그 가운데 가장 대표적인 인물이 체사레 보르자Cesare Borgia(1475/76~1507)였다. 교황 알렉산데르 6세Alexander Ⅵ(1431~1503)의 아들이며(당시에는 교황이 결혼하는 경우도 있었다) 추기경으로서 피렌체 일대를 장악하고 있던 체사레 보르자는 교지狡智가 매우 출중한 인물이었다.

마키아벨리는 체사레 보르자를 통하여 정치의 세속적 저변을 들여다보는 좋은 기회를 얻었다. 이 책에 나오는 저차원적인 정치 술수는 그를 통하여 배운 것들이었다. 체사레 보르자와의 만남은 마키아벨리가 지도자의 행동을 관찰할 수 있는 최상의 기회를 제공했으며, 마키아벨리는 그를 통하여 어떻게 전쟁을 수행해야 하는가 하는 안목과 많은 정치적 영감을 얻었다.

마키아벨리는 공무를 수행하면서도 엄청난 분량의 독서를 했는데, 그는 이때 얻은 지식과 자신의 체험을 토대로 많은 저술을 남겼다. 그의 작품으로는 다음과 같은 것이 있다.

『카스트루치오 카스트라카니의 생애The Life of Castruccio Castracani』

『결혼한 악마 벨파고르Belfagor : The Devil Who Took a Wife』

『리비우스 역사 논고Discourses on the First Ten Books of the History of Livy』

『만드라골라La Mandragola』

『우리나라의 언어에 관한 연구 또는 대화Discourse or Dialogue on Our Language』

『이탈리아 10년사: 1494~1504Decennale : 1494~1504』

『전술론Art of War』

『카피톨리Capitoli』

『클리치아Clizia』

『트리시노Giangiorgio Trissino』

『프랑스 사정기事情記Description of the Affairs of France』

『피렌체 정부 개혁론Discourse on Reforming the Government of Florence』

『피렌체사History of Florence』

『황금 나귀The Ass of Gold』

『후회에 대한 권고Exhortation to Penitence』

이상과 같은 그의 작품에는 몇 가지 특징이 있다.

첫째로 그의 작품들은 이탈리아 역사에 대한 해박한 지식과 통찰력에 근거하고 있다. 이런 점에서 그는 탁월한 역사학자였다.

둘째로 그의 작품 가운데는 유력자의 부탁에 따라 집필했거나 아니면 누군가에게 헌정獻呈하려고 쓴 것이 많다. 이는 그가 출세욕이라 할지 아니면 명예욕이라 할지 그 어느 것이었든 신분 상승에 대한 강한 욕망을 가지고 있었음을 뜻하며, 이러한 그의 욕망이 그를 그토록 비정한 현실주의자로 만들었다고 볼 수도 있다.

셋째로 그의 작품에는 소설과 희곡 등이 있는데, 이는 그가 역사학자나 정치학자이기에 앞서 문필가로서의 능력도 상당히 갖추고 있었음을 뜻한다. 그의 문장이 유려한 것은 결코 우연이 아니었다.

마키아벨리의 강렬한 신분 상승 욕구에도 불구하고 그의 일생은 그리 현달顯達하지도 못했고 평탄하지도 않았다. 그는 자신이 의존했던 메디치가Medici family와 더불어 영욕과 부침을 함께했으며, 정치의 분규에 연루되어 투옥되어 낙백落魄의 시절을 보내기도 했다. 그러나 이러한 논의는 그가 입신을 위해 기회주의적으로 살았다는 것을 뜻하는 것이 아니다.

마키아벨리는 역사학에 소양이 깊었던 만큼 현실 정치에도 깊이 연루되었는데, 이를테면, 실제로 피렌체의 성벽을 쌓아 국방에 헌신했으며 군사위원회 사무국장 시절에는 구매 업무를 맡아 보며 피렌체의 안보에도 크게 기여했다. 그러나 이러한 노력과 야망에도 불구하고 그는 세속적인 영화를 누리지 못한 채 1527년 5월 22일에 쉰여덟이라는 한창 일할 나이에 모든 꿈을 접고 사망했다.

오늘날의 젊은이들을 만날 때마다 늘 느끼는 아쉬움은 그들이 날이 갈수록 조국의 뜻을 상실해 가고 있다는 점이다. 아니 그들은 조국을 생각할 겨를이 없다고 표현하는 것이 옳을지도 모른다. 그뿐만 아니라 그들은 기능주의 학문에 몰입하면서 역사학의 독서를 소홀히 하고 있다. 이 부족한 번역이 조국과 역사에 대하여 그들이 눈을 뜨게 하는 데 도움이 될 수만 있다면 그보다 다행한 일은 없을 것이다.

책을 출판하다 보면 많은 분에게 신세를 지게 되는데, 이번에도 예외가 아니었다. 서생으로서의 황혼 작업을 이해하고, 활판에서 컴퓨터로 바뀌는 과정에서 원고의 스캐닝 작업을 도와준 코리아 콘텐츠 랩Korea Contents Lab의 유대성劉大成 사장의 도움에 깊이 감사하며, 옛 인연을 박절하게 거절하지 않고 개정판을 받아 준 을유문화사 여러분께도 깊은 감사를 드린다.

2006년 7월 23일
신복룡

2판 옮긴이 서문

『삼국지』에 등장하는 강유姜維(202~264)가 한탄하기를 "세월은 백마가 달려가는 것을 문틈으로 내다보는 것처럼 빨리 지나간다[人生如白駒過隙]"더니, 벌써 나도 정년퇴직을 준비할 나이가 되었다. 이제 남은 시간에 묵은 책들의 개정판과 증보판을 준비하면서 제일 먼저 이 책을 손본 것은 이 책에 대한 나의 애정이 남달랐기 때문이다. 『군주론』은 이제까지 수많은 번역본이 출판되어 누가 정확하게 번역하느냐의 문제는 이미 끝난 얘기이고, 누가 유려한 문장과 충실한 주석과 아름다운 제책으로 독자에게 다가가느냐의 문제만 남아 있을 뿐이다.

그뿐만 아니라 초판(1980) 이후 한글맞춤법이 바뀐 것은 말할 것도 없고, 인쇄 기술까지 변하여 어차피 개정판을 쓸 수밖에 없던 터라 이래저래 원고에 손을 대지 않을 수 없었다. 그동안 부실하나마 30여 권의 번역본을 냈지만 나는 『군주론』의 주석가로 독자에게 기억되고 싶다. 그 이유는 다른 책에 견주어 나름 번역과 주석에 많은 공을 들였기 때문이다.

2004년 11월 23일
신복룡

초판 옮긴이 서문

인간이 살아가면서 추구해야 할 가치가 딱히 고정된 것은 아니라 할지라도 뜻 있는 인간에게는 목숨을 바쳐도 아깝지 않은 경우가 세 가지 있다. 첫째로는 조국을 위해서요, 둘째로는 자신의 학문을 위해서요, 셋째로는 자녀를 위해서 이다. 마키아벨리는 이 세 가지 점에서 나에게 특별한 뜻이 있다. 첫째로는 그가 남달리 조국을 사랑했다는 사실이요, 둘째로는 그의 『군주론』이 내 학문 세계의 일부를 이루고 있다는 점이요, 셋째로는 그 저서가 나의 사랑하는 자녀들에게 읽혀 줄 만한 가치가 있다는 점이다. 그런 점에서 『군주론』을 번역 및 주석한다는 일은 나에게 오래전부터 하고 싶었던 일 가운데 하나였다.

마키아벨리가 세상을 떠난 지 거의 5세기가 지났음에도 불구하고 아직 그에 대한 평가는 통일되어 있지 않다. 그의 민족주의를 높이 평가하는 사람이 있는가 하면 메디치가에 대한 아부라고 평하는 사람도 있고, 그를 현실주의자라고 평하는 사람이 있는가 하면 패덕자悖德者라고 평하는 사람도 있다. 그러나 설령 마키아벨리가 메디치가에 대한 아첨의 뜻을 다소 품었다는 사실을 인정한다 할지라도, 이 글에 나타나 있는 그의 충정이 결코 빛을 잃는 것이 아니다. 왜냐하면 그가 누구보다도 이탈리아를 사랑했다는 사실을 부인할 사람은 아무도 없기 때문이다.

내가 『군주론』을 번역하면서 도움을 얻은 자료는 다음과 같다.

Adams, Robert A., *The Prince*(New York: W. W. Norton & Co., 1977)

Gilbert, Allan H., *Machiavelli: The Prince and Other Works*(New York: Hendricks House, 1946)

Licci, Luigi and Vincent, E. R. P., *The Prince and the Discourses by Niccolò Machiavelli*(New York: The Modern Library, 1950)

Marriott, W. K., *Niccolò Machiavelli: The Prince*(London: J. M. Dent & Sons Ltd., 1958)

주석은 주로 『웹스터 인명 사전*Webster's Biographical Dictionary*』(Springfield: G. & C. Merriam Co., 1943)을 이용했으며, 위의 판본을 참고하였다.

「해제」에 관해서는 내가 직접 쓰는 것이 옳은 일이었겠지만, 아무래도 부족할 듯하고, 또 행여나 현학衒學이 되지 않을까 걱정이 되어 아예 길버트의 판본에 실린 것을 번역하였다. 그가 마키아벨리 연구의 유수한 대가라는 점에서 여기에 실린 그의 글은 독자들을 만족시켜 주리라고 믿는다.

부족한 글을 출판해 준 을유문화사 여러분과, 원고 정리를 도와준 한영섭韓永燮 군에게 감사한다.

1978년 동지에
신복룡

일러두기

1. 본 책은 1946년 헨드릭스 하우스 Hendricks House에서 나온
   판본(Niccolò Machiavelli, *The Prince*, Hendricks House, New York, 1946)을 바탕으로 작업하였다.
2. 본문에 원주는 숫자만 표기하고, 옮긴이의 주는 숫자와 *를 함께 달아 구분하였다.
3. 단행본이나 잡지의 제목에는 『 』을, 신문이나 논문, 한 편의 시를 비롯해 미술, 음악, 연극 등
   예술 작품의 제목에는 「 」을 표기하였다.
4. 인명은 국립국어원의 외래어 표기법에 따랐으나 일반적으로 굳어져 사용된 명칭은 그에 준하였다.
5. 원서에는 없지만, 이 책에는 독자의 이해를 돕기 위해 도판을 추가하였다.

차례

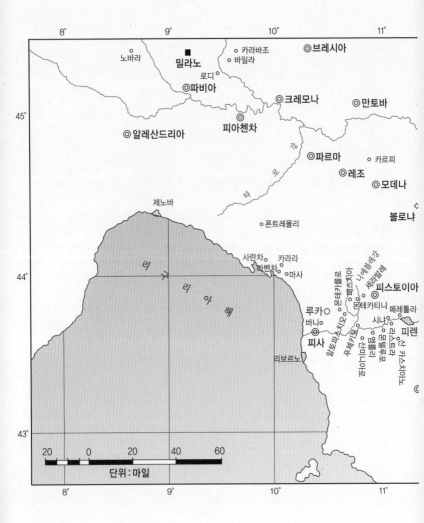

노바라

밀라노

◎파비아

◎알레산드리아

○카라바조
○바일라

◎브레시아

○로디

◎크레모나

◎만토바

◎피아첸차

◎파르마

○카르피

◎레조

◎모데나

볼로냐

폰트레몰리

제노바

리

구

리

아

해

사란차
○카라라

라벤차
○마사

몬토페를리

니에블레강

세라벨레

피스토이아

루카
○바니

몬테카티니

페레톨라

피사

알토파소치오
루체기오
산미니아토

시냐

피렌체

산 키소치아노

죽

엘름라
문불로

라스트로

리보르노

20 0 20 40 60
단위 : 마일

메스트리 ○

베네치아

포 강

◎ 페라라

토스카나, 롬바르디아,
로마냐

라벤나 ◎

○포를리
체세나

○ 리미니

페사로 ○

우르비노

시니갈리아

○ 치타 디 카스텔로

체

◎)시에나

아레초 ◎

페루자

마조네

○ 카메리노

페르모 ○

아르노 강

테베레 강

마키아벨리 시대의 이탈리아 지도

메디치 전하께 드리는 헌사 [1]

— 니콜로 마키아벨리 상서上書

[1] 메디치Lorenzo di Piero de' Medici[2] 전하!

무릇 군주의 은덕을 받고자 애쓰는 사람은 자신이 가장 아끼는 물건이나 그가 가장 좋아하리라 여겨지는 것을 가지고 찾아가는 법입니다. 따라서 군주는 신하들이 분수에 맞게 보내 준 말(馬)이며 무기며 비단옷이며 보석이며 이와 유사한 장식품을 받게 됩니다. 그와 마찬가지로 저도 전하를 뵈면서 전하에 대한 저의 충정衷情을 다소나마 보일 수 있는 물건들을 바치고자 했으나, 저의 소유물 가운데에서는 눈앞의 일들에 대한 오랜 경험과, 옛것에 대한 끊임없는 탐구로써 얻어진 선현先賢들의 행적에 관한 저의 지식보다 더 소중한 것이 없음을 알았습니다. 이제 저는 오랫동안 깊이 생각한 나머지 그와 같은 지식들을 하나의 작은 책으로 엮어 전하께 드리는 바입니다.

---

1 * 『군주론』은 본래 줄리아노 데 메디치Giuliano de' Medici(1479~1516)에게 봉정하려고 쓴 것이었으나, 줄리아노 데 메디치가 1513년 신성 로마 제국의 행정관이 되어 피렌체를 떠났기 때문에 뜻을 이루지 못하고 로렌초에게 봉정했다.

2 * 로렌초 디 피에로 데 메디치(1492~1519). 원래 메디치Medici라 함은 14~18세기에 걸쳐 피렌체와 토스카나 지방을 지배한 가문을 말한다. 로렌초 메디치는 피에트로 메디치Pietro Medici(1472~1503)의 첫째 아들이며, 메디치 대공Medici Il Magnifico(1449~1492)의 손자였다. 1516년에 삼촌인 레오 10세 Leo X에 의하여 우르비노 대공Duke of Urbino이 되었으며, 로렌초 2세라고도 한다. 마들렌Madeleine de la Tour d'Auvergne과 결혼하여 딸 카테리나 데 메디치Caterina de Medici를 낳았으며, 뒤에 카테리나는 프랑스의 국왕 앙리 2세가 된 오를레앙 공작 앙리와 결혼하게 된다.

「로렌초 데 메디치 우르비노 대공」 라파엘로 산치오, 16세기(왼쪽)
「줄리아노 디 로렌초 데 메디치」 라파엘로 산치오, 1515(오른쪽)

『군주론』 1550년판

[2] 그토록 오랜 세월에 걸쳐 수많은 고초와 위험을 겪으면서 제가 터득한 모든 것을 전하께서 짧은 시간 동안에 이해하실 수 있도록 해 드릴 수만 있다면 그보다 좋은 진상품은 없으리라고 여기지만, 이 책은 전하의 배려를 받을 만한 가치가 없는 것이라고 생각하면서도 전하께서 이를 기꺼이 받아 주시기를 바라옵니다. 세상 사람들이 자기의 이상을 설명하거나 재미나게 꾸미면서 흔히 취하는 방법과는 달리, 저는 달콤하거나 굉장한 말씨를 쓰지도 않았습니다.

그뿐만 아니라 저는 아름다운 글을 집어넣지도 않았고 비본질적인 허사虛辭나 과장을 하지도 않았습니다. 왜냐하면 저는 이 책을 기화로 하여 어떤 명예를 얻어 보고자 하는 뜻이 추호도 없을 뿐만 아니라, 다만 여기에 서술된 사실의 진실됨과 주제의 중후함으로 말미암아 전하께 받아들여지기를 바랄 뿐입니다.

벼슬이 낮고 가문 또한 보잘것없는 인간이 감히 군주의 행실을 시험한다든지 그에게 율법을 제시한다면 당연히 주제넘은 짓이라고 생각하는 사람이 있겠지만, 저는 그와 같은 사고방식에 찬성할 수 없습니다. 왜냐하면 지도를 그리는 사람이 산과 봉우리의 본디 모습을 파악하려면 평지에도 내려와 보고 평지를 파악하려면 산 위에도 올라가 보는 것과 마찬가지로, 백성의 본심이 무엇인가를 알려면 군주의 입장에 서 볼 필요가 있는 것이요, 군주의 본심을 이해하려면 백성의 입장에 서 볼 필요가 있는 것이기 때문입니다.

[3] 전하!

그러하온즉, 제가 드리는 이 보잘것없는 책이나마 그 진의眞意를 받아 주시옵소서. 전하께서 이를 부지런히 읽으시고 깊이 생각하신다면 운명의 신神과 전하의 자질資質이 전하께 약속한 위대함을 이룩하기를 바라는 저의 간절한 소망을 아시게 될 것입니다. 그리하여 전하께서 가끔씩이나마 그 높으신 곳으로부터 이 미천한 곳으로 눈길을 돌리신다면, 거기에서 제가 운명의 여신으로부터 얼마나 공功 없이 가혹하고도 끈질기게 괴로움을 겪고 있는가를 아실 수 있을 것입니다.

제1장
통치권에는 어떠한 것이 있으며
그것은 어떻게 얻을 수 있는가

「프란체스코 스포르차의 초상」
보니파시오 벰보, 1460년경

[1] 예나 지금이나 백성을 지배해 온 모든 국가와 모든 권력은 공화국共和國 이거나 아니면 군주국君主國이었습니다. 군주국에는 두 가지가 있는데, 하나 는 국가가 오랫동안 지속되는 세습 국가이며, 다른 하나는 새로이 왕국을 건 설하는 경우입니다. 새로이 왕국을 건설하는 경우에는 프란체스코 스포르차 Francesco Sforza(1401~1466)[1]가 세운 밀라노Milano처럼 전적으로 새로 세운 군주국 이 있습니다. 또 다른 군주국은 자기들을 정복한 군주의 세습 국가에 병합되 는 경우가 있는데, 에스파냐 왕의 세습 국가에 대한 나폴리 왕국의 병합이 이 에 속합니다. 그와 같이 하여 얻어진 영토에는 한 군주의 치하治下에서 자유롭 게 사는 데 익숙해진 곳이 있습니다. 이러한 영토는 군주 자신의 군대나 또는 남의 군대에 의하여 획득되는 경우도 있으며, 요행에 의하거나 또는 자신의 실 력에 의해 얻어지는 경우도 있습니다.

1　* 농부였던 무치오 아텐돌로 스포르차Muzio Atendolo Sforza의 서자로 태어나 이탈리아의 용병대장傭 兵隊長으로서 명성을 떨쳤다. 1447년에 암브로시아Ambrosia 공화국을 정복한 뒤 군대와 지략으로써 밀라노 대공이 되어(1450) 롬바르디아Lombardia와 북부 이탈리아를 지배했다.

제2장
세습적인 통치권에 관하여

[1] 공화국에 관해서는 다른 책[1]에서 길게 언급한 바 있기 때문에 여기에서는 그에 관한 언급을 미루고, 군주국에 관해서만 말씀을 드리고자 합니다. 앞에서 이미 말씀드린 순서에 따라 군주국은 어떻게 통치되고, 또 그 통치권은 어떻게 유지되는가를 말씀드리겠습니다.

---

1 *『리비우스 역사 논고』를 말한다.

[2] 왕가를 지속시키면서 오랫동안 익숙해져 있는 세습 국가를 이끌어 나간다는 것은 새로이 왕국을 건설하는 것보다 애로가 적다는 것을 우선 말씀드리는 바입니다. 왜냐하면 세습 군주는 선왕先王들이 지켜 내려온 관습을 벗어나지 않고, 신중하면서도 천천히 사건을 처리하는 것으로 충분하기 때문입니다. 만약 세습 군주가 남들만큼 부지런하다면, 돌발적인 사태로 말미암아 군주권을 잃지 않는 한 언제까지라도 자신의 지위를 지킬 수 있다는 것은 엄연한 사실입니다. 그리고 설령 세습 군주가 권력을 잃는다 할지라도 정복자가 어떤 불운에 빠지게 된다면 그 군주는 권력을 다시 회복할 수 있습니다.[2]

---

2 *제24장 [3]을 참조할 것.

「페라라 공의 초상」 베첼리오 티치아노, 1523년경(왼쪽)
「교황 율리우스 2세의 초상」 라파엘로 산치오, 1511(오른쪽)

[3] 이탈리아에서 있었던 그와 같은 사례로서 우리나라는 페라라 공Duke of Ferrara(1431~1505)[3]을 들 수 있습니다. 그가 만약 그의 영토 안에서 오랫동안 왕가를 이어 오지 않았더라면 그는 1484년에 있었던 베네치아의 공격과 1510년에 있었던 교황 율리우스 2세Julius II(1443~1513)[4]의 공격을 막아 낼 수 없었을 것입니다. 따라서 세습 군주는 신생 공화국에 견주어 백성들을 학대할 이유도 없고 필요도 없는 것이며, 백성들로부터 사랑을 받는 것도 당연한 일입니다.

그리고 엄청난 악행으로 백성들의 미움을 받지 않는 한 그의 백성들이 그 군주에게 당연히 승복할 것을 기대하려는 것은 경우에 어긋나는 것이 아닙니다. 왕권이 오래되었고 또 현재에도 지배하고 있을 경우에는 개혁을 유발할 만한 역사적 기억이나 동기는 스스로 사라지게 마련입니다. 왜냐하면 일단 개혁이 일어나면 다른 사람들에게도 개혁을 일으킬 수 있다는 가능성과 여지를 남겨 주기 때문입니다.

---

3 * 이탈리아 왕실인 에스테가Este-家의 알폰소 1세Alfonso I를 말한다. 그는 보르자가Borgia-家의 사위로서 군사 활동에서 탁월한 공을 세웠다.

4 * 본명은 줄리아노 델라 로베레Giuliano della Rovere. 매우 호전적인 교황으로서, 베네치아에 대항하여 캉브레 동맹Lega di Cambrai을 결성하고, 프랑스에 대항하여 신성 동맹Holy League을 결성했으며, 제5차 라테라노 공의회Councils of Lateran를 소집했다. 예술에도 깊은 관심을 가져 성 베드로 성당을 개축하고, 라파엘로Raffaello Sanzio da Urbino와 미켈란젤로Michelangelo di Lodovico Buonarroti Simoni를 후원했다.

제3장
혼합된 통치권에 관하여

[1] 그러나 새로이 통치권을 장악한 곳에서는 많은 어려움이 일어납니다. 먼저 그 통치권이 전적으로 새로이 생긴 것은 아니고, 혼합된 통치권이라고 부를 수 있는 이를테면 한 국가에 병합되어 생긴 경우라면, 주로 모든 새로운 통치권이 안고 있는 고유한 애로 때문에 변화가 일어나기 마련입니다. 왜냐하면 인간은 자신의 삶이 더 좋아지기를 바란 나머지 의도적으로 그들의 군주를 바꾸게 되기 때문입니다.

이와 같은 소망은 군주에게 무장봉기하도록 유혹하지만, 그것은 그들이 현혹되어 있는 탓입니다. 왜냐하면 오랜 시간에 걸쳐 자기들이 바꾼 체제 속에서 지내다 보면 그들은 사태를 더욱 악화시켰다는 사실을 알게 되기 때문입니다. 그렇게 되면 군주는 군대를 동원해야 하고 자신의 새로운 통치권에 대항하는 사태에 대하여 온갖 악행을 자행할 필요가 있기 때문에 또 다른 문제점이 어쩔 수 없이, 그리고 흔히 나타나게 됩니다.

이와 같이 통치권을 장악하는 동안 전하께서 해친 사람들은 모두 전하의 적이 되는 것입니다. 그뿐만 아니라 전하를 보위寶位에 오르도록 도와준 사람들과 친해질 수도 없습니다. 왜냐하면 전하께서는 그들이 기대한 대로 그들을 만족시켜 줄 수도 없고, 그렇다고 해서 그들에게 빚지고 있다는 생각으로 강권을 휘두를 수도 없기 때문입니다. 따라서 군주는 아무리 강력한 군대를 거느리고 있다고 할지라도 다른 지방에 들어갈 때에는 언제나 원주민들의 호감을 살 필요가 있는 것입니다.

이와 같은 이유로 말미암아 프랑스 국왕인 루이 12세Louis XII(1462~1515, 재위 1498~1515)[1]는 그토록 신속하게 밀라노를 정복했으면서도 그토록 짧은 시간에 그것을 잃었습니다. 루이 12세의 세력을 즉시 몰아내는 데에는 루도비코

---

1   *샤를 6세의 종손으로 샤를 8세가 후손 없이 죽자 그 뒤를 이어 왕위에 올랐다. 샤를 8세가 즉위할 때 제후들과 반란에 가담했다가 체포되었으며, 그 뒤 사면을 받아 국왕과 함께 이탈리아 원정군에 종군했다. 재위 중에는 이탈리아 정복에 주력했으나 결국 신성 동맹神聖同盟이 체결되기 전에 패배하여 이탈리아를 잃었다. 이러한 와중에도 국내적으로는 번영을 이룩하여 "민중의 아버지"로 추앙을 받았다. 제12장의 각주 4번을 참조할 것.

「루이 12세의 초상」, 장 페레알, 1514년경(왼쪽)
루도비코 일 모로 공의 모뉴멘트 일부, 크리스토포로 솔라리, 1497(오른쪽)

일 모로 공Duke of Ludovico Il Moro(1452~1508)[2]의 힘만으로도 충분했습니다. 왜냐하면 루이 12세에게 문을 열어 주었던 백성들은 자기들이 장차 이득을 보리라는 희망이 속은 것이었음을 알게 되자 새로운 군주의 악정惡政을 더는 참지 않았기 때문입니다.

---

2 * 프란체스코 스포르차의 아들이며 에스테가의 사위로서 1481~1500년 동안 밀라노를 통치했다. 밀라노 대공大公이라고도 한다. 제12장의 각주 10번을 참조할 것.

[2] 그러나 반란이 일어났던 지역을 다시 정복했다면 그곳을 쉽사리 잃는 법은 없습니다. 왜냐하면 그곳을 정복한 군주는 기회를 노리고 있다가 아무런 거리낌 없이 반도叛徒들을 처단하고, 위험 분자들을 숙청하고, 취약한 자신의 입장을 강화하기 때문입니다. 이와 같이 루이 12세가 1차 정복 때 밀라노를 잃어버리게 만드는 데는 루도비코 일 모로 공이 변두리에서 반란을 일으키는 것만으로도 충분했습니다. 그러나 그를 두 번째로 몰아내려면 전 국토에서 봉기하도록 해야 할 필요가 있었을 뿐만 아니라 그의 군대를 격파하여 이탈리아로부터 축출하지 않을 수 없었는데, 이는 위에서 언급한 바와 똑같은 이유 때문입니다. 이와 같은 어려움이 있음에도 불구하고 어쨌든 밀라노는 프랑스 국왕의 1차 정복과 2차 정복을 막아 냈습니다.

[3] 프랑스 국왕의 첫 번째 정복을 물리칠 수 있었던 요인에 대하여는 이미 앞에서 언급한 바가 있으므로 두 번째 정복을 물리칠 수 있었던 이유를 설명하는 문제만이 남아 있습니다. 그러려면 프랑스 국왕이 취한 방책은 무엇이었으며, 프랑스 국왕이 차지했던 통치권을 뒤이어 차지한 사람은 프랑스 국왕보다 훨씬 안전하게 그 통치권을 유지하려고 어떻게 해야 했는가 하는 문제가 남아 있습니다.

전하께 아뢰옵건대, 일단 정복이 이루어지면 그 영토를 정복한 군주에 의하여 본국에 병합된 영토는 동일한 국가에서 동일한 언어를 사용하게 되거나 아니면 동일한 영토 안에서 각기 다른 언어를 사용하게 됩니다. 동일한 영토 안에서 동일한 언어를 사용할 경우에는 그곳의 주민들을 장악하기가 쉽게 마련인데, 그들에게 자치의 경험이 없을 경우에는 더욱 그러합니다.

그곳의 주민들을 안심하고 장악하려면 그들을 다스리고 있는 군주의 혈통을 끊어 버리는 것으로 충분합니다. 왜냐하면 새로운 군주가 전부터 사용하던 통치 방법을 그대로 지속할 수 있고, 풍습에 다른 점이 없다면 지배 민족과 피지배 민족은 아무 문제없이 공존할 수 있기 때문입니다. 이러한 예는 오랫동안 프랑스의 지배를 받고 있는 브르타뉴Bretagne, 부르고뉴Bourgogne, 가스코뉴Gascogne 및 노르망디Normandie 등에서 찾아볼 수 있습니다.

그리고 언어에서는 다소의 이질성이 있다 할지라도 풍속만 같다면 그들은 쉽사리 공존할 수 있습니다. 다른 민족을 합병한 사람이 그들을 계속 지배하기를 바란다면 다음의 두 가지 사실을 유념해야 합니다. 첫째로는 지난번 군주의 혈통을 끊어 버려야 할 것이고, 둘째로는 그들의 법률과 조세 제도를 변경하지 말아야 할 것입니다. 그렇게만 한다면 매우 짧은 기간 안에 정복자와 피정복자는 완전하게 일체될 것입니다.

[4] 그러나 언어·풍습·법률이 다른 민족을 정복했을 경우에는 어려움이 많아, 그들에 대한 지배를 지속하려면 엄청난 행운과 상당한 노력이 필요하게 됩니다. 이럴 경우에 가장 훌륭하고도 가장 현실적인 방법은 정복한 사람이 정복한 땅에 가서 거주하는 것입니다. 이러한 방법은 그의 지위를 가장 안전하게 지속시킬 수 있는데, 그 한 사례는 그리스를 정복한 튀르크의 경우에서 찾아볼 수 있습니다.

튀르크의 지배자가 그곳을 지배하려고 온갖 방법을 썼다 할지라도, 만약 그가 그곳으로 이주하지 않았더라면 그 땅에 대한 통치권을 유지할 수 없었을 것입니다. 왜냐하면 정복자가 현지에 거주하게 되면 반란이 일어날 경우 이를 즉시 발견할 수 있으며 신속하게 조처를 취할 수 있지만, 만약 그가 가까운 곳에 없다면 아무리 큰일이 일어났다는 보고를 받을지라도 신속하게 손을 쓸 방도가 없기 때문입니다.

이외에도 군주는 부하들에게 땅을 빼앗기는 일이 있어서는 안 됩니다. 부하들은 그들의 군주에 쉽게 접근함으로써 즐거움을 느낍니다. 그렇기 때문에 부하들은 자기가 잘살아 보고자 할 때는 군주에게 충성할 이유를 갖게 되는 것이며, 그렇지 않을 경우에는 군주를 두려워할 이유를 갖게 됩니다. 그러므로 그곳을 정복한 지배자가 직접 통치하고 있는 나라를 정복하고자 하는 이방인들은 그러한 침략을 더욱 주저하게 되는 법입니다. 따라서 새로이 정복한 지역에서 직접 거주하며 통치하는 군주는 아주 중대한 어려움이 생기지 않는다면 그 땅을 잃지 않을 것입니다.

[5] 새로이 정복한 영토를 지배하는 또 다른 차선책으로는 그 국가의 요충이 되는 한두 곳에 자기 나라 백성들을 이주시키는 것입니다. 이러한 방법을 쓰지 않으려면 그곳에 상당수의 기병과 보병을 주둔시켜야 합니다. 정복지로 이주시키는 데에는 아주 많은 비용이 들지 않습니다. 아주 적은 비용을 들이거나 아니면 전혀 비용을 들이지 않고서도 그곳에 이주시켜 그들이 살 수 있도록 할 수 있습니다.

그리고 현지의 소수 원주민들을 억압하여 땅과 가옥을 빼앗아 이주민들에게 나누어 주는 것입니다. 그 지배자가 억압한 사람들은 힘도 없고 가난하고 또 흩어져 살고 있기 때문에 지배자를 해코지할 정도는 되지 못합니다. 그와는 달리 압박을 겪지 않은 나머지 백성들은 가만히 있을 것이며, 동시에 압박을 당한 사람들이 겪었던 불행이 자신에게도 오지나 않을까 하는 두려움 때문에 어떤 실수도 저지르지 않으려고 몸을 사릴 것입니다.

요컨대 이러한 이주민들에게는 비용이 들지도 않을 뿐만 아니라, 다른 어느 누구보다도 믿을 수 있고 또 지배자에게 대항도 하지 않습니다. 그리고 위에서 말씀드린 바와 같이, 피해를 입은 원주민들은 가난하고 또 단결하지 못하기 때문에 지배자에게 대항할 수도 없습니다.

여기에서 반드시 명심해야 할 점은 그곳 원주민들을 잘 대접할 것이냐 아니면 완전히 박살을 낼 것이냐 하는 점입니다. 왜냐하면 인간이란 가벼운 피해에 대해서는 복수를 할 수 있지만 치명적인 피해에 대해서는 그럴 수 없기 때문입니다. 따라서 원주민에 대한 억압은 복수를 할지도 모른다는 마음을 가질 수 없을 만큼 철저해야 합니다.

그러나 이주민들을 보낸 곳에 또 군대를 주둔시킨다면, 그 피지배 국가에서 거두어들인 모든 수입을 주둔군의 용도로 소비해야 되기 때문에 군주는 더 많은 비용을 쓰게 되고, 결과적으로 땅을 얻은 것이 오히려 손해를 가져오게 됩니다. 그뿐만 아니라 그 피정복 국가가 온통 피해를 입기 때문에 분노는 더욱 커지게 됩니다.

또 군대를 이동함에 따라 정복 국가의 압제가 눈에 띄게 두드러지면 모든 사람이 적개심을 품게 되며, 자신의 땅에서 압박을 받는 동안 그들은 모두 적으로 돌변하여 끝내는 지배자에게 대항하게 될지도 모릅니다. 그러므로 어느 모로 보나 군대를 보내는 것은 이주민을 보내는 것보다 득책得策이 될 수 없습니다.

[6] 다시 말씀드리건대, 앞에서 지적한 바와 같이 언어나 풍습이 다른 나라를 지배하고 있는 군주는 모름지기 스스로가 자신보다 강하지 못한 이웃 약소국가들의 수장首長이 되고 방위자가 되어야 하며, 자신만큼 강력한 군주는 우연히라도 그곳에 들르는 일이 없도록 주의를 기울여야 하며, 이웃 국가들 가운데에서 다소 강력한 국가가 나타나면 이를 약화시켜야만 합니다. 왜냐하면 지나친 야심과 두려움을 느끼고 있는 국내의 불평분자들이 과거에도 그랬던 것처럼 이방인들을 국내로 끌어들일 위험성은 언제나 도사리고 있기 때문입니다.

그리스에 살던 아이톨리아인Aetolian이 로마인을 끌어들인 경우가 이러한 사례입니다. 로마인들이 다른 나라에 발을 붙이게 된 모든 경우를 보면 원주민들이 그들을 불러들인 것입니다. 강력한 외국인들이 한 나라에 들어오게 되면 그곳의 모든 원주민은 지배자에 대하여 원한을 품고 있기 때문에 즉시 그 외국 세력과 야합하는 것이 통례입니다.

따라서 군주는 이 복속된 국가를 다루면서 그들이 자신에게 복속하도록 하고자 분란을 일으키는 일이 있어서는 안 됩니다. 왜냐하면 그렇게 되면 그 국가의 모든 백성은 자기들이 그곳에서 얻은 외국의 지원자들에 즉시 투합投合하기 때문입니다. 다만 군주는 그 복속 국가들이 너무 강력한 힘을 갖지 못하도록 신경을 써야 합니다. 그런 연후에는 자신의 군대와 그들의 호의만 가지고서도 자신이 그 나라의 완전한 통치자가 될 수 있을 정도로, 그들 가운데 유력자를 쉽사리 평정할 수 있을 것입니다. 반면 이와 같은 과업을 원만하게 수행하지 못한 군주는 자기가 정복한 땅을 즉시 상실할 것이며, 설령 그곳을 지배할 수 있다 할지라도 끝없는 어려움과 고난을 겪게 될 것입니다.

[7] 로마인들은 그들이 병합한 나라에서 이와 같은 방법을 철저하게 준수했습니다. 그들은 그곳에 이주민을 보냈으며, 약소국가의 힘을 기르지 않으면서도 그들과 우호 관계를 지속시켰습니다. 그들은 강자를 억누르고 강한 외세가 힘을 기르는 것을 허락하지 않았습니다.

그리스의 경우를 한 사례로 들어 보고자 합니다. 그리스는 아카이아인 Achaean 및 아이톨리아인과 우호 관계를 유지했지만, 마케도니아Macedonia 왕국과는 소원했으며 안티오코스 3세Antiochos III the Great(기원전 242~187, 재위 기원전 223~187)[3]는 축출하였습니다. 바꾸어 말씀드린다면, 아카이아인과 아이톨리아인이 아무리 공적을 많이 쌓았을지라도 그들의 힘을 키우는 것은 허락되지 않았으며, 또 필리포스 2세Philippos II(기원전 382~336, 재위 기원전 359~336)[4]는 우선 자신을 굽히지 않고서는 로마인들이 자기의 우방이라는 것을 설득할 수 없었으며, 안티오코스의 영향력이 아무리 강력하다 해도 로마인들은 저들이 그 땅을 지배하도록 허락하지 않았습니다.

온갖 정열을 기울여 대비하지 않을 수 없는 오늘과 내일의 분란에 대하여 사려 깊은 군주라면 유념하지 않을 수 없는 일들을 로마인들은 훌륭하게 해낸 것입니다. 왜냐하면 사태가 예견될 때에는 쉽게 조처할 수 있지만, 그러한 사태가 닥쳐올 때까지 기다리고 있다가는 너무 악화되어 더는 손을 쓸 수 없기 때문입니다.

열병이 발생하면 의사들이 말하는 바와 같이 그 초기에는 병명을 알 수 없지만 치료하기가 쉽고, 시간이 지나면 병명은 알지만 치료하기가 어렵다고 하는데, 이 말은 통치에서도 마찬가지입니다. 지혜로운 사람만이 내다볼 수 있는

---

3 * 시리아의 왕. 셀레우코스 2세Seleukos II의 차남으로 부왕이 사망한 뒤 혼란한 시리아 왕국을 통일하려 했으며, 이집트와 싸워 패전했으나 동쪽으로 진군하여 파르티아Parthia와 박트리아Bactria를 회복하여 대왕의 칭호를 들었다. 마케도니아와 이집트를 굴복시켜 시리아 남부를 탈환했으나 동진하는 로마 세력과 충돌하여 멸망했다.

4 * 마케도니아의 왕. 알렉산드로스 대왕의 아버지. 위대한 군사적 재능을 발휘하여 아테네를 중심으로 한 여러 도시를 정복하고 지배자가 되어 마케도니아의 세력을 확립했으나 페르시아 원정 가운데 페르시아인에게 암살당했다.

일이기는 합니다마는, 재난을 미리 예견할 수만 있다면 그것을 쉽게 퇴치할 수 있습니다. 그러나 세상 모든 사람이 알아볼 수 있을 만큼 그 재난이 표면화되었을 때에는 더는 손을 쓸 수 없습니다.

[8] 따라서 사태를 예견한 로마인들은 즉시 그들에게 대처했습니다. 그리고 그들은 전쟁을 피하려는 안일한 속셈 때문에 그러한 문제점이 발생하는 것을 방관하지 않았습니다. 왜냐하면 전쟁이란 어차피 피할 수 없는 것이요, 피할 수 없는 전쟁을 뒤로 미룬다는 것은 오히려 적을 이롭게 한다는 사실을 그들은 잘 알고 있었기 때문입니다. 그리고 로마인들은 이탈리아 내에서 필리포스 2세와 안티오코스를 맞아 싸워서는 안 되었기 때문에 그리스에서 대적하고자 했습니다.

로마인들은 그 두 곳에서 모두 전쟁을 피할 수 있었습니다. 그러나 그들은 전쟁을 피하고 싶었던 것은 아니며, 오늘날 현자들이 흔히 되뇌곤 하는 "시간이 약Time contains seed of all things"이란 말도 달갑게 생각하지 않았습니다. 차라리 그들은 자신의 용기와 지혜로써 그들을 취하고 싶었던 것입니다. 왜냐하면 시간은 자기 앞에 벌어지는 모든 것을 흘려보내어 사악한 것도 선량하게, 선량한 것도 사악하게 할 수 있기 때문입니다.

[9] 그렇다면 프랑스의 왕들은 위에서 언급한 바와 같은 일을 했는지의 여부에 관하여 살펴보고자 합니다. 우선 샤를 8세Charles VIII(1470~1498, 재위 1483~1498)[5]에 대해서는 덮어 두고 루이 12세에 대하여 말씀드리겠습니다. 왜냐하면 루이 12세는 오랫동안 이탈리아를 지배했던 까닭으로 그의 행동을 고찰하는 것이 더 값지다고 생각되기 때문입니다. 그는 본국과는 다른 본질로써 구성된 한 국가를 통치하면서 모름지기 취해야 할 조치와는 정반대의 일을 했다는 사실을 전하께서는 아시게 될 것입니다.

---

5 * 프랑스의 국왕 루이 11세의 아들. 즉위 초부터 8년 동안 누이인 안 드 보주Anne de Beaujeu가 섭정했다. 성년이 되어 친정親政을 하면서부터 프랑스의 발전에 기여했으나, 야심이 많았던 그는 합스부르크가와의 약혼을 파기하고 독일 황제 막시밀리안 1세Maximilian I의 약혼자 안Anne de Bretagne과 결혼함으로써 독일·영국·에스파냐의 적의를 샀다. 성격이 매우 호전적이어서 나폴리 왕국을 무혈점령하여 메디치가를 몰아냈다. 그는 나폴리의 귀족을 무시하여 감정을 삼으로써 그들이 반란해 오자 패퇴하고, 그로써 나폴리는 다시 에스파냐령領이 되었다.

[10] 루이 12세가 이탈리아에 쳐들어간 것은 그의 개입을 기화로 하여 롬바르디아의 절반을 차지하고자 원했던 베네치아인들의 꾐에 빠졌던 탓입니다. 저는 루이 12세가 취한 방법을 비난할 생각은 없습니다. 왜냐하면 이탈리아에 발을 들여놓고는 싶으나 그곳에 동지라고는 한 명도 없고, 오히려 샤를 8세의 처사 때문에 이탈리아의 모든 문이 굳게 닫혀 있다는 사실을 그는 발견했습니다.

루이 12세로서는 그가 얻을 수 있는 도움이라면 어떠한 호의라도 받지 않을 수 없었으며, 만약 그가 다른 문제에서 다소 실수를 저지르지 않았더라면 그는 자기의 구상대로 매우 신속하게 일을 성사시켰을지도 모르기 때문입니다. 그때 루이 12세는 롬바르디아를 장악한 뒤 샤를 8세가 잃었던 권위를 즉시 되찾았습니다.

제노바가 항복하고 피렌체가 그의 우방이 되었으며, 만토바 후작가Marquis of Mantua, 페라라 공Duke of Ferrara, 벤티볼리오가Giovanni Bentivoglio,[6] 포를리 백작 부인Countees Porli(1463~1509),[7] 파엔차Faenza,[8] 페사로Pesaro,[9] 리미니Rimini,[10] 카메리노Camerino, 피옴비노Piombino의 영주들, 루카Lucca,[11] 피사Pisa,[12] 시에나Siena[13]의 주민들 모두가 루이 12세의 우방이 되려고 찾아왔습니다. 그제야 베네치아인

---

6 * 조반니 벤티볼리오(1438~1508)는 1462~1506년에 볼로냐를 다스리다가 율리우스 2세에게 몰려나 밀라노에서 죽었다. 이에 관한 자세한 논의는 제19장의 [4]를 참조할 것.

7 * 본명은 카테리나 스포르차Caterina Sforza. 갈레아초 마리아 스포르차의 사생아이다. 평생 세 번 결혼했는데, 두 번째 남편 지롤라모 백작Count Girolamo과 사는 동안 내란으로 남편이 피살되었을 때 성을 사수했던 여걸이다. 조반니 메디치와 세 번째 결혼했으나 만년에는 수도원에 들어가 그곳에서 여생을 보냈다. 이에 관한 자세한 논의는 제20장의 [10]를 참조할 것.

8 * 이탈리아 북부의 도시로서 파이앙스 도자기로 유명한 곳이다.

9 * 이탈리아 마르케주州 페사로에우르비노현縣의 현청縣廳 소재지이다.

10 * 이탈리아 동북부의 항구 도시로서 아드리아해 연안에 있다.

11 * 이탈리아 토스카나주에 있는 도시이다.

12 * 이탈리아의 북서쪽 아르노 강변에 있는 토스카나의 고도. 1406년에 당시의 지배자인 조반니 비스콘티Giovanni Visconti가 이 도시를 피렌체에 매각하자 주민이 항쟁했다. 1494년에는 프랑스의 국왕 샤를 8세가 쳐들어오자 피사인은 피렌체에 대항하여 15년간 항쟁했으나 성공하지 못하고 피렌체의 속령屬領이 되어 토스카나 공국公國에 합병되었다.

13 * 이탈리아 중부 토스카나주에 있는 도시이다.

들은 자신들이 취한 방법이 경솔했음을 알았습니다. 그들은 겨우 롬바르디아에 두 개의 도시를 세우려고 루이 12세에게 이탈리아의 3분의 2를 떼어 주었기 때문입니다.

[11] 만약 프랑스의 루이 12세가 앞에서 언급된 방략方略을 준수하고 또 그의 우방들을 확보하여 그들로부터 비호를 받았더라면 그는 아무런 어려움 없이 이탈리아에서 지위를 굳힐 수 있었으리라는 점을 생각해 보십시오. 비록 수는 많았을지라도 그들은 나약하고 겁이 많아 어떤 사람들은 교황을 두려워하고 어떤 사람은 베네치아인을 두려워했기 때문에 루이 12세의 편을 들지 않을 수 없었고, 또 루이 12세는 그들을 이용함으로써 아직도 세력을 가지고 있는 사람들에 맞서서 자신의 지위를 쉽사리 지킬 수 있었을 것입니다.

그러나 루이 12세는 밀라노에 입성하자마자 교황 알렉산데르 6세Alexander VI(1431~1503, 재위 1492~1503)[14]를 지원하여 로마냐Romagna를 정복케 함으로써 앞에서 언급한 방략과는 정반대되는 일을 했습니다. 이와 같은 일로 말미암아 루이 12세는 스스로 약해지고 있었으며, 자신의 우방과 자신의 앞자락에 몸을 던진 사람들을 잃었으며, 결국에는 교황에게 세속적인 권력과 정신적인 힘을 지원함으로써 교황권을 강화시켜 주었으며, 그러는 동안에 교황에게 엄청난 권위를 부여하고 있다는 사실을 미처 깨닫지 못했던 것입니다. 이와 같은 원초적인 실수를 저지른 루이 12세는 반복적으로 어리석음을 저지르게 되었고, 끝내는 알렉산데르 6세의 야심을 꺾고 그가 토스카나의 지배자가 되지 못하도록 방해하고자 이탈리아로 쳐들어가지 않을 수 없었습니다.

교황권을 강화시켜 주고 또 자신의 맹방을 잃고서도 정신을 차리지 못한 루이 12세는 나폴리 왕국을 장악하고자 그것을 에스파냐 왕과 분할하였습니다. 지난날에는 이탈리아의 단독 지배자였던 그가 이제는 동업자의 위치로 전락하고 만 것입니다.

그리하여 밀라노에 있는 야심가들과 그의 부하들 가운데 불평을 품고 있던 무리들은 이제 도피처를 마련하게 되었습니다. 그리하여 루이 12세는 조공을

---

14 * 본명은 로드리고 보르자Rodrigo Borgia. 에스파냐 태생의 교황. 교황 칼릭스투스 3세Calixtus III의 조카로서 그의 덕으로 추기경이 된 뒤 매수와 협잡으로써 교황에 피선되었다. 교활하고 음탕하여 형제를 죽이고 교황의 몸으로 사생아를 두었다. 체사레 보르자는 그의 아들로, 부자父子가 공모하여 에스파냐와의 동맹을 강화하고 이탈리아를 핍박했다.

바치는 허수아비 왕을 그 나라에 남겨 두는 것으로써 충분했음에도 불구하고, 자신을 추방하기에 충분한 인물을 그 자리에 앉힘으로써 끝내는 자신이 추방되었습니다.

[12] 사실상 영토를 차지하고자 하는 욕심은 매우 당연한 것이며 흔히 있을 수 있는 일입니다. 또 인간은 누구나 영토를 차지할 수만 있다면 언제나 그렇게 합니다. 따라서 이러한 욕심 때문에 그 사람을 칭찬할 수는 있을지언정 비난할 수는 없는 일입니다. 다만 그럴 만한 능력이 없으면서도 어떤 수단을 강구해서라도 영토를 차지하려 한다면 그것은 어리석은 일이요, 또한 비난받아 마땅한 일입니다.

이런 점에서 보건대, 만약 프랑스가 자신의 힘만으로도 나폴리를 정복할 수 있었다면 그들은 그렇게 했어야 합니다. 그리고 만약 자신의 힘만으로 그것이 불가능했다 하더라도 나폴리를 분할해서는 안 되는 것이었습니다. 베네치아와 더불어 나폴리를 분할했다는 사실은 그것으로 인하여 이탈리아로 가는 발판을 얻었다는 구실로 정당화되었습니다만, 꼭 그럴 만한 구실이 없는 나폴리의 분할은 비난받아 마땅한 일이었습니다.

[13] 따라서 프랑스의 루이 12세는 다음과 같은 다섯 가지의 과오를 저지른 것입니다.

첫째, 약소국가를 멸망시켰다는 점

둘째, 이탈리아에 있는 강대 세력들 가운데 하나를 강화시켜 주었다는 점

셋째, 외세를 끌어들였다는 점

넷째, 그 자신이 그 나라에 가서 정착하지 않았다는 점

다섯째, 이주민을 보내지 않았다는 점입니다.

[14] 그러나 그가 살아 있는 동안 베네치아인들의 영토를 빼앗은 여섯 번째의 실수를 저지르지 않았더라면, 이상의 다섯 가지 실수만으로 그가 멸망하지는 않았을 것입니다. 왜냐하면, 그가 교황권을 강화시켜 주지 않았고 또 이탈리아에 에스파냐 세력을 불러들이지만 않았더라도 그곳 주민들을 억압하는 것이 정당하고도 필요한 일이었을는지 모르기 때문입니다.

그러나 어차피 처음에는 그와 같은 실수를 저질렀다고 할지라도 루이 12세가 그들을 완전히 멸망시키려고 노력해서는 안 되는 일이었습니다. 왜냐하면 베네치아인들이 강성해 있는 한 그들은 자신이 그곳의 지배자가 된다는 조건이라면 모르거니와 그렇지 않다면 결코 동의할 수 없는 제3국의 속셈, 이를테면 롬바르디아에 대한 제3국의 욕심을 언제라도 분쇄해 버릴 수 있었으며, 제3국이 베네치아에게 넘겨주고자 프랑스로부터 롬바르디아를 탈취할 욕심을 가지고 있을 턱도 없으며, 또한 베네치아와 프랑스 양국을 상대로 하여 전쟁을 일으킬 만한 용기를 가진 나라도 없었기 때문입니다.

루이 12세가 전쟁을 피하려고 로마냐를 교황 알렉산데르 6세에게 양보하고 에스파냐에 나폴리 왕국을 양보했다고 말하는 사람이 있다면, 저는 위와 같은 이유에 입각하여 전쟁을 피하고자 어이없는 실수를 해서는 안 된다고 대답하겠습니다. 왜냐하면 전쟁이란 회피할 수도 없는 것이고, 또 회피할 수 있다 하더라도 전쟁을 피하는 것은 곧 군주에게 불이익만을 가져오는 것이기 때문입니다.

그리고 루이 12세가 자신의 이혼 문제[15]와 루앙Rouen George d'Amboise (1460~1510)[16]의 추기경 취임을 조건으로 교황의 로마냐 침공을 지원하기로

---

15 *본디 루이 12세는 루이 11세의 딸인 잔Jeanne과 결혼했다. 이 여인은 부덕婦德을 갖춘 훌륭한 여자였으나 너무 못생겼기 때문에 루이 12세는 그와 이혼했다. 본래 가톨릭 신자에게는 이혼이 허락되지 않았으나 교황 알렉산데르 6세는 그에게 이혼 허가증을 주는 대가로 로마냐 정벌의 후원을 요구한 바 있었다. 루이 12세는 그 뒤 샤를 8세의 미망인 안Anne de Bretagne과 결혼했는데, 그 이면에는 브르타뉴 공국에 대한 야심이 서려 있었다.

16 *루이 12세의 황실승皇室僧. 루이 12세는 루앙을 추기경으로 선출시킴으로써 교황청 내에서의 지위 향상을 도모하는 동시에 그의 교황 당선을 획책한 바 있다. 마키아벨리도 메디치가의 사신으로 네 차례 프랑스에 파견되어 그와 협상한 적이 있다.

언약했다고 말한다면, 이에 대하여는 제18장에서 답변하고자 합니다. 이와 같이 루이 12세는 다른 나라를 정복하고 또 그에 대한 통치권을 지속하고자 했던 사람들이 지켜온 조건들 가운데 어느 것도 따르지 않음으로써 롬바르디아를 잃었는데, 이러한 사태의 추이는 기적이랄 것도 없고 오히려 합리적이요 너무도 당연한 일입니다.

[15] 이러한 문제점에 대해서는 교황 알렉산데르 6세의 아들로서 체사레 보르자Cesare Borgia, Duke of Valentino(1475~1507)[17]라고 더 잘 알려진 발렌티노 Valentino가 로마냐를 정벌했을 때, 낭트Nantes에서 루앙 추기경을 만나 제가 말씀을 드린 바가 있습니다. 그때 루앙이 말하기를, 이탈리아인들은 전쟁을 이해하지 못한다고 했지만, 저는 프랑스인들이 정치적 경륜을 가지지 못했다고 대꾸했습니다. 왜냐하면 만약 프랑스인들이 정치적 경륜을 가졌더라면, 교황권이 저렇게 강성하도록 내버려 두지는 않았을 것이기 때문입니다.

그리고 이탈리아에서 에스파냐와 교황이 저토록 득세하게 된 것도 프랑스 때문이었으며, 저들의 득세로 말미암아 프랑스가 끝내 패망했다는 것은 자명한 사실입니다. 이러한 사실에서 우리는 절대로 놓칠 수 없는 하나의 보편적인 법칙을 얻을 수 있습니다. 그것은 다름이 아니옵고, 남을 강성하게 만들어 주는 사람은 끝내 스스로를 멸망시킨다는 사실입니다. 왜냐하면 그 사람은 약삭빠른 재치와 폭력으로 남들을 강성하게 만들지만 그 덕분에 강성하게 된 그들은 그와 같은 두 자질에 대하여 불신을 느끼게 되기 때문입니다.

---

17 * 보르자는 본디 에스파냐 태생의 이탈리아 유력자의 가문이었다. 체사레는 교황 알렉산데르 6세의 서자로서 지모智謀가 출중했다. 열일곱(1493)의 나이로 추기경이 되었으며, 부명父命을 받아 각국을 순방했다. 아버지의 덕으로 피옴비노, 우르비노, 페사로 등을 통일하고 잔혹한 공포 정치를 폈으나 정적 율리우스 2세에게 체포되어 비아나성Viana에서 피살되었다.

제4장
알렉산드로스 대왕에게 정복된 다리우스 왕국이 대왕 사후에도 그의 후계자들에게 승복한 이유

[1] 새로 정복한 국가에 대한 지배를 지속한다는 것이 얼마나 어려운 일인가를 생각할 때 알렉산드로스 대왕Alexandros the Great(기원전 356~기원전 323)[1]의 제국에 대하여 의아심을 가질 수 있습니다. 대왕은 불과 몇 년 만에 아시아의 지배자가 되었으나 완전히 이들을 정복하지는 못하고 죽었습니다. 그에게 정복된 국가들은 그가 죽었을 때 반란을 일으켰음 직합니다.

그러나 그 후계자들의 야심 때문에 그들 사이에서 일어났던 어려움이 있기는 했지만 그의 후계자들은 피정복지에서 그들의 지배적 지위를 지속시켰을 뿐만 아니라 아무런 애로도 겪지 않았습니다. 이러한 의문에 대하여 저는 이렇게 대답하고자 합니다.

역사적인 기록이 있는 정복 국가의 통치권들을 자세히 살펴보건대, 그들은 두 가지 방법에 따라 운용되었습니다.

첫째로는 피정복 국가의 군주와 그의 부하들이 다스리는 경우인데, 이때 그 부하들은 군주의 호의와 윤허允許에 따라 대신들처럼 군주의 국가 통치를 보필합니다.

둘째로는 군주와 제후가 다스리는 경우인데, 이때 그 제후들은 군주의 은총에 의해서가 아니라 자신들의 오랜 혈통에 의해서 그들의 지위를 영위해 나갑니다.

이 제후들은 그들 자신의 국가와 백성을 거느리며, 백성들은 그 제후들을 자신의 군주로 인정하는 동시에 그들에게 충성을 바칩니다. 군주와 그 부하들이 통치하는 정부에서 군주가 모든 권력을 행사합니다. 왜냐하면 그러한 국가에서는 그 군주 이외의 어느 누구도 더 고귀하다고 인정될 수 없기 때문입니다. 그리고 설령 백성들이 군주 이외의 다른 사람에게 복종한다고 할지라도 그를 일개 대신이나 피임자被任者로 생각할 뿐이지 그에게 어떤 특별한 감정을 느끼는 것은 아닙니다.

---

1 *마케도니아의 대왕 필리포스 2세의 아들. 그의 자세한 행적에 관해서는 플루타르코스의 『영웅전』을 참조할 것.

「바빌론에 입성하는 알렉산드로스 대왕」 샤를 르 브룅, 17세기경

[2] 이 두 가지의 통치 방법은 오늘날 튀르크Turk와 프랑스 국왕에게서 그 사례를 찾아볼 수 있습니다. 튀르크의 모든 군주주의 통치는 하나의 군주에 의하여 지배되며, 그 밖의 사람들은 모두가 군주의 부하들입니다. 그리고 군주는 그의 왕국을 산자크Sanjak[2]로 분할하여 각기 다른 임무를 수행하는 행정관들을 파견하되, 자기가 얻을 것이 있다고 생각할 때에는 그들을 바꾸거나 전출시킵니다.

그러나 프랑스의 국왕은 다수의 제후에게 옹립되어, 제후들은 오랫동안 그 자리를 지키면서 백성들로부터 인정과 사랑을 받습니다. 이 제후들은 나름의 특권을 누리는데 왕권에 위험을 초래하지 않는 한 군주도 그 특권을 박탈할 수 없습니다. 이 두 가지의 통치 방법을 견주어 보면, 튀르크에서는 왕좌를 얻기는 어렵지만 일단 왕좌에 오르면 그것을 유지하기가 쉽다는 것을 알게 됩니다. 그러나 그와는 달리, 어떤 측면에서는 프랑스의 국권을 장악하기란 쉽지만 그것을 유지하기는 어렵다는 사실도 또한 알게 될 것입니다.

---

2 *군郡에 해당하는 튀르크의 행정 단위이다.

[3] 튀르크에서는 그 왕국의 군주들이 자기 나라로 쳐들어오도록 외세를 불러들일 수도 없으려니와 군주의 부하들이 반란이라도 일으켜 그 정복을 용이하게 해 주리라는 희망도 없기 때문에 튀르크 왕국을 침공하기란 어려운 일입니다. 부하들이 반란을 일으키지 않는 것은, 위에서 지적한 바와 같이 그곳의 관리는 모두 왕의 노예나 마찬가지여서 왕에게 예속되어 있으므로 그들을 매수하기 어렵기 때문입니다. 그리고 위에서 지적한 바와 같이, 그들은 백성들까지도 자기들 편으로 끌어들일 수는 없기 때문에 설령 그들이 매수된다고 할지라도 별로 득이 되지 않습니다.

그러므로 튀르크를 침공하려면 우선 연합 전선을 형성해야 하며, 남의 반란에 덕을 보려 하기보다는 오히려 자신의 힘에 의존해야 한다는 사실을 명심해야 합니다. 그러나 튀르크가 일단 정복되고 그 군주가 자신의 군대를 재정비할 수 없을 정도로 궤멸시킨다면 더 이상 걱정할 것이 없고, 다만 그 군주의 혈통을 처치하는 문제만 남게 됩니다. 일단 군주의 혈통이 끊어지면 백성들의 신임을 받는 사람은 아무도 없기 때문에 더 이상 두려울 것이 없습니다. 그리고 정복자는 전쟁의 승리에 앞서 군주의 부하들로부터 신세진 것도 없기 때문에 승리한 뒤에도 그들을 두려워할 이유가 없는 것입니다.

[4] 그러나 프랑스처럼 통치되고 있는 나라에서는 정반대의 경우가 나타납니다. 만약 전하께서 그곳 제후들을 다소라도 전하의 편으로 끌어들일 수만 있다면 전하께서는 쉽사리 그리로 진격할 수 있습니다. 왜냐하면 프랑스에서는 불만을 품고 혁명을 기대하는 몇몇 제후들이 늘 존재하기 때문입니다. 앞에서 예로 든 바와 같은 이유로 말미암아 프랑스의 제후들은 그 나라를 지배할 수 있는 길을 전하에게 열어 주어 쉽게 승리하도록 만들어 줄 수 있습니다.

그러나 일단 정복이 이루어진 다음에는 전하를 도와준 사람이나 전하로 말미암아 피해를 입은 사람들로부터 숱한 어려움을 겪게 될 것입니다. 따라서 이곳에서는 새로운 반역을 이끌 수 있는 귀족들이 잔존하기 때문에 왕가의 혈통을 끊는 것만으로는 만족할 수 없습니다. 그렇다고 해서 그들을 흡족하게 만들어줄 수도 없을 뿐만 아니라 제후들의 혈통마저도 모두 끊어버릴 수 없기 때문에 반란의 기회만 있으면 전하께서는 언제라도 그 지배권을 상실하게 될 것입니다.

[5] 이제 다리우스Darius 왕국이 과연 어떤 통치 형태에 속하는 것인가를 생각해 본다면 그것은 튀르크 왕국과 흡사함을 알게 될 것입니다. 그러므로 알렉산드로스 대왕은 우선 전장戰場에서 다리우스 3세Darius III(기원전 ?~330, 재위 기원전 336~330)[3]를 완전히 쓰러뜨리고 그 다음 그의 영토를 장악할 필요가 있었습니다. 이와 같은 이유로 말미암아 알렉산드로스 대왕은 다리우스 3세에게 대승을 거둔 뒤에 그가 죽자 다리우스 왕국의 통치권을 안전하게 자기 수중에 넣었습니다.

만약 알렉산드로스 대왕의 후계자들이 단결만 되었더라면 그들은 아무런 애로도 겪지 않고 그 지배권을 누릴 수 있었을 것입니다. 곧 다리우스 왕국에는 알렉산드로스 대왕의 후계자들이 내분을 일으켰다는 사실 외에 국내적으로 아무 저항도 일어나지 않았습니다. 그러나 프랑스와 같은 제도를 갖추고 있는 나라는 그토록 조용하게 지배권을 장악할 수 없습니다.

에스파냐, 프랑스 그리고 그리스에서 로마 제국에 대한 반란이 빈번하게 일어난 것은 그 나라에 군주의 세력이 숱하게 남아 있었다는 점에서 그 이유를 찾을 수 있습니다. 왜냐하면 백성들이 군주를 기억하고 있는 한 로마 제국의 지배는 불확실한 것이기 때문입니다.

그러나 오랜 세월에 걸쳐 뿌리를 내린 로마 제국의 힘이 군주 세력의 기억을 지워 버리게 되자 로마인들은 명실상부한 지배자가 되었습니다. 그 뒤 로마인들 사이에 싸움이 일어났을 때 그들은 백성들에게서 얻은 권위에 따라 영토를 분할할 수 있었습니다. 그리고 지난날에 자기들을 지배했던 군주들의 혈통이 끊어진 뒤 그 지방의 주민들은 로마인만을 주권자로 인정하였습니다.

---

3 * 페르시아 아케메네스 왕조 Achaemenes의 마지막 왕으로서 선왕 아르타크세르크세스 3세 Artaxerxes III의 피살과 함께 서자로서 왕위에 올랐으나 알렉산드로스 대왕에게 이수스Issus에서 패전한 뒤 왕비와 공주를 버리고 도주하여 박트리아에서 재기를 노리다가 근신인 베수스Bessus에게 피살되었다.

다리우스 3세의 가족을 사로잡은 알렉산드로스 대왕, 파올로 칼리아리 베로네세, 1565~1567

기원후 69년 로마 제국에 대한 바타비족의 반란 모의, 하르먼스 판 레인 렘브란트, 1661~1662

이탈리아 나폴리 국립 고고학 박물관에 있는 피로스

[6] 이상과 같은 사실을 생각해 본다면 알렉산드로스 대왕은 쉽사리 아시아의 영토를 장악할 수 있었지만, 피로스Pyrrhos(기원전 318년경~272, 재위 기원전 306~272)[4]와 같은 인물들은 그들이 장악한 영토를 지키는 데 숱한 고생을 했다는 사실은 놀라운 일이 아닙니다. 알렉산드로스 대왕과 피로스의 이와 같은 대조는 정복자의 용맹성의 우열에 있는 것이 아니고, 그들이 정복한 영토의 성격이 다름에 있는 것입니다.

---

4 * 그리스 서쪽 해안에 있는 에페이로스Epeiros 왕국의 왕으로서 한때 왕위로부터 추방된 적도 있으나 (기원전 295) 곧 복위하였다. 세 차례(기원전 281, 280, 279)에 걸쳐 로마 군사를 대파하였으나 전쟁이 끝나고 오히려 자기편이 분열되자 그는 승전축하연에서 "로마군과 싸워 한 번 더 이런 식으로 이기다가는 우리가 완전히 망하겠다"라는 명언을 남겼는데, 그 뒤로 역사가들은 전쟁에 이기고도 오히려 불리해진 것을 "피로스의 승리"라고 부른다. 그 뒤 기원전 275년에 베네벤툼Beneventum에서 대패하고, 기원전 272년에 아르고스Argos에서 피살되었다.

제5장
지난날 자치적이었던 국가와
공국을 다스리는 방법

[1] 앞에서 말씀드린 바와 같이, 전하께오서 정복한 나라의 백성들이 그들 자신의 법에 따라 자유롭게 사는 데에 익숙하다면 그들을 다스리는 데에는 다음과 같은 세 가지 방법을 쓸 수 있습니다.

첫째, 그 나라를 완전히 멸망시키는 방법이요,

둘째, 전하께서 직접 그곳에 이주하여 통치하는 방법이요,

셋째, 그들로부터 조공朝貢을 받으면서 전하와 우호를 유지할 수 있는 몇몇 사람으로 정권을 구성하여 그들의 법에 따라 자유롭게 살 수 있도록 허락해 주는 방법이 있습니다. 이 셋째 번의 정부는 전하에 의해 구성된 것이기 때문에 전하의 호의와 뒷받침 없이는 존립할 수 없으므로 전하께 계속 호감을 살 수 있도록 모든 일을 해야만 한다는 사실을 그들은 잘 알고 있습니다.

전하께서 그 나라를 아예 멸망시킬 뜻이 있다기보다는 그 나라를 계속 지배하고자 한다면, 자유롭게 사는 데 익숙한 도시를 다스리면서 그곳의 시민들을 이용하는 것이 다른 어떤 방법보다도 용이할 것입니다.

[2] 이와 같은 사례들은 스파르타인과 로마인에게서 볼 수 있습니다. 스파르타인은 아테네와 테바이Thebai에 소수 정권을 수립함으로써 그들을 장악했지만, 그럼에도 불구하고 스파르타인은 그 두 나라를 잃었습니다. 로마인들은 카푸아Capua,[1] 카르타고Carthago,[2] 누만티아Numantia[3]를 정복하고자 이들을 완전히 멸망시켜 버렸으며, 이로써 그들을 잃지 않았습니다.

로마인들은 스파르타인들이 그랬던 것처럼 그리스를 다스리면서 그들을 자유롭게 해 주고 그들의 국법에 따라 살도록 계획했지만, 그리스 하나를 지배하고자 그 지방의 수많은 도시를 파괴하지 않을 수 없을 정도로 이곳을 지배하는 데에 실패했습니다. 사실상 그러한 도시를 장악하려면 그들을 완전히 파괴하는 방법밖에는 없었습니다.

자유롭게 사는 데 익숙해 있는 도시의 지배자가 되었으면서도 그 도시를 완전히 해체하지 않는다면 그 지배자는 저들로부터 오히려 붕괴된다는 것을 명심해야 합니다. 왜냐하면 반란이란 항상 자유니 옛 법이니 하는 명목에서 그 동기를 찾는 것이기 때문입니다. 그리고 이 자유니 법이니 하는 것들은 상당한 시간이 흐르고 상당한 은총을 베풀어도 도무지 잊히지 않습니다.

그리고 피정복지의 주민들이 분열되거나 분산되지 않는다면 어떤 수단을 쓰더라도 자유니 법이니 하는 것들을 잊게 만들 수 없으며, 아주 조그마한 구실만 생겨도 그들은 즉시 반란의 구실을 찾게 되는데, 피렌체인에 의하여 예속된 지 100년이 지나서도 반란을 일으킨 바 있는 피사인이 그런 경우에 속합니다.

---

1 ＊이탈리아의 옛 도시로서 로마와 지리적으로 연결되어 있어 융성했다. 제2차 포에니 전쟁 때 한니발의 침략을 받고서도 로마와의 동맹 관계를 성실히 수행하지 않았다는 이유로 로마인들이 직접 통치했다.

2 ＊기원전 9세기경에 페니키아인Poenicians이 북아프리카 연안의 반도에 건설했던 식민지 도시. 기원전 4세기경에는 무적의 해군으로 지중해의 해상권을 장악하였으며 부강한 상업 도시로 발전했으니 세 차례에 걸친 포에니 전쟁으로 말미암아 기원전 146년에 로마에 의하여 멸망되었다

3 ＊에스파냐의 옛 도시로서 제3차 포에니 전쟁 당시 카르타고를 멸망시킨 소小 스키피오Scipio에 의하여 멸망되었다.

[3] 어떤 도시나 지방이 한 군주의 지배 아래 사는 데에 익숙해지고 또 그들을 지배하던 왕가의 혈통이 끊어지면, 그 백성들은 한편으로는 새로운 군주에 대한 충성에 익숙해질 뿐만 아니라 다른 한편으로는 옛 군주를 잊게 됩니다. 따라서 그들은 그들 가운데 어떤 사람을 왕위에 옹립하는 데에 찬성하지도 않으며 자유롭게 산다는 것이 어떤 것인지를 알지 못합니다.

그런 결과로 그들은 선뜻 반란을 일으키지도 못하기 때문에 군주는 그들을 쉽사리 정복하여 그 위에 군림할 수 있습니다. 그러나 공화국에서는 군주국에 견주어 활력과 증오심과 복수심이 더 많고 자유에 대한 기억이 그들을 조용하게 내버려 두지 않기 때문에, 이곳을 통치하면서 가장 안전한 방법은 그들을 완전히 멸망시켜 버리든가 아니면 군주가 직접 그곳에서 거주하는 것입니다.

제6장
자신의 군대와 능력으로 획득한
새로운 통치권에 대하여

[1] 아주 새롭게 획득한 통치권에 관한 말씀을 드리면서 매우 고결했던 군주와 국가를 그 사례로 든다 할지라도 전하께서는 달리 생각지 마시기를 바랍니다. 거의 모든 인간은 다른 사람들이 다져 놓은 길을 항상 걸어가면서 그들의 행동을 본받게 마련입니다. 그러나 인간은 모든 점에서 앞서간 사람들처럼 살 수 없거니와 능력이라는 면에서도 그들이 본받고자 하는 사람들과 같을 수 없습니다.

따라서 사려 깊은 사람이라면 항상 위대한 선지자의 발자국을 따라가야 하며, 특별히 탁월했던 옛사람들을 본받아야 합니다. 그의 장점을 따르다 보면, 그와 똑같이는 되지 못한다 할지라도 적어도 어느 정도는 그의 체취를 맡을 수 있기 때문입니다. 사려 깊은 궁수弓手는 자기가 맞히고자 하는 목표물이 너무 멀고 또 자기 활의 위력이 어느 정도인가를 알게 되면 목표물보다 더 높은 곳을 향하여 활시위를 잡아당기게 되는데, 이는 그 궁수가 목표물보다 더 높은 곳을 맞히려 함이 아니요, 화살을 더 높이 쏨으로써 목표했던 것을 맞히고자 함입니다. 군주의 이상理想 또한 이와 같습니다.

[2] 그러므로 새로이 등극한 군주가 다스리는 전혀 새로운 통치권에 관해서 말씀드린다면, 그 국가를 지배하게 된 군주의 역량의 높낮음에 따라 그 국가에 대한 통치가 얼마나 쉽고 어려운가를 알 수 있습니다. 그리고 일개 평민이 군주가 되었을 때에는 그것이 능력으로 차지한 것인가 아니면 요행으로 차지한 것인가 생각할 수 있는데, 그 어느 쪽이든 그 가운데 어느 하나가 어느 정도까지는 그 숱한 어려움을 감소시켜 줄 수 있으리라고 생각됩니다. 그렇지만 요행의 덕을 보지 않은 사람이 가장 강력한 지위를 차지하게 됩니다.

군주가 신경을 써야 할 영토를 달리 갖지 않고 새로이 세운 나라에서만 살게 된다면, 군주의 문제는 좀 더 쉽게 풀리게 됩니다. 그러나 요행에 의해서가 아니라 자신의 능력에 의해서 군주가 된 사람에 관하여 살펴보면 모세Moses(기원전 1500년경),[1] 키루스Kyrus(기원전 600년경~529, 재위 기원전 559~529),[2] 로물루스Romulus(기원전 753~716),[3] 테세우스Theseus[4] 같은 인물들이 가장 탁월했다고 말씀드릴 수 있습니다.

이들 가운데 모세는 신神이 제시한 문제들의 단순한 집행자였기 때문에 논의하지 않을 사람이 있다 할지라도, 신과 더불어 대화를 나눌 수 있을 만큼 위대하게 만들어 준 은총만으로도 칭송받아 마땅합니다. 그러나 영토를 얻고 왕국을 건설한 키루스와 그 밖의 사람들을 생각해 본다면 전하께서는 그들이 칭찬을 받을 만한 인물들이었음을 알게 될 것이며, 그들의 행동과 각자의 통치

---

1 * 이스라엘 민족 통일의 아버지이며 입법자. 이스라엘이 박해받던 시대에 이집트에서 태어나 바로 Pharaoh 왕의 박해로 나일 강가에 버려졌으나 바로 왕녀에게 발견되어 양육되었다. 성장해서는 바로 왕에게 박해받던 이스라엘 백성들을 이끌고 젖과 꿀이 흐르는 약속의 땅 가나안을 향하여 이집트를 탈출했으며 40여 년 동안 고생한 끝에 시나이산Sinai-山에 도착하여 십계명을 받았으나 가나안을 목전에 두고 사망했다.

2 * 페르시아의 국조國祖. 종주국이었던 메디아Media를 멸망시키고 아케메네스Achaemenes 왕조를 세웠다.

3 * 로마를 건설했다는 전설적인 인물. 알바Alba에서 성녀聖女 레아 실비아Rhea Silvia와 군신軍神 마르스Mars 사이에 쌍생아로 태어나 광야에 버려졌으나 늑대의 젖을 먹고 성장하여 일대의 지배자가 되었는데, 자기의 이름을 따서 그 지방을 로마Rome라고 지었다. 플루타르코스의 『영웅전』을 참조할 것.

4 * 그리스 신화에 나오는 아타카의 국민적 영웅. 아이게우스Aegeus와 아이트라Aethra 사이에 태어나 아테네를 건설했다. 플루타르코스의 『영웅전』을 참조할 것.

「홍해의 기적」 코시모 로셀리, 1481~1483

방법을 곰곰이 생각해 보면, 그들이 자기들의 스승이었던 모세에 뒤떨어지지 않음을 알게 될 것입니다.

그리고 그들의 행동과 생애를 검토해 본다면, 그들은 자기들에게 최선이었다고 여겨지는 형식에 더하여 자료를 제공해 줄 수 있는 기회를 잡았다는 것 말고는 어떤 요행 같은 것이 없었다는 사실을 알게 될 것입니다. 그들에게 그만한 기회마저 없었더라면 그들의 정신적 용기도 상실되었을지도 모르며, 그들에게 그만한 용기가 없었더라면 그 기회 또한 덧없는 것이 되었을지도 모릅니다.

「로마인에게 법을 내려 주는 로물루스」 베르나르 반 오를레이, 1524

[3] 그러므로 모세의 경우에 이스라엘 백성들이 노예 생활로부터 벗어나 그를 따르기로 결심하는 데에는 이집트인들로부터 받을 예종隸從과 압제가 필요했습니다. 로물루스가 로마의 왕이자 그 나라의 국부國父가 되는 데에는 그가 알바에서 태어나 머무르지 못하고 버림받을 필요가 있었습니다. 키루스로서는 메디아Media의 통치에 불만을 품고 있는 페르시아인과 오랜 평화 속에서 안일과 나약에 빠진 메디아인을 만날 필요가 있었습니다. 테세우스가 만약 유랑하는 아테네인을 만나지 않았던들 그는 자기의 능력을 발휘할 기회가 없었을 것입니다.

이런 점에서 본다면, 기회가 그들을 성공하도록 한 것이요, 그들의 탁월한 능력이 그 기회를 그들에게 알려 준 것이며, 이로써 그들의 조국은 영광과 번영을 이룩하게 되었습니다.

[4] 이들과 마찬가지로 개인적인 능력으로 왕좌에 오른 사람은 어렵게 그 권력을 잡았다고는 하지만 그것을 유지하기는 쉽습니다. 왕좌를 차지하면서 겪는 어려움은 자신의 통치와 안전에 군건한 기초를 이루려고 도입하지 않을 수 없는 새로운 법률과 통치 방법에서 부분적으로 연유합니다.

전하께서는 새로운 통치 방법을 도입하면서 기선機先을 제압해야 한다는 사실, 계획하기가 어렵고 성공하기가 어렵고 또 다루기가 위험스럽다는 사실에 유념하셔야 합니다. 왜냐하면 그러한 방법을 처음 도입하는 사람은 지난날의 낡은 통치 제도 아래에서 이득을 보던 사람들을 적으로 돌려야 할 뿐만 아니라 새로운 통치 제도 아래에서 이득을 보고자 하는 사람들도 소극적인 추종자로 여겨야 하기 때문입니다.

이와 같은 소극적인 태도는, 한편으로는 자신들의 법률을 가지고 있는 반대자들에게서 나오고, 다른 한편으로는 새로운 제도가 확고하게 수립되었다는 것을 체험으로 확인하지 않고서는 새로운 정책을 진심으로 믿으려 들지 않는 인간의 의구심疑懼心에서 연유되는 것입니다. 따라서 새로운 제도에 대하여 적개심을 품고 있는 사람들은 공격의 기회를 잡았다고 생각하며 자신들의 끈끈한 당파심을 가지고 공격을 하게 됩니다. 그러나 공격을 받는 쪽에서는 이에 대하여 소극적으로 저항하게 되어 결과적으로 소극적인 추종자나 군주는 함께 위험에 빠지게 됩니다.

[5] 따라서 이 문제에 대하여 충분히 주의를 기울이고자 하는 사람이라면 그도 우선 개혁자가 자신의 힘으로 일을 추진하고 있는가 아니면 남의 도움을 받고 있는가 하는 점을 살펴보아야 합니다. 바꾸어 말씀드린다면, 자신의 과업을 수행하려면 남에게 구차한 소리를 할 것인가 아니면 그들에게 강제력을 발동할 수 있는가 하는 문제를 검토해 보아야 합니다.

남에게 구차하게 부탁을 한다면 사태는 좋지 않게 뒤틀리어 아무것도 이룩할 수 없을 것이지만, 자신의 능력에 따라 강제할 수 있다면 위기를 맞는 일이란 거의 없습니다. 이런 까닭으로 말미암아 칼을 든 예언자는 모두가 성공하지만 무기가 없는 예언자는 멸망하게 됩니다. 그리고 그러한 이유가 아니더라도 인간의 본성은 바뀌기 쉬운 것이어서 그들에게 무엇을 설득하기는 쉽지만 그 설득의 내용대로 묶어 두기란 어렵습니다.

따라서 그들이 더 이상 믿으려 하지 않을 경우에는 무력으로라도 믿도록 만들 수 있는 방법이 무엇인가에 관하여 예언자는 충분히 준비해 두어야만 합니다. 모세나 키루스나 테세우스가 무력을 갖추고 있지 않았다면, 그들은 그들의 제도가 그토록 오랫동안 준수되도록 만들 수 없었을 것입니다.

오늘날 이와 같은 사례는 사보나롤라Girolamo Savonarola(1452~1498)[5] 승정에게서 찾아볼 수 있습니다. 군중들이 그를 믿지 않기 시작했을 때 그는 통치를 위하여 새로이 마련한 자신의 제도 속에서 몰락했습니다. 그에게는 이미 자신을 믿고 있던 사람들에게 믿음을 지속시켜 줄 수 있는 수단도 없었고, 믿지 않는 사람을 믿도록 만들 만한 수단도 없었습니다.

이런 점에서 보건대, 사태를 해결하고 권좌에 오르는 길목에서 숱한 어려움을 겪는 그와 같은 지도자들은 자신의 능력으로써 극복하지 않을 수 없는

5　*이탈리아의 페라라에서 출생. 청년 시절에 연애에 실패한 데다 교황과 세속 질서가 타락한 것에 회의를 느껴 서른 살에 입교하여 도미니크 교단教團의 수도사가 되었다. 정의를 구현하려는 그의 노력은 중류층에게 많은 감동을 주었으며, 마키아벨리도 젊어서 그의 외침에 깊이 경도되었던 것으로 보인다. 그는 열렬한 자유주의자로서 종교 개혁을 외쳤고, 부도덕한 사치품을 불태웠다. 이와 같은 과격한 행동은 교황 알렉산데르 6세로부터 여러 차례 경고를 받았으나 그는 굽힐 줄 몰랐다. 결국 교황은 그를 파문하고, 1498년 5월 23일에 화형에 처했다.

애로에 봉착하게 됩니다. 그러나 그들이 그와 같은 어려움을 극복하여 존경을 받기 시작하고, 자신들에 대하여 시기심을 가지고 있는 사람들을 그 위치에서 제거해 버린다면 군주는 안전하게 권력을 잡아 영광과 행복을 누리게 됩니다.

「지롤라모 사보나롤라의 초상」
프라 바르톨롬메오, 1498년경

「시뇨리아 광장에서의 화형」[6], 작자 미상, 1650년경

[6] 이제까지 높은 차원의 실례實例를 말씀드렸는데, 지금부터는 그보다 좀 낮은 차원의 사례에 관하여 말씀드리고자 합니다. 차원이 좀 낮은 것이라고 해서 그들과 견줄 만한 가치가 없다는 뜻은 아닙니다. 저는 이 사례가 그와 비슷한 모든 다른 것들을 대변하기에 충분하기를 바랍니다. 그는 다름 아니라 시라쿠사Siracusa의 히에론 2세Hieron II(기원전 ?~215/216)[7]입니다.

히에론 2세는 일개 평민의 몸으로 군주가 된 사람으로서 기회를 잡았다는 것 말고는 운명의 신으로부터 아무것도 받은 바가 없습니다. 왜냐하면 시라쿠사가 그들의 적으로부터 압제를 받았을 때 그들은 그를 지휘관으로 뽑았으며, 그 위치에서 그는 훌륭하게 처신함으로써 군주가 되기에 충분했던 사람이기 때문입니다. 그는 평민으로 있을 때에도 그 능력이 탁월했던 관계로 그의 전기를 쓴 어떤 사람은 말하기를, "그는 왕이 되기에 조금도 부족한 것이 없지만, 다만 그에게는 다스릴 왕국이 없을 뿐"이라고 했습니다.

히에론 2세는 낡은 군대를 해산시키고 신식 군대를 조직했으며 지난날의 동맹을 파기하고 새로운 동맹을 맺었습니다. 그는 이와 같은 조처를 통하여 그 자신의 동맹과 군대를 형성할 수 있었기 때문에 그 기초 위에 자기가 꿈꾸었던 건물을 세울 수 있었습니다. 요컨대, 히에론은 나라를 세우면서 커다란 어려움을 겪었지만 그것을 지속시키는 데에는 어려움을 겪지 않았습니다.

6 　*시뇨리아 광장에서 처형당하는 사보나롤라의 모습을 그린 그림으로 알려져 있다.

7 　*시칠리아섬에 있는 시라쿠사의 귀족 히에로클레스Hierocles의 아들로서, 피로스가 물러간 뒤 기원전 270년에 왕으로 선출되었다. 대부분 그가 귀족 출신이었다고 기록하고 있으나, 마키아벨리는 그가 평민 출신이었다고 믿고 있다.

제7장
타인의 군대나 행운으로 획득한
새로운 통치권에 관하여

[1] 단지 운명의 여신이 미소를 던져 준 덕분에 평민의 몸으로 군주가 된 사람들은 그 자리를 쉽게 차지하긴 했지만, 그것을 지탱하려고 숱한 어려움을 겪습니다. 그들은 날아서 권좌에 이르렀기 때문에 그동안 아무런 어려움도 겪지 않았지만, 그들이 그 위치에 이르렀을 때는 수많은 어려움을 겪게 됩니다. 돈으로써 지배자가 된 사람이나 또는 그에게 그 지위를 준 어떤 사람의 호의로 지배자가 된 사람들이 이러한 무리에 속하는데, 이오니아Ionia와 헬레스폰토스Hellespontos의 도시국가에 살던 수많은 그리스 지도자를 그러한 사례로 들 수 있습니다.

이곳의 지도자들은 다리우스 1세Darius I(기원전 550년경~486, 재위 기원전 522~486)[1]의 도움으로 권좌에 오른 사람들이었기 때문에 다리우스 왕의 안전과 영광을 위해서만 도시국가를 지배할 수 있었습니다. 군대에 뇌물을 줌으로써 평민의 몸으로 대권을 차지한 제왕들도 이러한 사례에 속합니다. 이들은 단지 그들을 왕위에 올려 준 사람들의 뜻에 따라 권력을 유지할 수 있고 또한 그들의 정치적 생명과 운명을 함께해야 하는데, 이 두 가지란 모두 가장 믿을 수 없고 가장 불안한 기초인 것입니다.

남의 도움으로 제왕의 자리에 오른 인물들은 통치하는 방법을 모릅니다. 왜냐하면 생각하거나 행동하는 면에서 탁월한 능력을 갖고 있지 않는 한 오랫동안 평민의 몸으로 살아온 그가 어떻게 남을 통솔할 것인가를 안다면 오히려 그것이 더 납득하기 어려운 일이기 때문입니다. 그들은 자신에 대하여 우의友誼와 신뢰를 느끼는 군대를 가지고 있지 않기 때문에 백성을 통솔할 수 없습니다.

갑자기 얻은 권좌는 모든 자연의 식물과 같아서 당장 닥쳐오는 악천후를 견딜 수 있을 만큼 훌륭하게 발달된 뿌리와 기관器官을 가질 수 없습니다. 따라서 앞서 말씀드린 바와 같이 갑자기 군주가 된 사람들은 운명의 여신이 그들

---

1 * 페르시아의 왕. 대大키루스Kyrus the Great의 사위. 선왕先王이 죽고 반역자인 가우마타Gaumata가 왕위를 참칭하자 7년 동안의 전쟁을 거쳐 그를 타도하고 서쪽 이웃 나라들을 개척하여 새로이 군주를 임명하고 자치를 허락하였다.

다리우스 1세 부조

의 앞자락에 던져 준 행운을 지탱할 수 있도록 재빨리 준비를 해야 한다는 사실과, 다른 사람들은 군주가 되기에 "앞서" 닦아놓은 기초를 자기는 군주가 된 "뒤에" 닦아야 한다는 사실을 알 만큼 지혜롭지 못합니다.

[2] 앞에서 말씀드린 바와 같이 군주가 되는 데에는 두 가지의 방법, 곧 개인적인 용기에 힘입어 군주가 되는 방법과 행운에 힘입어 군주가 되는 방법이 있는데, 이에 대하여 제가 기억하고 있는 사례를 각기 들어 보고자 합니다. 그 두 사람은 프란체스코 스포르차와 체사레 보르자입니다.

스포르차는 합당한 수단과 자신의 위대한 능력으로써 평민의 몸으로 밀라노의 대공이 된 사람입니다. 그는 권좌에 오르기까지 천신만고를 겪었지만 그것을 유지하는 데에는 아무런 어려움이 없었습니다.

그와는 달리 발렌티노 대공이라고 불리는 체사레 보르자는 아버지 덕분으로 대공의 지위에 이르렀지만, 남의 군대와 남의 행운이 그에게 던져 준 그 지위의 뿌리를 내리고자 사려 깊고 능력 있는 사람들이 취해야만 하는 모든 노력과 온갖 짓을 다했음에도 불구하고 아버지의 행운이 기울음에 따라 그 자리도 잃고 말았습니다.

위에서 말씀드린 바와 같이, 군주가 되기에 앞서 일찍이 충분한 기초를 닦아 놓지 못한 사람이라고 할지라도 그에게 충분한 능력만 있다면 군주가 된 뒤에 건축가의 노력과 건물의 위험을 겪으면서 그 기초를 닦을 수도 있습니다. 보르자 대공이 취한 과정을 돌아볼 때 그는 자신의 앞날의 권세를 위하여 튼튼한 기초를 닦았다는 사실을 알 수 있습니다.

새로이 등극한 군주에게 줄 수 있는 교훈으로서는 보르자가 취한 처사보다 더 훌륭한 것이 없으리라고 생각되기 때문에, 여기에서 그의 행적을 살펴보는 것이 계제가 아니라고 생각되지는 않습니다. 그리고 그가 취한 수단이 그를 성공시켜 주지 못했다고 할지라도 그것은 그의 실수가 아닙니다. 왜냐하면 그의 실패는 지극히 악의에 찬 운명의 여신의 장난이었기 때문입니다.

「체사레 보르자의 초상」 바르톨롬메오 베네토, 16세기

[3] 교황 알렉산데르 6세는 아들인 보르자 대공을 위대하게 만들고자 애쓰는 과정에서 당시에도 그리고 그 미래에도 많은 애로에 직면했습니다. 우선 그는 자기 아들을 교황의 영토가 아닌 다른 나라의 군주로 만들 수 있는 방법을 찾을 길이 없었습니다. 그리고 아들 보르자를 위하여 로마냐의 교회령教會領을 떼어 주고 싶었지만 밀라노 대공Duke of Milano[2]과 베네치아인들이 그에 찬성하지 않으리라는 것을 그는 잘 알고 있었습니다. 왜냐하면, 이미 파엔차와 리미니가 베네치아의 보호를 받고 있었기 때문입니다.

이도 저도 잘되지 않자 그는 이탈리아 군대로 눈길을 돌려 특히 어느 부대가 자기 뜻대로 움직일 수 있는가를 생각해 보았지만, 그럴 만한 군대는 이미 교황권의 비대를 당연히 겁내고 있는 사람들의 수중에 들어 있었습니다. 따라서 그는 군대도 믿을 수 없게 되었습니다. 군대는 모두 오르시니Orsini[3]가와 콜론나Colonnesi 가[4]와 그 지지자들의 수중에 들어가 있었던 탓입니다.

따라서 교황 알렉산데르 6세는 자신이 질서를 잡을 수만 있다면 기존의 질서를 깨뜨리고 베네치아를 혼란에 빠뜨릴 필요가 있었습니다. 베네치아인들이 어떤 이유로 말미암아 프랑스인들을 이탈리아에 되돌아오도록 획책하고 있다는 사실을 눈치 채고 있던 교황에게 그런 일은 쉬웠습니다.

교황은 베네치아인들의 그러한 획책에 반대하지 않았을 뿐만 아니라 루이 12세의 오랜 소망이었던 그의 이혼을 허락해 줌으로써 일을 수월하게 만들었습니다. 그리하여 루이 12세는 교황 알렉산데르 6세의 지원과 베네치아의 도움을 얻어 이탈리아로 쳐들어갔습니다. 루이 12세가 밀라노에 입성하자마자 교황은 로마냐에 대한 야심을 이루려고 그로부터 군대를 빌렸습니다. 이러한 작업은 인기를 올려야 하는 루이 12세의 입장에 부합되는 것이었습니다.

2 　＊루도비코 일 모로를 가리킨다. 제3장의 각주 2번을 참조할 것.

3 　＊원래는 로마의 귀족 가문을 의미하는데, 교황 니콜라우스 3세Nicolaus III(1216년경~1280) 등이 여기에서 배출되었다. 마키아벨리가 말하는 오르시니라 함은 1497년경에 이탈리아에서 교황에게 항전했던 비르지니오 오르시니Virginio Orsini를 가리킨다.

4 　＊1100년경의 로마 귀족이었던 콜론나 피에트로 공Lord of Colonna Pietro의 후손들로서 중세에 이르기까지 1명의 교황과 30명의 추기경, 그리고 숱한 명인名人과 재사才士를 배출한 명문가이다.

[4] 로마냐를 장악하고 콜론나가를 무너뜨리고 나자 자기가 얻은 영토를 지속시키고 더 확장하고자 원했던 보르자 대공은 두 가지 어려움에 봉착하게 되었습니다. 하나는 자신이 거느린 군대가 도무지 미덥지 못했다는 사실이요, 다른 하나는 프랑스의 속셈이 어떤지를 알 수 없었다는 점입니다.

바꾸어 말씀드린다면, 그가 이제까지 이용해 온 오르시니의 군대가 자기를 배신하여 더 이상의 영토를 획득하는 데에 방해될 뿐만 아니라 획득한 것을 빼앗아 갈지도 모르며, 또 프랑스의 루이 왕도 그와 같은 속셈을 가지고 있다고 그는 생각한 것입니다.

보르자 대공은 파엔차를 장악하고 볼로냐를 침공할 때 그 군대들의 공격 태도가 소극적인 것을 보고서 오르시니에 대한 의심을 확고히 했습니다. 그리고 우르비노Urbino 공국을 장악하고 토스카나로 진격할 때에도 프랑스 왕에게서 그와 같은 낌새를 알아차렸습니다. 이때 프랑스 왕이 보르자의 진군을 저지했기 때문입니다. 이때부터 보르자 대공은 남의 병력이나 행운에 더 이상 의존하지 않기로 결심했습니다.

[5] 보르자 대공이 제일 먼저 취한 조치는 오르시니가와 콜론나가에 추종하는 귀족들을 전향시켜 자기편으로 만든 다음 그들에게 연금을 주고, 그들의 지위에 따라 관작官爵을 봉함으로써 오르시니가와 콜론나가의 무리를 약화시키는 것이었는데, 이러한 방법에 따라 몇 개월 만에 로마에 대한 저들의 충성심은 가슴속으로부터 사라지고 보르자 대공에게 충성을 바치게 되었습니다.

이런 일이 있은 뒤 그는 콜론나가의 지도자들을 분산시켰으며, 오르시니가의 우두머리들을 제거하려고 기회를 기다렸습니다. 드디어 기회가 오자 그는 이를 놓치지 않았습니다. 보르자 대공과 교회의 비대함이 이제 스스로 무너지기를 기다리기에는 너무 늦었다는 것을 알게 된 오르시니는 페루지노Perugino에 있는 마조네Magione에서 모임을 가졌습니다. 이를 계기로 우르비노의 반란, 로마냐의 소요, 그리고 대공에 대한 수많은 위험이 야기되었는데, 대공은 프랑스의 힘을 빌려 이 모든 것을 진압했습니다.

그러나 보르자 대공은 명성을 얻자 더 이상 프랑스 왕이나 그 밖의 외세에 의존하지 않기로 했습니다. 즉, 그들을 이용하는 더 이상의 모험을 피하려고 계략을 쓰기 시작했습니다. 그는 자기 본심을 숨기는 방법을 너무도 잘 알고 있었기 때문에 속도 모르는 오르시니는 파울로Signor Paulo의 중재로 보르자와 화해했습니다. 파울로를 다루면서 보르자는 그가 충성을 바치도록 하고자 돈이며 옷이며 말을 보내는 등 은전恩典을 아끼지 않았습니다.

그 결과 어리석은 오르시니의 무리는 시니갈리아Sinigalia로 달려와 보르자의 수중으로 들어갔습니다.[5] 오르시니의 지도자들을 말살하고 그 부하들과 우호를 맺게 되자, 마침내 전全 로마냐와 우르비노 공국까지도 장악하게 된 보르자 대공은 상당한 세력 기반을 구축하게 되었습니다. 무엇보다도 보르자가 로마냐와 우호를 맺고 그들에게 번영을 맛보도록 허락함으로써 그 백성들의 민심을 잡을 수 있었던 것은 의미 있는 일이었습니다.

---

5 ＊이 일은 1502년 12월 31일에 일어났다.

[6] 그가 이때 취한 방법은 음미할 만한 가치가 있는 것이요, 또한 남이 본받을 만한 것이기에 저도 그냥 지나치고 싶지 않습니다. 보르자가 로마냐를 점령했을 때 그곳은 나약한 영주들의 통치를 받고 있었는데, 이들은 백성을 다스리는 것이 아니라 백성을 수탈하는 것이어서 그들이 통일을 이룩할 수 있는 계기를 주기는커녕 분열을 일으킬 수 있는 계기를 줌으로써 전 국토는 도적과 폭력과 각종 불법으로 가득 차 있다는 사실을 그는 발견했습니다.

따라서 이곳을 평화롭게 하고 왕의 군사에 복종토록 하려면 이 지방의 행정을 훌륭하게 바로잡아야 할 필요가 있다고 그는 판단했습니다. 그리하여 그는 레미로 데 오르코Remirro de Orco[6]라고 하는 잔인하고도 용맹한 사람에게 비상 대권을 주어 그리로 파견했습니다. 레미로는 짧은 시간 안에 그 지역을 평화롭고도 통일된 지역으로 만듦으로써 좋은 평판을 얻었습니다.

그렇게 되자 보르자는 그와 같은 대권이 이제는 더 이상 필요치 않다고 판단했습니다. 왜냐하면 그러한 대권은 증오심으로 변할지도 모른다는 사실을 그는 두려워했기 때문입니다. 그리하여 그는 그 지역의 중심부에 민간 법정을 세우고 탁월한 재판장을 두었으며, 각 도시는 각각의 변호사를 그리로 보내도록 했습니다.

그리고 지난날 너무 엄하게 다스려 그곳의 주민들이 다소 증오심을 품고 있으리라는 것을 잘 알고 있는 보르자는, 만약 그때 잔혹한 정치가 베풀어졌다면 그것은 자신의 본의가 아니요 그 당시 행정관의 거친 성격 때문이었다는 것을 보여 줌으로써 민중의 마음을 풀어 주고 그들이 자기에게 집중하도록 만드리라 결심했습니다.

드디어 그 기회가 왔습니다. 어느 날 아침[7] 보르자는 레미로를 체세나 광장으로 끌어 내어 두 토막을 낸 다음에 하나의 나뭇조각과 피 묻은 칼을 전시했습니다. 이 끔찍한 모습을 본 백성들은 바로 만족해하며 또 두려워했습니다.

---

6 그의 이름을 Ramiro d'Orco 또는 Lamiro de Lorqua라고 한 자료도 있다.
7 *처형 일자는 1502년 12월 31일이었다.

[7] 그러면 이제 남은 문제에 관해 말씀을 드려야겠습니다. 말씀드리건대, 보르자 대공은 자기 세력이 강대해졌음을 알았습니다. 그리하여 그는 자신의 주위를 무장하여 당면한 위험들을 부분적으로나마 제거했으며, 가까이서 자신을 해칠 수 있는 세력들도 대부분 격멸했습니다. 그러나 정복을 더 확대하고 싶어도 프랑스 왕 루이 12세가 마음에 걸리지 않을 수 없었습니다. 프랑스 왕이 결국 자신의 실수를 깨닫고 더 이상 자기를 지원해 주지 않으리라는 것을 보르자는 잘 알고 있었습니다.

그리하여 그는 새로운 동맹국을 찾는 동시에 프랑스 왕과의 관계를 멀리하기 시작했습니다. 그러한 사례로서 가에타Gaeta를 점령하고 있는 에스파냐인들에 대항하여 프랑스가 나폴리 왕국으로 원정한 것을 들 수 있습니다. 그의 의도는 우선 프랑스로부터 자신을 보호하는 것이었는데, 만약 교황 알렉산데르 6세가 살아 있었더라면 그는 그러한 과업을 곧 성공할 수도 있었을 것입니다.

[8] 이와 같은 문제는 보르자가 현실적인 문제들에 취한 행동 양식이었습니다. 그러나 장래 문제에 관해서는, 우선 새로이 계승된 교황이 자기에게 우호적이지 않을지도 모르며, 따라서 아버지인 알렉산데르 6세가 자기에게 제공했던 것을 철회할지도 모른다는 점에 대해 두려움을 느끼지 않을 수 없었습니다. 이에 대하여 보르자는 다음과 같은 네 가지 자구책을 생각했습니다.

첫째, 지난날 자기가 영토를 탈취한 영주들의 가통家統을 끊어 버림으로써 교황이 그들에게 결탁할 수 있는 기회를 갖지 못하도록 하는 방법

둘째, 앞에서 말씀드린 바와 같이 교황을 견제할 수 있도록 로마에 있는 모든 귀족을 자기편으로 끌어들이는 방법

셋째, 가능하다면 추기경단樞機卿團을 자기편으로 끌어들이는 방법

넷째, 아버지인 교황 알렉산데르 6세가 죽기에 앞서 그 계승자의 첫 일격을 막아 낼 수 있을 만큼 스스로 힘을 기르는 방법

보르자는 아버지가 죽을 무렵에 첫째, 둘째, 셋째의 방법을 완수했으며, 넷째의 방법도 거의 완성했습니다. 자기가 권력을 박탈한 지배자들은 가능한 한 모두 잡아 죽였으며, 도망친 사람도 거의 없었습니다. 그는 로마의 귀족들을 자기편으로 만들었으며 추기경단에도 강력한 자기 세력을 심어 놓았습니다. 새로이 얻은 영토에 관해서는 토스카나의 영주가 되려고 획책했으며, 이미 페루자Perugia와 피옴비노를 장악했으며 피사를 자기 보호 아래 두었습니다.

프랑스 왕과는 이제 더 이상 다툴 필요가 없게 되자 그는 피사로 쳐들어가려 했는데, 프랑스 왕은 이미 이때 에스파냐인들에게 나폴리 왕국을 빼앗겼고 그 결과 그들 사이의 우호는 사라졌기 때문에, 보르자로서는 더 다툴 필요가 없었습니다. 이런 일이 있은 뒤 루카와 시에나는 항복을 원하고 있었습니다. 그 이유는, 한편으로는 피렌체에 대한 시기심 때문이었고, 다른 한편으로는 두려움 때문이었습니다. 그리고 이 무렵에 피렌체인들은 보르자에 대하여 무기력했는지도 모릅니다.

「바티칸을 떠나는 체사레 보르자」, 주세페 로렌초 가테리, 1877

[9] 아버지인 교황 알렉산데르 6세가 죽은 바로 그 해에 하려고 했던 계획을 만약 보르자가 수행했더라면, 그는 많은 세력과 명성을 얻음으로써 남의 행운이나 도움에 더 이상 의존하지 않고 오로지 자신의 힘과 능력에 따라 행동할 수 있는 자기 운명의 주인공이 되었을지 모릅니다.

그러나 보르자가 처음으로 칼을 뽑아든 지 5년 만에 알렉산데르 6세가 죽었습니다.[8] 알렉산데르 6세가 그의 아들을 위하여 확실한 영토를 남겨 준 것이라고는 로마냐밖에 없었으며, 그 밖의 나머지 모든 것은 허공에 떠 있었습니다. 더욱이 보르자는 강력한 두 적대 국가의 틈바구니에서 지내다가 병으로 죽었습니다.

그러나 보르자에게는 상당한 정력과 능력이 있었습니다. 어떻게 하면 사람들을 자기편으로 끌어들일 수 있고, 또 어떻게 하면 사람들을 잃게 되는지 그는 잘 알고 있었으며, 그가 그토록 짧은 시간에 그토록 굳건한 기반을 닦을 수 있다는 점을 생각할 때, 만약 그의 적대 세력들이 그의 정면에 칼을 겨누지만 않고 또 그가 건강했더라면, 그는 이 모든 어려움을 극복할 수 있었을 것입니다.

그리고 보르자가 죽을 지경에 빠져 있을 때에도 로마냐는 1개월 이상이나 그를 기다렸다는 점, 그가 로마에 있었을 때에는 반죽음 상태였어도 신변이 안전했다는 점, 그리고 발리오니Baglioni, 파울로 비텔리Paulo Vitelli(?~1499),[9] 오르시니가 로마에 왔었음에도 불구하고 그에게 대항하거나 적대적인 태도를 취하지 않았다는 점을 생각할 때, 그의 기반이 얼마나 굳건했는가를 잘 알 수 있습니다.

설령 그는 자기가 원하는 교황을 당선시킬 수는 없었다 할지라도 적어도 자기 뜻에 맞지 않는 사람이 취임하지 못하도록 할 수는 있었습니다. 알렉산데르 6세가 죽을 무렵, 그의 건강만 좋았더라도 모든 것은 쉽게 풀렸을지 모

8　*체사레 보르자의 아버지인 교황 알렉산데르 6세는 1503년에 죽었는데, 그의 병명은 열병이라고도 하고 추기경의 만찬회에 초대되었다가 독살되었다고도 한다.

9　*피렌체의 장군. 피사 전투에서 대공을 세웠으나 배신 혐의로 처형되었다.

릅니다. 율리우스 2세가 교황으로 선출되던 날, 만약 자기 아버지가 죽으면 무슨 일이 일어날 것인가를 생각해 보며 또 어떻게 사태를 수습할 것인가도 강구해 놓았노라고 보르자 대공께서는 저에게 말씀하신 바가 있습니다만, 아버지가 죽으면 자기 또한 그 가운데 죽으리라는 것은 미처 생각하지 못했던 모양입니다.

[10] 따라서 보르자 대공의 모든 행동을 한자리에 놓고 생각해 볼 때, 제가 어떻게 그를 비난할 수 있을지 알지를 못하겠습니다. 오히려 저는 운명의 여신이 미소를 던져 준 대가로 또는 남의 군대를 빌려 권좌에 오른 사람들에게 이 사람을 본받으라고 내세우는 것이 옳다고 생각됩니다. 위대한 정신력과 고결한 이상을 가지고 있던 보르자는 그가 이룩한 것 이상을 이룩할 수 없었습니다. 그의 꿈은 아버지의 단명短命과 그의 병약病弱으로 좌절되었을 뿐입니다.

따라서 새로운 통치권을 장악한 새로운 군주는 다음과 같이 처신해야 할 것입니다.

첫째, 적으로부터 자신을 보호할 것

둘째, 동지를 규합할 것

셋째, 폭력을 쓰든 기만을 하든 무슨 수를 써서라도 승리할 것

넷째, 백성들이 자기를 사랑하면서도 두려워하도록 만들 것

다섯째, 군대가 자기를 따르고 존경하도록 만들 것

여섯째, 자기를 해칠 수 있는 힘을 가졌거나 그럴 만한 이유를 가진 사람들을 숙청할 것

일곱째, 옛 법과 옛 풍습을 새로운 것으로 바꿀 것

여덟째, 가혹하고 인자할 것

아홉째, 관대하고 개방적일 것

열째, 충성하지 않는 군대를 제거하고 새로운 군대를 조직할 것

열한째, 왕이나 군주들이 자기에게 기꺼이 호의를 보이고 감히 해칠 수 없는 사람이라고 생각하도록 그들과 우호를 맺을 것

이런 점에서 보면 새로운 군주는 보르자의 행동보다 더 훌륭한 사례를 찾을 수 없을 것입니다.

[11] 율리우스 2세가 교황으로 당선되었다는 사실에 대해서는 보르자도 비난을 면할 수 없습니다. 그는 이 점에서 사람을 잘못 뽑은 것입니다. 왜냐하면 앞에서 말씀드린 바와 같이, 보르자는 자기가 원하는 대로 교황을 뽑을 수 없었지만[10] 어떤 사람이 교황에 당선되지 못하도록 할 수는 있었기 때문입니다. 그는 자기가 해쳤던 추기경을 교황으로 뽑는 데 동의해서는 안 될 일이었습니다. 왜냐하면 그가 교황이 되면 보르자를 두려워해야만 하기 때문입니다.

인간은 두려움이나 미움을 느낄 때면 꼭 상대편에게 해코지를 합니다. 그가 해를 입힌 그 밖의 인물로는 산 피에로 아드 빈쿨라San Piero ad Vincula,[11] 콜론나, 산 조르조San Giorgio,[12] 그리고 아스카니오Ascanio[13]가 있습니다. 이들 가운데 어느 누구도 교황이 되면 보르자를 두려워하지 않을 수 없습니다. 다만 에스파냐인들은 보르자와 우호를 맺고 있었기 때문에, 그리고 루앙은 프랑스 왕국에 매여 있기 때문에 보르자를 두려워하지 않았습니다.

그러므로 보르자 대공은 무엇보다도 먼저 에스파냐 출신의 추기경을 교황으로 뽑았어야만 합니다. 그리고 만약 그럴 수 없었더라면 루앙이 교황이 되는 데에 찬성했어야 하며, 산 피에로 아드 빈쿨라가 교황이 되도록 찬성해서는 안 되는 일이었습니다. 위대한 사람들에게도 새로이 은전을 베풀면 지난날에 피해 입은 것을 잊게 된다고 믿는 것은 자기기만입니다. 그러므로 보르자 대공은 교황 선출에서 실수를 저질렀으며, 그것은 그가 최후의 파멸을 겪은 원인이 되었습니다.

10 　＊루앙Rouen을 의미한다. 제3장의 각주 16번을 참조할 것.

11 　＊율리우스 2세를 의미한다. 그는 교황이 되기 이전에 보르자 부자父子로부터 심한 박해를 받아 유랑 생활을 했을 뿐만 아니라 그의 일문이 피해를 입었다.

12 　＊사보나Raffaelo Riariodi Savona의 법명法名인데, 혹 사보나롤라를 뜻하는 것이 아닌가 여겨진다. 제6장의 각주 5번을 참조할 것.

13 　＊프란체스코 스포르차의 손자이다.

제8장
사악한 방법으로
통치권을 획득한 사람들에 관하여

[1] 전적으로 운명의 여신이 미소를 던져 준 덕분이거나 자신의 능력에 의하지 않고서도 군주가 될 수 있는 길이 두 가지 있는데, 저로서는 이 점에 대해서 그냥 지나칠 수 없습니다. 이들 가운데 한 가지는 이미 공화국에 관한 또 다른 저의 글[1]에서 충분히 언급하고자 합니다. 이 두 가지 방법이라 함은,

    첫째, 다소는 범죄적이고도 악랄한 방법으로 군주의 지위에 오르는 방법과

    둘째, 평민의 몸으로 자기를 따르는 시민들의 찬성에 따라 그 본국에서 군주가 되는 방법이 있습니다.

    첫 번째 방법에 관해서 살펴보면, 옛날에 있었던 것과 오늘날에 있었던 두 가지의 사례를 찾아볼 수 있습니다. 이러한 방법을 본받으려는 사람이 있다면 이 두 가지 사례를 드는 것으로 충분하리라고 생각됩니다. 다만 첫 번째 방법에서 볼 수 있는 장점이 무엇인가에 대하여는 더 이상 깊이 다루지 않겠습니다.

---

1 *『리비우스 역사 논고』를 의미한다.

[2] 시칠리아의 아가토클레스Agathokles(기원전 361~289, 재위 기원전 316~289)²는 평민의 몸이었을 뿐만 아니라 가장 비천한 계급의 출신이었음에도 불구하고 시라쿠사Siracusa의 왕이 되었습니다. 도공陶工의 아들로 태어난 그는 젊은 시절을 악랄하게 보냈습니다. 그러나 비상한 두뇌와 건강한 육체에 악랄함을 갖추고 있던 그는, 군대에 투신하여 여러 계급을 거친 끝에 시라쿠사의 집정관이 되었습니다.

집정관의 자리가 굳건해지고 이어서 군주가 되어 폭력으로써 이를 유지할 뿐만 아니라 민중의 동의에 따라 그에게 부과된 대민對民 의무를 파기하기로 결심하자, 그는 시칠리아에서 군대에 복무하고 있는 카르타고의 하밀카르 바르카Hamilcar Barca(기원전 270년경~228)³에게 자기 뜻을 전달하여 양해를 얻었습니다.

어느 날 아침 그는 마치 해결해야 할 공사公事가 있기라도 한 것처럼 시라쿠사의 민중과 원로원을 소집했습니다. 민중이 모이자 이미 약정된 신호에 따라서 하밀카르의 군대는 모든 원로원 의원과 부호를 살육했습니다. 그들이 모두 살육되자 아가토클레스는 그 국가의 모든 권력을 장악했지만 어느 누구도 그에게 이의를 제기하지 못했습니다. 그는 두 번씩이나 카르타고의 군대로부터 공격을 받아 패전했고 끝내 포위를 당했지만, 끝까지 국가를 보위할 수 있었습니다.

그뿐만 아니라 아가토클레스는 대부분의 군대를 잔류시켜 저들의 공격을 막도록 하고, 나머지 병력으로 아프리카를 침공했습니다. 그 때문에 삽시간에 저들의 포위로부터 시라쿠사를 해방시키고 카르타고인들을 비참할 정도로 격멸하자 그들은 시칠리아를 아가토클레스에게 넘겨 주고 아프리카를 다스리는 정도에 만족한 채 그와 화약和約을 맺지 않을 수 없었습니다.

2 　＊시라쿠사의 전제 군주. 평민의 몸으로 시칠리아에서 태어나 군주 자리까지 올랐으나 지중해 일대를 전화戰禍로 몰아넣었으며, 끝내는 손자에게 독살되었다.

3 　＊그는 제1차 포에니 전쟁(기원전 241)을 마치고 귀국했음에도 불구하고 카르타고에서 그에게 응분의 대가를 지불하지 않자, 자신이 거느리던 용병들과 함께 반대파를 무찌르고 카르타고를 제압했다.

[3] 아가토클레스의 행동과 자질을 검토한 사람이라면 그에게는 행운으로 돌릴 만한 것이 전혀 또는 거의 없었다는 점을 발견하게 될 것입니다. 왜냐하면 앞에서 말씀드린 바와 같이, 그는 운명의 여신으로부터 도움을 받아서가 아니라 천신만고를 겪으면서 얻은 군대의 지위를 거치는 동안에 군주가 되었을 뿐만 아니라, 그 군주의 지위를 유지하는 데에도 갖은 위험과 모험을 겪었기 때문입니다. 자기를 따르던 시민을 죽이고, 동지를 배반하고, 신의를 잃고, 인정도 없고, 종교도 없던 그의 행동이 덕스러운 것이라고는 말할 수 없습니다.

그러나 어찌했든 아가토클레스는 그러한 과정을 거치는 동안 영예를 얻지 못했지만 권력을 잡을 수 있었습니다. 위기를 넘나든 그의 용기와 역경을 참고 이겨 낸 그의 정신력을 생각해 볼 때 그가 탁월한 장군 축에 끼지 말라는 법도 발견할 수 없습니다. 그러나 악랄하기 짝이 없었던 그의 잔인무도함과 비정非情으로 말미암아 그를 위인으로 쳐주지는 않습니다. 그렇다고 해서 그가 남의 도움 없이 군주가 되었다는 사실을 운명이나 용맹으로 돌릴 수만도 없습니다.

[4] 오늘날 사례로는 알렉산데르 6세 치하에 살았던 페르모Fermo의 리베로토Liverotto[4]를 들 수 있습니다. 어려서 아버지를 잃은 그는 조반니 폴리아니 Giovanni Fogliani라는 외삼촌 밑에서 자랐습니다. 젊어서 일찍이 파올로 비텔리 밑에 들어가 군인이 되었는데, 이때 군대 생활을 익혀 군인으로서 높은 지위에 오를 수 있었습니다.

그는 비텔리가 죽자 비텔리의 동생인 비텔로초Vitellozzo(?~1502)[5]의 밑에 들어가 봉사했는데, 명민할 뿐만 아니라 육체적으로나 지적으로나 탁월하여 매우 짧은 기간에 군대의 제1인자가 되었습니다. 그러나 남의 밑에서 지내는 것이 비굴하다고 생각한 그는 본국에서 자유를 누리기보다는 노예가 되기를 원할 만큼 어리석은 페르모의 몇몇 시민들의 도움과 비텔리가의 호의에 힘입어 페르모를 장악하기로 결심했습니다.

그리하여 리베로토는 외숙인 폴리아니에게 글을 보내어, 자기는 너무 오랫동안 객지에 나가 있었으니 이제 고향으로 돌아가 폴리아니를 만나고 싶노라는 뜻을 보임으로써 그가 자기를 어떻게 생각하고 있는가를 타진해 보았습니다. 그리고 자기가 생각하고 있는 것은 오직 영광뿐이었기 때문에, 그가 이제까지 헛되이 시간을 낭비한 것은 아니라는 사실을 시민들이 알아볼 수 있도록 하고 싶었습니다.

그래서 리베로토는 1백 명의 기수騎手와 동지 그리고 노예들을 거느리고 장엄하게 입성하고 싶고, 또 페르모 시민들도 자기를 영광스럽게 영접하도록 선처하여 달라고 외삼촌에게 간청했습니다. 이와 같은 일이란 비단 리베로토를 영광스럽게 하는 것일 뿐만 아니라 아버지나 다름없는 외삼촌에게도 영광스러운 일이었습니다. 조카의 뜻에 따라 폴리아니는 자기 조카에게 온갖 정성을 게을리하지 않았으며, 그가 페르모 시민들로부터 성대한 영접을 받도록 해 주었습니다. 리베로토는 외삼촌의 집에 머물렀습니다.

---

4 *Oliverotto라고 한 판본도 있다.
5 *처음에는 알렉산데르 6세와 보르자를 섬겼으나 나중에는 그들 부자와 의견 충돌을 일으켜 시니갈리아에서 비참한 최후를 마쳤다.

[5] 며칠이 지나 리베로토는 자기의 악랄한 계획에 필요한 음흉한 사전 준비를 마친 다음, 성대한 잔치를 베풀었습니다. 이 자리에는 외삼촌인 폴리아니와 페르모의 일급 인사들이 모두 초빙되었습니다. 식사가 끝나고 연회에서 흔히 있는 여흥을 모두 마치자 리베로토는 계획한 바에 따라 당면하고 있는 심각한 문제들을 말한 다음, 교황 알렉산데르 6세와 그의 아들 체사레 보르자가 어떤 속셈을 가지고 있는가에 관하여 언급했습니다.

폴리아니와 그 밖의 인사들이 리베로토의 주장에 반론을 펴자 그는 이러한 문제는 좀 더 비밀이 보장된 곳에서 이야기해야 한다고 말하고, 일어나 옆방으로 들어갔습니다. 폴리아니와 그 밖의 인사들도 그의 뒤를 따라 그리로 들어갔습니다.

그들이 자리에 앉자마자 그 방의 밀실에 숨어 있던 병사들이 뛰어나와 폴리아니와 그 밖의 모든 사람을 살해했습니다. 살육이 끝나자 리베로토는 말을 타고 거리로 나와 궁전에 있던 고급 관리들도 모두 살해했습니다. 겁에 질린 시민들은 어쩔 수 없이 그의 뜻에 따라 새로운 정부를 수립하고, 그를 군주로 모시지 않을 수 없었습니다.

[6] 리베로토를 해칠 만하거나 그에게 불평을 품고 있던 사람들은 모두 죽었을 뿐만 아니라 시민법과 군법은 놀라우리만큼 새로이 제정되었습니다. 이로써 그는 페르모에서 집권하고 있는 동안 안전했을 뿐만 아니라 모든 이웃 나라의 사람들이 그를 두려워하게 되었습니다.

앞에서 말씀드린 바와 같이, 리베로토가 만약 체사레 보르자가 시니갈리아에서 오르시니와 비텔리를 사로잡았을 때 그에게 속지 않았더라면 리베로토를 무너뜨리는 것은 아가토클레스를 무너뜨리는 것만큼이나 어려운 일이었을 것입니다. 그가 외삼촌을 죽이는 흉행을 저지른 지 1년 만에 그에게 덕과 악을 함께 가르쳐 준 비텔로초와 더불어 리베로토도 교살되었습니다.

[7] 아가토클레스나 또는 그와 같았던 사람들이 수없이 배신하고 잔혹한 행위를 저질렀으면서도 그토록 오랫동안 자기 나라에서 안전할 수 있었고 외적으로부터 자신을 보호할 수 있었다는 사실에 대하여 의아하게 생각하는 사람이 있을 수 있습니다. 더구나 혼란한 전쟁 시기는 더 말할 나위도 없고, 지난날에 잔혹한 행위를 저지른 바 있는 사람들은 평화 시에도 자기 자리를 부지할 수 없었다는 사실을 생각할 때 그러한 의아심은 더욱 커질 것입니다.

이처럼 똑같이 잔인한 행동을 했으면서도 누구는 몰락한 반면에 누구는 안전할 수 있었다는 사실의 차이점은 그 잔인함을 잘 이용했는가 아니면 잘못 이용했는가 하는 데에서 오는 것이라고 저는 믿습니다. 사악함에 대한 얘기를 하면서 선용善用이라는 말을 사용한다는 것이 있을 수 있는지 모르겠습니다마는, 잔인함을 선용했다는 것은 자신의 안전을 위해 단 한 번 행사하고, 그 뒤로는 그것을 되풀이하지 않고 오로지 백성의 이익을 위하여 할 수 있는 선행만을 하는 경우를 의미합니다.

잔인함을 잘못 이용했다는 것은, 처음에는 잔인함이 거의 보이지 않다가 시간이 흐름에 따라 없어지기는커녕 점점 더 빈번해지는 경우를 의미합니다. 앞의 방법을 쓰는 사람은 아가토클레스의 경우처럼 신과 인간의 보살핌 속에 자신의 환경을 다소나마 개선할 수 있지만, 뒤의 방법을 쓰는 사람은 자신을 부지할 수 없습니다.

[8] 이런 점에서 본다면 국권을 잡은 사람은 그가 행하지 않을 수 없는 모든 악행을 심사숙고해야 하며, 악행을 저질러야 될 경우에는 한 번에 몰아서 해야 할 것입니다. 그렇게 되면 매일같이 새롭게 악행을 저지르지 않게 될 것이며, 악행을 되풀이하지 않음으로써 백성들에게 안정감을 주며, 그들을 유익하게 함으로써 자기편으로 끌어들일 수 있습니다.

그렇지 않고 머뭇거린다거나 잔인함을 잘못 이용하는 사람은 손에서 피 묻은 칼이 떠날 날이 없으며 백성들에게 의지할 수 없을 것입니다. 왜냐하면 백성들에게 가해지는 새롭고도 끝없는 악행으로 말미암아 백성들은 그를 신뢰할 수 없기 때문입니다. 백성들이 아픔을 한순간에 느낄 수 있도록 하려면 악행은 한꺼번에 몰아서 해야 합니다. 그리고 그렇게 하는 것이 백성들을 덜 동요시킵니다.

은전恩典은 한 번에 조금씩 베풀어야 합니다. 그래야만 그 달콤함을 잘 맛볼 수 있습니다. 군주는 언짢은 일이든 즐거운 일이든 자기 정책을 바꿀 수 있는 사건이 발생하지 않도록 백성과 함께 살아야 합니다. 일단 고난이 닥쳐와 전하의 신변에 변화가 일어나지 않을 수 없게 된다면 그때는 잔인함을 보일 시간 여유도 없을 뿐만 아니라 선심을 써도 아무런 소용이 없을 것입니다. 왜냐하면 그때는 그 선심이 모두 어쩔 수 없어서 베풀어진 것처럼 보일 것이며, 따라서 그 선심으로 말미암아 사례를 받을 수 없기 때문입니다.

제9장
시민적 통치권에 관하여

[1] 그러면 이제 평민의 몸으로 군주가 되는 두 번째 방법, 즉 평민의 몸으로서 사악한 방법이나 용납할 수 없는 폭력을 쓰지 않고, 자기를 따르는 시민들의 호의에 힘입어 자신을 낳은 도시의 지배자가 되는 경우에 관하여 말씀드리고자 합니다. 이것은 시민적 통치권이라고 부를 수 있습니다. 시민적 통치권을 장악하려면 운이 따르는 민첩성이 필요한 것이지 순수한 능력이나 순전한 행운이 필요한 것은 아닙니다.

그 군주는 민중이나 상층 계급의 호의에 힘입어 그러한 지위에 오른다고 말씀드리고 싶습니다. 왜냐하면 어느 도시국가를 가릴 것 없이 민중과 귀족이라는 상극적인 파벌이 있기 때문입니다. 그리고 민중은 상층 계급의 지시나 압박을 받지 않으려 하지만 상층 계급은 민중을 지시하거나 압박하고자 하기 때문에 그들은 상극적입니다. 이 상극적인 요망으로 말미암아 그 도시에는 군주주의prince, 자유주의liberty 그리고 무정부주의anarchy[1]라는 세 가지 가운데 한 형태가 나타납니다.

---

1 * 판본에 따라서 anarchy 또는 license라고 되어 있는데, 여기서는 중세 봉건 체제가 무너지기 시작하면서 도시의 수공업자나 농민과 같은 하층 계급이 구질서에 도전함으로써 일어나는 사회적 무질서의 상태를 의미하는 것이며, 현대적 개념으로서의 anarchism과는 다소 다른 뜻을 담고 있다.

[2] 군주에 의한 지배 체제는 민중과 귀족이라는 두 계급 가운데 어느 쪽이 기회를 잡느냐에 따라 민중으로부터 나올 수도 있고 상층 계급으로부터 나올 수도 있습니다. 왜냐하면 귀족들은 자기들이 민중의 세력을 막아 낼 수 없다는 것을 알게 되면, 그들 가운데 어떤 사람을 골라 그의 명성을 높여 주기 시작하여 그를 군주로 옹립한 다음에 그의 그늘 아래에서 그들의 입맛을 만족시킬 수도 있습니다.

그와 달리 민중은 자기들이 귀족 세력을 막아 낼 수 없다는 것을 알게 되면, 자기들 가운데 어떤 한 사람을 골라 그의 명성을 높여 주고 그를 군주로 추대함으로써 그의 권세를 이용하여 귀족으로부터 자신을 보호합니다.

상층 계급의 도움을 얻어 군주가 된 지도자는 민중의 도움으로 군주가 된 지도자보다 자신을 가누기 더 어렵습니다. 왜냐하면 귀족의 도움을 받아 군주가 되었을 경우에는 많은 귀족이 왕도 자기와 동등하다고 생각하게 되고, 그 결과로 말미암아 그 군주는 자기가 뜻하는 바대로 그들을 지시하고 조종할 수 없기 때문입니다.

그러나 민중의 호의에 힘입어 군주가 된 사람은 주변에 경쟁자가 없으므로 그에게 복종할 뜻이 없는 사람이 없으며, 있다 하더라도 그것은 거의 없는 것이나 다름없습니다. 더 나아가서 군주는 남을 해치지 않고 오로지 영예만 가지고 귀족들을 만족시켜 줄 수 없습니다. 그러나 민중에게는 그러한 방법으로도 만족시켜 줄 수 있습니다. 왜냐하면 귀족은 억압하기를 바라고, 민중은 억압당하지 않기를 바라기 때문입니다.

그밖에도 민중이 우호적이지 않으면 군주에게는 정적이 너무 많아지기 때문에, 그는 자신의 지위를 보존할 수 없습니다. 그러나 군주가 설령 귀족들로부터 반대를 받는다고 해도 자신의 지위를 보존하는 데에는 아무런 지장이 없습니다. 왜냐하면 귀족은 그 수가 적기 때문입니다. 비우호적인 민중으로부터 예상되는 최악의 사태는 그들이 군주를 체념하는 경우입니다. 귀족들이 군주에게 적대적일 때에는 그들이 군주를 체념한다는 사실뿐만 아니라 군주에게 적대적인 행동을 취하리라는 것을 경계해야만 합니다.

왜냐하면 귀족들은 민중보다 더 멀리 볼 수 있고, 또 더 교활하여 항상 장래에 목숨을 부지할 수 있는 길을 준비하고 자기들을 장차 정복하게 되리라고 여겨지는 사람들로부터 호감을 사려 하기 때문입니다. 군주는 모름지기 민중과 더불어 살아야 하지만 귀족이 없이도 정권을 유지할 수 있습니다. 왜냐하면 군주는 언제라도 귀족을 만들 수도 있고 귀족의 지위를 박탈할 수도 있으며, 또 원한다면 그들에게 권위를 부여할 수도 있고 이미 주었던 권위를 빼앗을 수도 있기 때문입니다.

[3] 이 문제를 좀 더 명백하게 하고자 저는 상층 계급의 구성원을 원칙상 두 가지로 나누고자 하는데, 첫째는 자신의 문제를 처리하면서 전적으로 전하의 운명에 따라 실행하는 부류이고, 둘째는 그렇지 않은 부류입니다. 전하와 운명을 함께하면서 아무런 탐욕을 품지 않는 사람들은 전하로부터 영광과 사랑을 받을 것이며, 전하께 의존하지 않는 사람들은 다음과 같은 두 가지 방법으로 다루어야 합니다.

첫째로, 겁이 많고 천품이 나약한 사람들 가운데에서도 특히 사려 깊은 사람들을 전하께서는 이용할 수 있습니다. 왜냐하면 전하의 생활이 풍족하게 되면 그들은 전하의 명성을 높여 줄 것이며, 설령 전하께서 역경에 빠질지라도 전하는 그들을 두려워할 필요가 없기 때문입니다.

둘째로, 그들이 영악하여 야심을 품은 탓으로 전하께 의탁하지 않는다면 그것은 그들이 전하보다도 자신을 더 생각하고 있다는 증거입니다. 전하께서는 모름지기 이와 같은 사람들을 경계해야 하며 그들을 공개적인 정적으로 두려워해야 합니다. 왜냐하면 전하가 역경에 빠지게 되면 그들은 언제라도 전하를 무너뜨리는 일에 가담할 것이기 때문입니다.

[4] 그러므로 민중의 호의로써 군주의 지위에 오른 사람은 모름지기 그들과 우의를 지속해야 합니다. 그들은 단지 압박받지 않는 것 이상을 요구하는 것이 아니기 때문에, 그들과 우의를 지속하는 일은 쉽습니다. 그러나 민중의 의사와는 달리 귀족의 호의에 의하여 군주의 지위에 오른 사람은 민중의 지지를 얻으려면 온갖 고초를 겪어야 합니다.

그러나 군주가 민중을 자기 보호하에 둔다면 우의를 맺는 일 또한 쉽게 달성될 수 있습니다. 왜냐하면 인간이란 자기를 학대하리라고 예상했던 사람으로부터 은혜를 입게 되면, 그 은혜에 대해서 매우 강렬한 의리를 느껴 애당초 민중의 덕분으로 군주의 지위를 얻게 된 사람보다 더 민중의 사랑을 받게 되기 때문입니다.

군주가 민중으로부터 사랑을 받을 수 있는 방법은 상황에 따라 각기 다른 것이오, 일정한 법칙이 있는 것이 아니기 때문에 여기서는 그러한 방법들을 일일이 서술하는 번거로움을 피하고자 합니다. 다만 군주란 민중과 우의를 지속시켜야 하며, 그렇지 않고 역경에 빠졌을 때에는 의지할 곳이 없게 된다는 점을 결론으로 말씀드리는 바입니다.

[5] 스파르타의 군주인 나비스Nabis(기원전 ?~192, 재위 기원전 207~192)[2]는 전全 그리스의 연합군과 로마 상승군常勝軍의 침략을 받았지만, 그들에 대항하여 조국과 자신의 지위를 지켰습니다. 위기가 닥쳐왔을 때 그는 소수에 대해서 자신을 방어하는 것만으로 충분했지만, 만약 민중 전체가 그에게 적의를 품었더라면 그는 그 일을 감당할 수 없었을 것입니다.

그래서 어떤 사람은 "민중 위에 통치권의 기초를 둔 사람은 진흙 위에 기초를 쌓은 것과 같다"라는 진부한 격언을 빌려 저의 의견을 반박할지도 모릅니다만, 그것은 타당한 것이 아닙니다. 평민의 몸으로 군주가 되어 민중에 그 기초를 두고 있으면서 정적이나 고급 관료들이 자기를 억압하면 민중이 자기를 구출해 주리라고 자기 혼자서만 생각하고 있다면, 이 격언은 옳은 말입니다. 이런 경우에는 로마의 그라쿠스 형제[3]나 피렌체의 조르조 스칼리Giorgio Scali (?~1382)[4]의 경우처럼 자기가 속고 있다는 것을 쉽게 알게 될 것입니다.

그러나 민중에 기초를 두고 있는 군주가 통솔력과 용기를 갖추고 있고, 역경에 처해서도 당황하지 않으며, 만반의 준비에 소홀함이 없고, 모든 시민을 자신의 뜻과 자신의 지혜로운 규범에 열성을 보이도록 장악할 수 있다면, 그 군주는 민중에게 속는 일이 없을 것이며, 훌륭한 기초 위에 서 있다는 것이 증명될 것입니다.

2　*스파르타의 전제 군주. 여행자들의 재물을 약취할 정도로 무도하였던 그는 아카이아인의 침략을 받아 기원전 201년에 스코티타스Scotitas에서 대패하였고, 기원전 195년에는 플라미니누스Flamininus가 이끄는 로마군에 대패한 뒤 아르고스에 항복했다가 부장副長에게 피살되었다.

3　*형 티베리우스 그라쿠스Tiberius Gracchus(기원전 163~133)와 아우인 가이우스 그라쿠스Gaius Gracchus(기원전 153~121). 이들은 미천한 출신이었으나 호민관護民官으로 선출되어 토지 개혁을 통한 농민 보호에 힘썼으나 모두 피살되었다.

4　*피렌체의 정치가. 천민과 수공업자를 도와 메디치가의 중흥에 동조했으나 오만함으로 말미암아 피살되었다. 그의 행적에 관해서는 마키아벨리의 『피렌체사史』제3권에 자세하게 기록되어 있다.

[6] 시민적 군주는 스스로 통치하거나 아니면 관료를 통하여 통치하는 것이기 때문에, 군주 정치가 시민적 통치로부터 절대적 통치 체제로 바뀔 때에는 항상 위험이 따르게 됩니다. 관료를 통하여 통치하는 경우에 군주의 위치는 스스로 통치하는 경우보다 더 취약하고 더 위험스러운데, 이는 그 군주가 통치 기구의 상층부에 있지 않은 시민들의 의사에 전적으로 의존하고 있기 때문입니다.

더욱이 군주가 역경에 처하게 되면 민중은 군주에게 적대적인 태도를 취하거나 또는 충성을 바치지 않음으로써 아주 간단하게 군주를 몰락시킬 수 있습니다. 그리고 위기가 닥쳐오면 그 도시의 관료들의 영도력에 추종하는 것이 익숙해진 시민과 백성들은 폭풍의 가운데에서 군주의 명령에 복종할 준비가 되어 있지 않기 때문에, 군주는 절대적인 권력을 장악할 시간 여유를 갖지 못합니다. 그리고 민심이 들떠 있는 시대에 군주는 믿을 수 있는 사람이 매우 드물다는 사실로 말미암아 항상 고통을 겪게 됩니다.

그러므로 시민들에게 국가가 필요했던 평화 시에 군주가 겪었던 사실만을 믿어서는 안 됩니다. 왜냐하면 죽음의 위험이 보이지 않을 때는 누구나 군주를 위해서 죽을 수 있노라고 쉽사리 약속하고 또 그러리라는 마음으로 가득 차 있습니다. 그러나 막상 국가가 환란에 빠져 시민을 필요로 하게 되면 군주는 그제야 믿을 사람이 거의 없다는 사실을 발견하게 될 것이기 때문입니다. 그리고 이러한 경험은 오직 한 번밖에는 겪을 수 없는 것이기 때문에 더욱 위험스럽습니다.

그러므로 현명한 군주라면 언제, 어떠한 상황에 처하더라도 모름지기 그의 시민들이 그의 정부와 그 자신을 필요로 할 수 있는 통치 형태를 구상해야만 하며, 그제야 그 군주는 항상 신뢰받을 수 있을 것입니다.

제10장
모든 군주국의 힘을 평가하는 방법

[1] 이와 같은 여러 가지의 통치권을 검토하면서 우리가 기억해 두어야 할 또 다른 문제점이 있습니다. 바꾸어 말씀드린다면, 필요할 경우에 군주는 자신의 힘으로써 자신을 보호하기에 충분한 힘을 가지고 있는지, 아니면 항상 남의 도움만을 받아야 하는지의 문제입니다. 이 문제에 대하여 좀 더 설명을 드린다면, 만약 군주가 충분한 권력과 충분한 돈으로써 충분한 군대를 조직하고 자기를 향하여 쳐들어오는 사람을 쳐부술 수 있다면 그는 자신의 군대로써 자신을 지킬 수 있는 사람으로 평가받을 만하다고 말씀드리는 바입니다.

이와는 달리, 그 군주가 적과 맞서 싸울 수 없어 성벽 뒤에 숨어 성이나 지켜야 할 처지라면, 그 군주는 항상 남의 도움을 필요로 한다고 평할 수 있습니다. 앞의 사례에 대해서는 이미 제가 말씀드린 바[1]가 있기 때문에 필요하다면 다음[2]에 더 말씀드리겠습니다.

뒤의 사례에 관하여 말씀드린다면, 그러한 군주는 열심히 성채를 쌓고 스스로 그 도서島嶼를 방비할 것이지 영토 밖의 문제에 대하여 신경을 써서는 안 된다는 말씀밖에 드릴 수 없습니다. 그리고 자신의 성을 튼튼히 요새화하고, 앞에서 이미 말씀드렸을 뿐만 아니라 앞으로도 계속 말씀드리는 바와 같은 방법으로 자기 백성들을 다스려 온 군주에게는 공격하는 무리도 진격을 머뭇거릴 것입니다. 왜냐하면 인간은 어려워 보이는 일에 대해서는 항상 머뭇거릴 뿐만 아니라, 성채가 훌륭하게 요새화되어 있고 민중으로부터 원망을 사지 않는 군주를 공격한다는 것이 쉽지 않다는 것을 잘 알고 있기 때문입니다.

---

1 * 제6장의 [5]와 [6]을 참조할 것.

2 * 제13장과 제24장의 [2]를 참조할 것.

[2] 독일의 도시는 매우 자유로우나 영토가 좁습니다. 그들의 도시는 마음이 내키면 황제에게 충성을 바치고, 황제나 이웃 나라의 강자를 두려워하지도 않습니다. 왜냐하면 어느 누가 봐도 그 성을 함락시키는 것은 귀찮고도 어려운 일이라고 여겨질 만큼 그 도시가 요새화되어 있기 때문입니다. 그들은 참으로 든든한 수채水砦, moat[3]와 성벽, 그리고 넉넉한 대포를 갖추고 있습니다. 그들은 1년 동안 먹고 마시고 땔 수 있는 물품들을 공공 창고에 항상 마련해 두고 있습니다.

그밖에도 국고의 손실을 초래하지 않고서도 민중이 안주할 수 있도록 해 주려고 그 도시의 생명과 힘이라고 할 수 있는 노동에 1년 동안 종사함으로써 공익에 봉사할 수 있는 길이 있는데, 민중은 이 일자리에서 생계를 유지할 수 있게 되어 있습니다. 그들은 또한 고도의 군사 훈련을 실시하며, 나아가 군대를 유지하기 위한 많은 법규를 가지고 있습니다.

---

3 *해자垓字, 곧 적을 막아 내려고 성을 깊게 파서 물을 흐르게 한 인공 호수를 뜻한다.

요새화되어 있는 독일 뉘른베르크 전경, 하르트만 셰델, 1493

[3] 그러므로 굳은 성채를 가지고 있을 뿐만 아니라 백성들로부터 원한을 사지 않은 군주는 외부의 공격을 받지 않습니다. 그런 성을 공격할 정도로 어리석은 사람은 불명예스럽게 퇴각할 것입니다. 왜냐하면 오늘날의 세계 정세는 변화가 너무 많아 한 성을 함락시키려고 1년 동안이나 자신의 군대를 할 일 없이 그 주위에 진영을 차리게 할 수는 없기 때문입니다.

어떤 사람은 말하기를, 성 밖에 재산을 갖고 있는 사람들은 그것이 전화戰禍에 불타는 것을 보면 참지 못하게 되며, 오랫동안 포위되어 이기심이 발동하게 되고 그들의 군주를 잊을 수도 있다고 합니다. 이런 일이 발생하면 강력하고도 용기 있는 군주는 이러한 어려움이 오래 계속되지 않으리라고 백성들에게 한 번쯤 희망을 주는 한편 적이 얼마나 잔혹한가를 넌지시 알려준 다음에, 자기를 해칠 것처럼 보이는 사람들로부터 자신을 능숙하게 방어함으로써 그러한 어려움을 극복할 수 있으리라고 저는 대답하고자 합니다.

성안에 있는 백성들의 사기가 높고 적을 막아 낼 의지가 왕성하다면, 적들은 흔히 하는 대로 도착하자마자 주위의 성읍을 돌아다니면서 불을 지르고 파괴를 일삼을 것입니다. 그러나 그러면 그럴수록 군주는 그런 일을 조금도 두려워하지 않게 됩니다. 왜냐하면 어느 정도의 시간이 흘러 백성의 마음도 안정되고, 어차피 피해는 입은 것이요, 불행을 겪어 더 이상 구제할 길이 없으리라고 단념하게 되기 때문입니다.

따라서 군주는 백성들의 집과 재산이 불탄 데 대하여 군주 자신이 책임을 통감한다는 것을 보여 주면 백성들은 군주와 함께 더욱 굳게 뭉치려 할 것입니다. 왜냐하면 인간의 본성이란 은혜를 받을 때와 마찬가지로 은혜를 베풀 때에도 책임을 느끼기 때문입니다. 따라서 군주가 그 도시의 방비를 위한 준비와 수단이 결여되어 있지 않을 경우에 사태를 면밀히 검토해 본다면, 적이 공격해 오는 처음부터 끝까지 백성들의 마음가짐을 굳게 만들어 주는 것은 어려운 일이 아닐 것입니다.

제11장
종교적 통치권에 관하여

[1] 이제 종교적 통치권에 관한 논의만이 남았습니다. 종교적 통치권은 이미 그것을 잡기 이전부터 온갖 어려움을 겪게 됩니다. 왜냐하면 이 통치권은 자신의 능력이나 요행에 힘입어 획득되지만, 그 어느 것으로도 그 권력을 유지할 수 없기 때문입니다. 종교적 통치권은 오랜 율법에 따라 지탱되는 것이요, 이 율법은 너무도 강력할 뿐 아니라 종교적 통치권을 가진 군주가 어떻게 처신할지라도 지속될 수 있는 성질의 것입니다.

종교적 주권자만이 국가를 가지고 있으면서도 그것을 방위하는 일이 없고, 백성을 거느리고 있으면서도 그들을 지배하지 않는 유일한 군주들입니다. 그들의 국가는 방비하지 않는다고 해서 잃는 법이 없으며, 그들의 백성은 통제하지 않는다고 해서 반대하는 법이 없습니다. 백성들은 교회로부터 떨어져 나간다는 것을 꿈에도 생각지 않으며 또 그럴 수도 없습니다. 이러한 국가만이 안전하고 행복합니다.

그러나 종교적 군주들은 인간의 마음이 미칠 수 없는 더 높은 힘의 보호를 받고 있기 때문에 저로서는 그들에 관한 논의를 생략코자 합니다. 왜냐하면 그들은 하느님이 세우시고 또 유지하고 있기 때문에 그들에 관한 문제를 다룬다는 것은 외람되고 건방진 사람들이나 할 짓이기 때문입니다. 그럼에도 불구하고 오늘날의 교회는 세속적인 문제에 어떻게 그토록 막강한 힘을 갖게 되었느냐고 묻는 사람도 있을 것입니다.

이를테면 교황 알렉산데르 6세 시대 이전에는 단지 군주뿐만 아니라 미미한 제후나 성주城主까지도 세속적인 문제로 말미암아 왜 교회 앞에서 그토록 비굴하게 되었는가 하는 것입니다. 더구나 오늘날의 프랑스 왕은 교황이 무서워 벌벌 떨고 있지만, 옛날 같으면 교황을 이탈리아로부터 몰아낼 수도 있었고 베네치아인들을 멸망시킬 수도 있었기 때문에 그와 같은 의아심이 당연한 것입니다. 이 문제는 세상에 너무 잘 알려진 일이기는 합니다마는, 그 일부에 관하여 언급해 보는 것도 무익한 일이라고 여겨지지는 않습니다.

「샤를 8세의 피렌체 입성」 프란체스코 그라나치, 1518

[2] 프랑스 국왕 샤를 8세가 이탈리아로 들어오기 이전[1]에는 이 지방이 교황과 베네치아인과 나폴리 왕과 밀라노 대공과 피렌체인의 지배를 받고 있었습니다. 이 지배자들은 특히 두 가지 사실을 경계하지 않을 수 없었는데, 첫째는 외국인들이 군대를 이끌고 이탈리아로 쳐들어오지 못하도록 해야 한다는 점이요, 둘째로는 그들 가운데 어느 하나가 더 이상의 영토를 확장하지 못하도록 해야 한다는 사실이었습니다. 이들 가운데에서도 가장 염려가 되는 것은 교황과 베네치아인이었습니다.

베네치아인들을 억누르는 데 필요한 것은 페라라를 막으려고 결성했던 바와 같이, 나머지의 모든 국가들 사이에 동맹을 맺는 것이었습니다. 교황을 견제하고자 오르시니가와 콜론나가의 두 파로 나뉘어 항상 서로 물고 뜯을 수 있는 소지를 안고 있는 로마의 제후들을 이용했습니다. 이들은 바로 교황의 코밑에서 무기를 들고 있었기 때문에 교황의 세력을 취약하고 불안하게 만들었습니다.

물론 때로는 식스투스 4세Sixtus IV(1414~1484, 재위 1471~1484)[2]와 같은 영명한 교황이 나타나는 때도 가끔 있었지만, 그들의 행운과 지혜로써도 로마의 제후들로 말미암아 겪는 걱정거리를 물리칠 수 없었습니다. 교황의 재임 기간이 짧다는 것도 교황권이 그토록 약화된 원인이 됐습니다. 그들의 평균 재임 기간은 10년 정도였는데, 이 정도의 기간으로는 저들 가운데 어느 한쪽도 거세하기가 어려웠습니다. 예컨대, 어떤 교황이 콜론나가를 거의 제거할 무렵이면 이번에는 오르시니에게 적대적인 교황이 출현하게 됩니다. 그렇게 되면 지난번에 거세된 콜론나가가 다시 득세하게 되어 오르시니를 격멸할 시간 여유를 가질 수 없게 됩니다. 이와 같은 이유로 말미암아 교황의 세속적 권력은 이탈리아에서 거의 존경을 받지 못합니다.

---

1 * 샤를 8세가 이탈리아를 침공한 것은 1494년이었다.
2 * 이탈리아 출신의 교황. 이탈리아의 내정에 남달리 관심이 많았던 그는 반反메디치 음모를 꾸며 피렌체와 전쟁을 일으켰으며, 티베르Tiber강의 대교와 같은 토목 공사를 일으켜 이탈리아의 중흥을 꾀했으나 무거운 세금과 족벌 정치로 말미암아 인망을 잃었다.

식스투스 4세가 세운 시스티나 성당

성 베드로 성당에 있는 교황 식스투스 4세의 묘, 1484~1493

[3] 이럴 무렵에 교황 알렉산데르 6세가 출현했습니다. 그는 교황이 돈과 무력으로써 과연 무엇을 성취할 수 있는 것인가를 과거의 어느 교황보다도 훌륭하게 보여 준 인물입니다. 프랑스가 쳐들어온 것을 기화로 하여 교황은 아들인 체사레 보르자를 앞장세워 제가 앞서 말씀드린 바와 같은 일들[3]을 수행했습니다. 그가 애당초 의도했던 것은 교회를 강화시키려는 것이 아니라 보르자의 지위를 강화시키고자 함이었습니다. 그러나 그가 죽고 보르자마저 몰락한 뒤에 그가 이룬 것을 모두 교회가 이어받게 되자 그가 한 일은 결국 교회 권력을 강화하는 데 도움을 준 것이 되었습니다.

---

3   * 이에 관한 자세한 논의는 제7장을 참조할 것.

「레오 10세와 두 추기경의 초상」 라파엘로 산치오, 1518

[4] 이런 일이 있은 뒤에 교황 율리우스 2세가 등극했습니다. 그는 교황권이 엄청난 것임을 알았습니다. 왜냐하면 로마냐가 온통 그의 수중에 들어와 있었으며, 로마의 제후들은 알렉산데르 6세로부터 타격을 받아 산산조각이 났으며 그 파벌도 일소되었기 때문입니다. 더구나 율리우스 2세는 알렉산데르 6세 이전에는 몰랐던 축재 방법을 발견했습니다.

율리우스 2세는 볼로냐Bologna를 장악하고 베네치아를 무너뜨리고 이탈리아로부터 프랑스를 몰아내려고 시도함으로써 알렉산데르 6세의 전철을 답습했을 뿐만 아니라 오히려 그를 능가할 수 있었습니다. 그와 같은 그의 시도는 모두 성공함으로써 그에게는 더 큰 영광을 안겨 주었습니다만, 그것은 모두가 교회의 권한을 강화하려는 것이었지, 그 자신의 이익을 도모하려는 것은 아니었습니다.

율리우스 2세는 오르시니가와 콜론나가의 파벌을 현 상태로 묶어 두었습니다. 물론 그 두 파벌에서 반란을 일으킬 뜻이 없었던 것은 아니지만, 첫째로는 겁이 날 만큼 교회의 권한이 강화되어 있었고, 둘째로는 그들 사이의 분쟁에서 편을 들어 줄 수 있는 추기경을 거느리고 있지 못했기 때문에 반란을 일으킬 수도 없었습니다. 그들이 추기경을 거느릴 때면 잠잠할 날이 없었습니다. 왜냐하면 추기경들은 로마의 안팎에서 파벌을 조성하여 제후들로서는 그들을 옹호하지 않을 수 없었기 때문입니다.

그리하여 성직자들의 야심은 끝내 제후들 사이의 반목과 암투를 불러일으키는 원인이 됐습니다. 그 뒤에 등극한 교황 레오 10세Leo X(1475~1521)[4] 전하께서도 교황권이 강대함을 알았습니다. 설령 그의 선임자들이 무력으로써 교황권을 강화했다 할지라도 레오 전하께서는 자비로움과 무한한 선덕善德으로 교황권을 더욱 강화시키고 또한 존경받으시기를 바라는 바입니다.

---

4 * 메디치 대공의 차남. 1488년에 열세 살의 나이로 추기경이 되었으며, 서른일곱 살에 교황이 되었다. 지나친 야심으로 교황청의 재정 결핍을 초래하여 루터Martin Luther의 종교 개혁의 원인이 되었다. 그러나 문인과 예술을 사랑하여 로마대학을 설립하는 등 문화 사업을 이룩했다.

제12장
군대의 종류와 용병에 관하여

[1] 처음부터 이제까지 각종 군주국의 본질에 관하여 소상하게 말씀드렸으며, 어떤 면에서는 그것들이 가지는 장단점을 살펴보았고, 많은 사람이 통치권을 장악하고 유지하는 방법이 무엇인가에 관한 말씀을 드렸습니다. 그러므로 이제까지 말씀드린 국가들이 받을 수 있는 공격과 방어에 관하여 일반적으로 살펴보는 문제가 남았습니다.

군주는 자신의 기초를 튼튼히 해 둘 필요가 있으며, 그렇지 못할 경우에는 멸망하지 않을 수 없다는 것을 앞에서 말씀드렸습니다. 새로 선 국가이든 아니면 이미 서 있던 국가이든, 또는 혼합 국가이든 간에 모든 국가의 기본이 되는 기초는 훌륭한 법과 훌륭한 군대입니다. 훌륭한 군대가 없는 곳에는 훌륭한 법도 있을 수 없고, 훌륭한 군대가 있는 곳에 반드시 훌륭한 법이 있기 때문에, 법에 관한 말씀은 생략하고 군대에 관한 말씀만을 드리기로 하겠습니다.

[2] 한 군주가 자신의 국가를 방위하는 데 동원하는 군대는 그 자신의 군대이거나, 용병傭兵이거나 구원병이거나 혼성병混成兵이라고 말씀드릴 수 있습니다. 용병과 구원병은 아무 쓸모도 없이 위험하기만 합니다. 남으로부터 고용한 군대는 단결되어 있지 못하고 자기 욕심만 차리며 규율이 문란하고 신의가 없으며, 우군友軍 앞에서는 우쭐대지만 적군을 만나면 비겁하기 때문에, 이러한 군대에 정부의 기초를 두고 있는 군주는 결코 든든할 수 없고 안전할 수도 없습니다. 그들은 신을 두려워하지도 않으며 인간에 대한 신의를 지키지도 않습니다. 전하께서 그와 같은 군대를 믿는다면, 적의 공격이 없을 때에만 멸망을 모면할 수 있습니다.

평화로울 때 전하께서는 자신이 거느린 군대로부터 약탈을 당하며, 전쟁이 일어나면 적군으로부터 약탈을 당합니다. 왜냐하면 용병은 그 알량한 보수 이상의 어떤 명분이나 사랑 때문에 참전하지 않기 때문입니다. 그들은 전하께서 전쟁을 일으키지 않는 한 기꺼이 전하의 군대가 되겠지만, 일단 전쟁이 일어나면, 도망을 치거나 아니면 어디론가 떠나고 싶어 합니다.

오늘날 이탈리아가 멸망한 이유는 다른 곳에 있는 것이 아닙니다. 바로 그들이 고용한 용병을 너무 오랫동안 믿었던 탓이라는 점을 생각한다면, 누구라도 위와 같은 주장을 믿지 않을 수 없을 것입니다. 초창기만 하더라도 이 용병들은 고용주들에게 조금이나마 쓸모가 있었으며 전투에서도 용맹을 보였습니다.

그러나 외국의 군대가 쳐들어 왔을 때에는 그들이 과연 어떤 사람들인가를 보여 주었습니다. 따라서 프랑스의 국왕 샤를 8세는 백묵白墨만으로 이탈리아를 취할 수 있었습니다.[1] 오로지 우리의 잘못 때문에 그런 일이 가능했다고 말하는 분이 있는데, 그 말은 옳습니다. 그러나 우리의 잘못은 군주가 용병을 믿었다는 데에 있는 것이 아니라 제가 말씀드린 바와 같이, 용병이란 그럴 수밖

---

1 * "백묵만으로 정벌이 가능했다"라는 말은 프랑스의 왕 루이 11세와 샤를 8세가 이탈리아를 쳐들어 왔을 때, 병사들의 야영지를 도면으로써 지시하려고 흑판에 백묵으로 병사兵舍의 위치를 그려 준 고사에서 유래되었다.

에 없는 존재들이라는 점에 있는 것입니다. 그리고 그러한 잘못은 궁극적으로 군주의 잘못이기 때문에 그로 말미암아 고통을 받는 것도 결국 군주일 수밖에 없습니다.

[3] 이제 저는 용병으로 말미암아 유발되는 비극적인 결과를 좀 더 명백하게 보여 드리려 합니다. 용병 대장은 유능한 사람이거나 아니면 매우 무능한 사람입니다. 만약 그가 유능한 사람이라면 전하께서는 그를 믿을 수 없습니다. 왜냐하면 그는 전하와 자기 부하들을 쥐어짜거나 아니면 다른 사람들을 쥐어짬으로써 항상 자기 세력을 증대시키려 하기 때문입니다. 만약 그가 무능한 사람이라면 그 또한 전하를 몰락시킬 것입니다. 용병이든 아니든, 자신의 손 안에 무기를 든 사람이라면 누구나 그와 같은 야심을 가지게 마련이라고 반박할 사람이 있을 것입니다.

그러나 군대란 군주나 공화국 정부가 친히 운영해야 하는데, 군주일 경우에는 그가 몸소 전장戰場에 나가서 사령관의 직분을 맡아야 하고, 공화국일 경우에는 그 시민을 파견해야 합니다. 만약 그 시민 지도자가 능력 있는 사람처럼 보이지 않으면 즉시 그를 교체해야 하며, 만약 그가 능력 있는 사람일 경우에는 그가 월권하지 않도록 법으로써 그를 제재해야 한다고 저는 대답하겠습니다. 우리가 경험한 바에서 알 수 있는 바와 같이, 독자적인 힘으로 견디는 군주와 스스로 무장된 공화국이 가장 큰 위업을 이룩할 수 있으며, 용병은 손해만을 끼칠 뿐입니다. 그뿐만 아니라 자신의 군대로써 무장된 공화국은 용병으로 무장된 공화국보다 어느 한 시민에 의하여 농락당하는 일이 드물게 됩니다.

「에파미논다스의 죽음」 피에르 장 다비드당제, 1811

[4] 로마와 스파르타는 군사력이 강성했던 덕분에 오랫동안 자유를 누렸습니다. 완전히 무장된 스위스는 완전한 자유를 누리고 있습니다. 지난날의 역사에서 용병을 불러들여 그 결과가 어찌됐는가를 보여 주는 좋은 사례로는 카르타고가 있습니다. 당시 카르타고의 장군[2]이 그 용병을 지휘했음에도 불구하고 제1차 대對 로마 전쟁이 끝날 무렵이 되어 카르타고인들은 용병에게 거의 제압당하고 말았습니다.

에파미논다스Epaminondas(기원전 418년경~362)[3]가 죽은 뒤 테바이인들은 마케도니아의 필리포스 2세를 그들의 군사령관으로 추대했습니다. 필리포 대공 Duke of Philippo(1392~1447)[4]이 죽은 뒤 밀라노인들은 베네치아인들을 막아 내려고 스포르차를 고용했는데, 그는 카라바조Caravaggio에서 적을 무찌른 뒤[5]에는 오히려 적들과 결탁하여 자신의 고용주인 밀라노인들을 억압했습니다. 스포르차의 아버지였던 대大 스포르차는 나폴리 왕국의 여왕 조반나 2세Giovanna II (1371~1435, 재위 1414~1435)[6]에게 고용되자 갑자기 여왕의 군대를 해산시켰습니다. 조안나 여왕은 할 수 없이 자신의 왕국을 잃지 않으려고 아라곤Aragon의 왕에게 몸을 의탁하지 않을 수 없었습니다.

만약 베네치아인과 피렌체인들이 사전에 자신의 군대로써 제국을 부강하게 만들고, 자신이 제왕이 될 야심을 품지 않고 오직 국가를 지키려 했다면, 이 문제와 관련하여 운명의 여신은 분명히 그들에게 미소를 지었을 것입니다. 왜냐하면 비록 그들이 능력 있고 두려워할 만한 용병대장을 고용했다 할지라도,

---

2　*하밀카르 바르카를 가리킨다. 제8장의 각주 3번을 참조할 것.

3　*테바이의 군인이며 정치가. 기원전 371년에 레욱트라Leuctra에서 스파르타군을 격파했으며, 기원전 370~369년에 펠로폰네소스Peloponnesos를 침략했고, 기원전 361년에 만티네이아Mantineia에서 다시 스파르타군을 격파했지만 중상을 입고 전사했다.

4　*비스콘티Filippo Maria Visconti를 이른다. 그는 갈레아초Gian Galeazzo의 아들이었는데, 후손이 없게 되자 그의 딸 마리아Biance Maria의 남편인 프란체스코 스포르차가 밀라노의 대권을 차지했다. 이에 대공의 여동생인 발렌티나Valentina의 손자인 루이 12세가 밀라노에 대한 왕위 계승을 주장하게 되었다.

5　*카라바조 전투는 1448년 9월 15일에 있었다.

6　*나폴리 왕국의 여왕으로 라디슬라오Ladislao의 미망인. 평생 세 번 결혼했으며, 아라곤 및 교황과 여러 차례 전쟁을 치렀다.

「조반니 아쿠토 기마상」 파울로 우첼로, 1436

그들이 전부 사욕을 채운 것이 아니라 그들 가운데 어떤 사람은 전공戰功을 이루지 못했고, 어떤 사람은 적군을 삼으로써 좌절되었으며, 또 어떤 대장은 다른 방향으로 자신의 야심을 발산시켰기 때문입니다.

전공을 이루지 못한 사람으로서는 조반니 아쿠토Giovanni Acuto(1320년경~1394)[7]를 들 수 있습니다. 그는 할당된 지역을 정복하지 못했기 때문에 명성을 얻을 수 없었습니다. 그러나 만약 그가 전공을 세웠더라면 모든 사람은 그가 피렌체를 장악하는 데에 찬성했을 것입니다. 브라초가Braccio-家[8]는 항상 스포르차와 반목하였고, 그들은 서로 경계했습니다. 그리하여 스포르차는 롬바르디아로 야심을 돌렸으며, 브라초는 교회와 나폴리 왕국으로 야심을 돌렸습니다.

---

7 * 영국의 기사騎士. 본명은 호크우드Sir John Hawkwood. 영국의 미천한 가정에서 태어나 도제徒弟 생활을 하다가 백년전쟁에 참전하여 대공을 세우고 에드워드 3세Edward III로부터 경卿의 칭호를 받았다. 그 뒤 북부 이탈리아에서 백군White Company을 조직하여 전쟁 청부업자로부터 막대한 돈을 벌어 피렌체의 귀족 비스콘티가의 딸과 결혼했다. 피렌체에서 사망했다.

8 * 브라초 Andrea Braccio da Monone(1368~1424)의 가문을 가리킨다. 대대로 용병대장이 많았다. 안드레아 브라초 역시 이탈리아의 용병대장으로서 페루자와 로마를 점령한 바 있으며, 프란체스코 스포르차에 대항하여 싸웠다.

[5] 앞에서 지적한 것들은 옛날 일입니다. 그러면 얼마 전에 있었던 일들에 관하여 생각해 보겠습니다. 피렌체인들은 파올로 비텔리Paulo Vitelli를 그들의 사령관으로 맞이했습니다. 그는 매우 사려 깊은 사람으로서 미천한 지위에서 입신하여 매우 높은 명성을 얻었습니다. 만약 그가 피사를 점령했었더라면 피렌체인으로서는 그에게 복종하지 않을 수 없었으리라는 것은 누구도 부인할 수 없는 사실입니다. 왜냐하면 만약 피렌체인들이 그를 고용했더라도 그들은 그에게 복종하지 않을 수 없었기 때문입니다.

베네치아인들이 이제까지 지내온 행적을 살펴본다면 그들이 자신의 군대로써 싸울 때에는 안전하고도 명예롭게 행동했으리라는 것을 알 수 있습니다. 그러나 그들의 귀족이나 시민이 모두 무장하여 용감하게 싸웠다는 것은 그들이 자기네 국토에서 전쟁을 시작하기에 앞서 남들이 추측했던 것에 지나지 않는 일입니다.

막상 그들의 국토 위에서 전쟁이 시작되자 그들은 용감한 행동을 모두 버리고, 이탈리아인들이 전쟁에서 흔히 보여 주었던 그 방법을 택한 것입니다. 그들이 영토 확장을 시작할 무렵에 그들의 영토는 비좁았으나 명성이 매우 높았기 때문에 그들은 용병대장을 크게 두려워할 필요가 없었습니다. 그러나 그들의 영토가 넓어지자 카르마뇰라Carmagnola(1390년경~1432)[9] 밑에서 보여 준 바와 같이 그들은 이탈리아인들이 흔히 저지른 실수의 전철을 밟았습니다.

카르마뇰라의 지휘를 받은 군대가 밀라노 대공[10]을 정복하자 베네치아인들은 그가 매우 유능한 인물임을 알았지만, 그와는 달리 그가 날이 갈수록 전쟁에 냉담하다는 것도 알게 됐습니다. 그는 더 이상의 정복을 원치 않았기 때문에 그들은 그의 지휘를 받는 한 더 이상의 승전을 기대할 수 없으리라는 것을 알았습니다. 그렇다고 해서 이제까지 확장한 영토를 잃을지도 모른다는 걱정

---

9 ＊본명은 프란체스코 부소네Francesco Bussone. 비천한 출신으로 필리포 대공의 하인으로부터 출발하여 장군이 됐으나, 장군이 의심을 품자 옛 적국이었던 베네치아로 들어가 대군을 이끌고 필리포 대공을 격파했다. 이때의 포로인 필리포 대공의 부하들에게 관대했다는 사실이 의심을 받아 처형되었다.

10 ＊루도비코 일 모로Ludovico Il Moro(1452~1508)를 가리킨다. 프란체스코 스포르차의 아들로서 1481년에 정권을 장악한 뒤 1500년 프랑스에 항쟁했다가 패배하여 프랑스로 끌려가 그곳에서 죽었다.

때문에 그를 해고할 수도 없었습니다. 따라서 그로부터 그들 자신을 보호하려면 그를 죽일 수밖에 없었습니다.

그 뒤 베네치아인들은 베르가모Bergamo의 바르톨로메오 콜레오니Bartolomeo Colleoni(1400~1475),[11] 산 세베리노San Severino의 루베르토Ruberto(?~1487),[12] 피틸리아노 백작Count of Pitigliano(1442~1510)[13]과 같은 사람들을 용병대장으로 맞이했습니다. 그러나 베네치아인들은 그들을 고용하고 있으면서 그들의 덕을 보기보다 패전하리라는 것을 더욱 두려워하지 않을 수 없었습니다. 그와 같은 두려움은 바일라Vailà에서 현실로 나타났습니다. 베네치아인들은 8백 년 동안 그토록 애써 지켜왔던 땅을 단 하루 만에 잃어버린 것입니다.

---

11 * 1454년에 베네치아군의 사령관으로 취임한 장군으로서 15세기 최고의 전략가로 평가받는다.

12 * 베네치아의 장군. 페라라 전쟁에서 대공을 세우고 장군이 되었으나 오스트리아 대공인 지기스문트 Sigismond에 대항하여 베네치아를 위해서 싸우다가 전사했다. 마키아벨리는 "이탈리아에서 가장 탁월한 장군"이었다고 그를 격찬한 바 있다.

13 * 본명은 니콜로 오르시니Nicolò Orsini. 베네치아의 장군으로서 1509년 바일라 전투에 참전한 바 있고, 독일의 막시밀리안 1세 침공 때 대공을 세운 바 있다.

바르톨로메오 콜레오니 조각상, 안드레아 델 베로키오,
1480~1488

[6] 요컨대, 용병을 통하여 얻을 수 있는 것이란 지지부진하고 보잘것없는 것인 반면에, 그들을 통한 손실은 순식간에 이루어지며 또 대단한 것입니다. 이제까지 저는 이상과 같은 예로써 오랫동안 용병의 지배를 받아온 이탈리아에 관한 말씀을 드렸습니다만, 이제는 용병의 기원과 발전 과정을 살펴봄으로써 군주가 그들을 좀 더 훌륭하게 다룰 수 있도록 이에 관하여 좀 더 깊이 있게 이야기해 보고자 합니다.

[7] 우선 최근에 들어와서 제국이 이탈리아에서 쇠퇴하고 교황이 세속적인 문제에 대권을 장악하게 되자마자 이탈리아는 사분오열되었다는 사실을 전하께서 기억하셔야 합니다. 이탈리아가 이 지경이 된 이유로는, 황제의 비호를 받으면서 시민들을 굴종시켰던 귀족들에 대항하여 많은 대도시 국가가 무장했다는 사실과, 교회는 그들 나름대로 세속적인 문제에서 명성을 얻고자 귀족들을 돌보아 주고 두둔했다는 사실을 들 수 있습니다.

이탈리아 이외의 많은 도시 국가에서는 시민 가운데 한 사람이 군주가 됐지만, 이탈리아는 교회와 여러 공화국으로 분열되고 더구나 성직자와 시민들은 군대의 중요성을 인식하지 못하게 되자 용병을 불러들이기 시작했습니다.

용병을 통하여 최초로 명성을 얻은 인물은 로마냐 출신의 알베리고 다 코니오Alberigo da Conio(?~1409)[14]였습니다. 이 사람에게서 용병술을 배운 사람이 많습니다만, 그 가운데에서도 브라초와 스포르차가 유명합니다. 두 사람은 당대에 이탈리아의 사령관을 지냈습니다. 오늘날에 이르기까지 용병을 지휘했던 사람들은 모두 이들로부터 배출됐습니다. 이들로 말미암아 이탈리아는 샤를 8세에게 정복당했고, 루이 12세에게 약탈당했으며, 페르난도 5세Fernando V(1452~1516)[15]에게 유린당했으며, 스위스로부터 수모를 겪었습니다.

이 용병대장들이 취한 방법은 자신의 세력을 증대시키려고 먼저 보병대의 명성을 떨어뜨리는 일이었습니다. 그들은 영토가 없고 다만 용병이라는 직업에만 의존한 탓으로 소수의 보병대로는 명성을 떨칠 수 없고, 그렇다고 해서 대규모의 군대를 거느릴 수도 없었기 때문에 그렇게 했던 것입니다.

---

14 * 본명은 알베리고 다 바르비아노Alberigo da Barbiano. 로마냐의 쿠니오 백작Count of Cunio을 가리킨다. 교황 우르바노 6세Urbano VI의 부탁에 따라 이탈리아인만으로 구성된 성聖 조르조 단團 Compagnia di St. Giorgio을 편성하여 엄격한 훈련을 거친 다음 여러 전투에서 승리하고, 1379년에는 교황의 친위대장이 되었다.

15 * 에스파냐의 국왕. 시칠리아(1468~1516)와 아라곤(1479~1516)을 지배할 때는 페르난도 2세라는 칭호를 썼으며, 나폴리(1504~1516)를 지배할 때는 페르난도 3세라는 칭호를 썼고, 본국에서는 페르난도 5세로 호칭된다. 신앙이 돈독하여 "가톨릭Catholic"이라는 별명을 들었다. 베네치아에 대항하여 1508년에는 캉브레 동맹League of Cambrai을 체결했으며, 독일·프랑스·교황과 베네치아를 분할하고 나폴리를 점령했다. 이에 관한 자세한 논의는 제21장 [1]을 참조할 것.

그래서 그들은 기병대에 의존하여 생계를 유지하고 명성을 얻을 수도 있었습니다. 그리하여 2만 명의 군대 가운데 보병이 겨우 2천 명도 못 되는 지경까지 사태는 진행되었습니다. 그뿐만 아니라 그들은 전쟁터에서 적군과 아군 사이에 죽이지도 않을 뿐만 아니라 잡히더라도 몸값을 받지 않고 석방함으로써 부하들이 고생과 죽음의 공포로부터 벗어나도록 해 주려고 온갖 수단을 다 동원했습니다.

밤이 되면 공격군은 도시를 습격하지 않고, 도시에 있는 군대는 야영하는 군사를 공격하지 않았습니다. 그들은 야영지 주변에 방책이나 수채를 파지도 않았으며, 겨울이 되면 전투에 돌입하지도 않았습니다. 이와 같은 사실들은 모두 앞에서 말씀드린 바와 같이, 고생스러움과 생명의 위험을 겪지 않으려고 그들이 고안해 낸 것으로 군법에 따라 허용되고 있었습니다. 그들의 그와 같은 전쟁놀이는 끝내 이탈리아가 노예와 같은 수모를 겪게 만들었습니다.

제13장

원군과 혼성군과
군주 자신의 군대에 관하여

[1] 무익한 존재의 또 다른 군대로서는 원군援軍이란 것이 있습니다. 전하께서 어떤 유력한 군주에게 병력의 지원과 방어를 부탁할 경우에 보내 준 군대를 원군이라 하는데, 가장 최근의 일로는 교황 율리우스 2세가 이러한 사례에 속합니다. 페라라에 대항하여 싸울 때, 용병에 대하여 쓰라린 경험을 맛본 율리우스 2세는 원군에 눈길을 돌렸습니다.

율리우스 2세는 에스파냐의 국왕인 페르난도 5세와 교섭하여 국왕의 백성과 군대를 보내어 자기를 도와준다는 데에 합의했습니다. 원군은 그 자체만의 능력이라는 면에서 본다면 유익하고 또 잘 싸울 수도 있습니다. 그러나 그것을 불러들인 군주는 항상 피해만을 입게 됩니다. 왜냐하면 그들이 패전한다면 그 자체로서 손해를 보게 되고, 그들이 이긴다면 그들을 불러들인 군주는 그들의 지배를 받게 되기 때문입니다.

고대사에서도 이러한 사례가 허다하지만 최근의 사례로는 교황 율리우스 2세의 경우를 놓칠 수 없습니다. 일을 꾸미면서 그보다도 더 사려 깊은 사람은 없었습니다. 그는 페라라를 정복하고 싶었기 때문에 스스로 자기의 몸을 외국인의 손에 던지고 말았습니다. 그러나 운명의 신은 그에게 엉뚱한 결과를 안겨 주었습니다. 그리하여 그는 그 잘못된 선택으로부터 아무런 결실을 얻지 못했습니다.

왜냐하면 그의 원군이 라벤나Ravenna 전투(1512)에서 패배하자 스위스는 이미 자기들이 정복한 바 있는 율리우스 2세의 원군을 몰아냈기 때문이었습니다. 따라서 율리우스 2세는 도망친 자기의 적군에게도 포로가 되지 않았을 뿐만 아니라 그의 원군에게도 포로가 되지 않았는데, 이는 그가 자신의 군대가 아닌 남의 군대로 원군과 적군을 모두 물리쳤기 때문이었습니다. 이러한 일이란 율리우스 2세는 물론 그 밖의 어느 누구도 참으로 예상하지 못했던 일입니다.

자신의 군대라고는 전혀 거느리지 않고 있던 피렌체인이 피사를 점령하려고 프랑스군 1만 명을 투입했을 때, 그 결과라는 면에서 보면 역사상 일찍이 유례가 없었던 커다란 위험에 빠진 적이 있습니다. 콘스탄티노플Constantinople

의 황제[1]는 그의 이웃 나라에 대적하려고 1만 명의 튀르크군을 그리스에 투입한 적이 있습니다. 전쟁은 끝났지만, 튀르크군은 철군하려 하지 않았습니다. 그리스가 이교도에게 예종隸從된 것은 이때부터 비롯된 일입니다.

---

1 * 동로마 제국의 황제 요한네스 6세Johannes VI Cantacuzene(1292~1383, 재위 1347~1355)를 가리킨다. 튀르크의 원군으로 참주僭主가 되었으나 선왕의 군대의 반격을 받고서 퇴위, 수도사가 되어 역사 저술에 몰두했다.

[2] 그러므로 애당초 승전을 바라지 않는 사람이라면 원군을 불러들여야 할 것입니다. 왜냐하면 원군은 용병보다도 더 위험한 것이기 때문입니다. 원군은 훌륭하게 단결되어 있고 다른 사람에게 완전히 복종하기 때문에 신속하고도 확실하게 패멸합니다.

그러나 용병은 승리한 뒤에 설령 전하를 해칠 마음을 먹었다 할지라도 그러려면 긴 시간과 기회가 필요합니다. 왜냐하면 그들은 단결되어 있지 못할 뿐만 아니라 전하가 그들을 불러 모은 것이요 전하께서 그들에게 급료를 주고 있기 때문입니다. 그리고 전하께서 어떤 제3의 인물을 용병대장으로 삼는다고 할지라도 그는 부임하는 즉시 전하를 해코지할 만할 힘을 갖출 수는 없습니다. 요컨대, 전하의 입장에서 볼 때 용병은 전쟁을 하지 않으려는 비겁함 때문에 위험한 것이요, 원군은 너무 용맹스러운 것이 걱정입니다.

[3] 따라서 지혜로운 군주라면 항상 이러한 부류의 군대를 회피해 왔습니다. 그리고 남의 군대의 힘을 빌려 이룬 승리가 얼마나 덧없는 것인가를 알기 때문에 남의 군대로 승리하기보다는 자신의 군대로 패배하는 길을 선택했던 것입니다.

[4] 이와 같은 사례로 저는 서슴지 않고 체사레 보르자Cesare Borgia를 들고자 합니다. 보르자 대공은 원군을 거느리고 로마냐로 쳐들어갔습니다. 이때 그는 프랑스 군대만으로 이몰라Imola와 포를리Forli를 점령했습니다. 그러나 프랑스의 원군이 믿을 수 없는 무리라는 것을 알게 되자 그는 위험률이 좀 더 적다고 생각되는 용병에 눈길을 돌려 오르시니와 비텔리를 고용했습니다. 그러나 그 용병을 다루는 동안 그들도 미심쩍고 믿을 수 없고 또 위험하다는 것을 알게 된 대공은 그들을 제거하고 자신의 군대로 눈길을 돌렸습니다.

이러한 여러 가지 종류의 군대에는 과연 어떤 차이가 있는가 하는 점은 대공이 프랑스의 원군을 거느렸을 때와, 오르시니와 비텔리를 용병으로 고용했을 때, 그리고 자신의 군대와 자신의 능력에 의존했을 때 그의 명성이 각기 어떻게 변화했는가를 고찰함으로써 쉽사리 알 수 있습니다. 시간이 흐를수록 그의 명성은 높아졌으며, 그가 자신의 독자적인 군대를 거느리고 있다는 사실을 인식하기 이전까지는 누구도 그를 높이 평가하지 않았다는 사실로도 또한 알 수 있습니다.

[5] 이탈리아에서 있었던 일이라든가 또는 그 밖의 지방의 근대사에 나타난 사례를 빼놓고 싶은 생각은 없지만, 저로서는 앞에서 말씀드린 바^{2}가 있는 시라쿠사의 히에론 2세에 관한 사례를 간과할 수 없습니다. 앞에서 말씀드린 바와 같이 시라쿠사인들이 히에론 2세를 군사령관으로 임명했을 때 그는 그 용병들이 무익하다는 것을 알았습니다.

왜냐하면 그들은 이탈리아의 용병과 마찬가지로 조직되어 있었기 때문입니다. 그렇다고 해서 그들을 유지할 수도 없고 몰아낼 수도 없게 되자 히에론 2세는 그들을 모두 도륙해 버렸습니다. 그 뒤로부터 그는 자신의 군대만으로 싸웠으며, 남의 군대에 의지하지 않았습니다.

저는 또한 저의 주제와 부합하는 것으로 구약성서에서 상징적인 사례를 하나 들어 보고자 합니다. 다윗David이 필리스티아인Philistine의 도전자인 골리앗Goliath과 싸우겠노라고 사울Saul에게 헌책獻策했을·때, 사울은 다윗을 격려하려고 자기의 갑주甲冑로 그를 무장시켜 주었습니다. 그러나 다윗은 그것을 등에 매어 보더니 자기로서는 그것을 잘 이용할 수 없으니 돌멩이와 칼로써 적과 싸우러 가겠노라고 말하면서 사울의 갑주를 거절했습니다.^{3}

골리앗의 목을 벤 다윗, 안드레아 델 카스타뇨,
1450년경

[6] 요컨대 남이 대어 주는 무기는 전하의 등에서 떨어져 나가거나 전하를 짓누르거나 아니면 전하를 속박합니다. 루이 11세Louis XI(1423~1483, 재위 1461~1483)⁴의 아버지인 샤를 7세Charles VII(1403~1461, 재위 1422~1461)⁵는 행운과 자신의 능력으로써 영국으로부터 프랑스를 해방시킨 뒤에 자신의 군대로써 무장해야 할 필요성을 인식하고 중기병과 보병대에 관한 법령을 자기 나라에 실시했습니다. 그러나 그의 아들인 루이 11세는 그 뒤 보병대에 관한 법령을 폐기하고 스위스군을 고용했습니다.

오늘날 나타난 결과에서 볼 수 있는 바와 같이, 그 다음 후계자들이 답습한 이와 같은 정책은 프랑스 왕국에 위험을 안겨 주는 원인이 됐습니다. 그 이유는 스위스군에게 높은 명성을 안겨 줌으로써 결과적으로 자신의 군대를 비하했기 때문입니다. 루이 왕은 자신의 보병대를 완전히 폐기했으며 자신의 중기병重騎兵을 용병에 의존토록 만들었는데, 이는 그들이 스위스군의 도움을 받아 싸우는 데 점차 익숙해지고, 또 그들의 도움 없이는 승전할 수 없다고 생각하게 만들었기 때문입니다.

결론적으로 프랑스군은 스위스군에 대항하여 싸우기에는 부적절한 군대가 되고 말았으며, 스위스의 도움이 없이는 감히 다른 나라와 싸울 수도 없이 됐습니다. 그리하여 프랑스 국왕의 군대 일부는 용병으로, 나머지 일부는 자신의 군대로 구성된 혼성군이 됐습니다. 이와 같은 혼성군은 전반적으로 볼 때, 오직 용병만으로 구성된 군대나 오직 원군만으로 구성된 군대보다는 훨씬 우수하겠지만, 자신의 군대보다는 훨씬 뒤떨어집니다.

만약 샤를 7세의 계획이 그대로 발전 및 지속될 수만 있었다면 오늘날 프랑스 왕국은 누구도 침범할 수 없는 나라가 됐을지도 모른다는 점에서 생각한다

---

4 *프랑스의 국왕. 1482년에 아라스 조약Treaty of Arras을 체결하여 부르고뉴, 앙주 Anjou, 멘 Maine, 프로방스 Provence 등을 병합하여 프랑스의 절대 군주 체제를 확립했다. 또한 우편 제도의 창설, 민병 제도의 확충 등 내정에도 획기적인 업적을 남겼다.

5 *프랑스의 국왕. 백년전쟁에 승리하여 "전승왕戰勝王, The Victorious"이라는 칭호를 들었다. 칼레 Calais를 제외한 프랑스의 구강舊疆을 회복하고 영국과 화친했으며 노르망디를 탈환했다(1450). 그의 정치적 배후에는 정부情婦 소렐 Agries Sorel의 조언이 크게 작용한 것으로 유명하다.

「샤를 7세의 초상」 장 푸케, 1444~1451

면, 제가 앞에서 말씀드린 설명은 충분히 납득할 만한 것입니다. 그러나 인간이란 지혜가 부족하기 때문에 목전의 이익만 있으면 그것에 손을 대기 시작하는 경우가 흔히 있어 그 안에 감춰진 독소를 보지 못하는데, 이러한 사실은 이미 앞에서 말씀드린[6] 열병熱病의 경우와 같은 것입니다.

6 *제3장의 [7]을 참조할 것.

[7] 그러므로 한 국가를 다스리는 군주로서 그러한 고난이 머리를 들 때 그것을 예견하지 못한다면 그 군주는 진정으로 지혜로운 지도자라고 볼 수 없으며, 이러한 지혜를 갖는다는 것도 그리 흔한 일이 아닙니다.

로마 제국이 멸망한 제일의 원인이 무엇인가를 생각해 보신다면 그것은 단순히 고트인Goat의 용병을 불러들인 데 있었다는 점을 전하께서는 아실 수 있을 것입니다. 왜냐하면 이때부터 로마의 국력은 약해지기 시작했다는 사실과 로마인들이 상실한 모든 힘이 고트인들에게로 넘어갔다는 사실을 발견하실 수 있기 때문입니다.

[8] 그러므로 결론적으로 말씀드리건대, 군주가 자신의 군대를 거느리지 못했을 때 그의 지위는 안전할 수 없습니다. 만약 그에게 자신만의 군대가 없으면 그는 전적으로 요행의 지배를 받을 수밖에 없습니다. 왜냐하면 그가 역경에 처했을 때에는 소신껏 자신을 방어할 수 있는 능력을 갖고 있지 못하기 때문입니다. 지혜로운 군주는 다음의 경구에 포함된 의미가 진정 무엇인가를 항상 마음속에 간직하고 있을 것입니다.

"자신의 힘에 기초를 두지 않는 권세의 명성보다 허약하고 덧없는 것은 없다

Nothing is so weak and unstable as a reputation for power not founded on strength of one's own."[7]

전하 자신의 군대라 함은 전하의 신하나 시민이나 예속인으로 구성된 군대를 의미합니다. 그 밖의 군대는 용병이거나 아니면 원군입니다. 만약 전하께서 제가 이미 위에서 말씀드린 네 사람의 처세 방법을 생각해 보시고, 또한 알렉산드로스 대왕의 아버지인 필리포스 2세와 많은 공화국 및 군주들이 어떻게 무장하고 어떻게 그 군대를 조직했는가를 살펴보신다면, 전하 자신의 군대를 조직하는 방법을 쉽게 아실 수 있을 것입니다. 저는 이러한 방법들에 대하여 절대적인 확신을 가지고 있습니다.

---

7 ＊타키투스Tacitus의 『연대기 *Annals*』, XIII, 19를 참조할 것.

제14장
군주는 군대에 대하여
어떻게 처신할 것인가에 관하여

[1] 그러므로 군주는 전쟁과 전술 그리고 전쟁의 수행에 관한 것 말고는 어떤 다른 목적이나 생각을 가져서도 안 되며, 그 밖의 어떠한 것도 자신의 전업專業으로 생각해서는 안 됩니다. 왜냐하면 군대야말로 통치자에게 필요한 지식의 분신分身이기 때문입니다.

군대는 태어날 때부터 군주인 사람을 권좌에 머물게 해 줄 뿐만 아니라, 미천한 출신을 높은 지위로 올려 주는 유일한 가치입니다. 그와는 반대로 군주가 군대 이외의 사치스러운 일을 생각하다가는 그 자리를 잃는 것을 우리는 흔히 보아 왔습니다. 군주가 권좌를 잃게 되는 제일의 원인은 전술을 경시하는 데 있습니다. 그리고 군주가 나라를 얻는 것은 전술에 능통하기 때문입니다.

[2] 프란체스코 스포르차는 군대를 거느렸기 때문에 평민의 몸으로 밀라노의 대공이 될 수 있었지만, 그의 아들들[1]은 군대의 짐스러움을 회피했기 때문에 대공大公의 신분에서 평민으로 몰락했습니다. 군비가 약하기 때문에 전하께서 겪어야 하는 또 다른 병폐로 남의 멸시를 받게 된다는 사실입니다. 이 점은 전하께서 모름지기 겪지 말아야 할 오점汚點인데, 이에 관해서는 뒤[2]에 말씀드리기로 하겠습니다.

무장을 한 군주와 무장을 하지 못한 군주는 도저히 같을 수 없으며, 무장을 한 군주가 무장을 하지 않은 군주에게 복종한다거나 또는 무장을 하지 않은 군주가 무장을 한 부하들 가운데에 안전하다는 것도 있을 수 없는 일입니다. 왜냐하면 부하가 군주를 멸시하고 군주가 부하를 의심할 때 그들은 함께 일할 수 없기 때문입니다. 그러므로 위에서 말씀드린 바와 같은 결점에 더하여 군사 문제를 이해하지 못하는 군주는 군대의 존경을 받을 수도 없으려니와 그 자신도 군대를 믿을 수 없습니다.

---

1 * 프란체스코 스포르차에게는 두 아들이 있었는데, 큰아들 갈레아초 마리아는 1476년에 살해당했으며, 둘째 아들 루도비코는 프랑스의 루이 12세에게 패한 후 프랑스에 인질로 잡혀가 그곳에서 죽었다.
2 * 제19장을 참조할 것.

[3] 그러므로 군주는 모름지기 군사 훈련 이외의 것을 생각해서는 안 되며, 평화로울 때에는 전쟁 때보다 더 군비에 주력해야만 합니다. 군주는 두 가지 방법으로 이를 수행할 수 있는데, 첫째는 육체적인 단련이요, 둘째는 정신적인 단련입니다.

첫째로 육체적인 단련에 관하여 말씀드린다면, 군주는 자신의 군대를 정비하고 훈련하는 일 이외에 그 자신도 끊임없이 사냥하며, 이를 통하여 자신의 육신이 어려움에 익숙하도록 만들어야 합니다. 아울러 사냥은 군주가 지형과 산세, 골짜기의 깊이, 평야의 상태, 그리고 강과 늪지대를 이해하는 데 도움이 될 것입니다. 이 점에 대하여 군주는 매우 세심한 관심을 기울여야 합니다.

지리에 관한 지식은 두 가지 점에서 유용한데, 첫째로는 군주 스스로가 자기 나라의 지리에 밝게 됨으로써 전쟁이 일어났을 때 어떻게 방비하는 것이 좋은가를 가르쳐 주며, 둘째로는 국토에 대한 지식과 친근감을 가짐으로써 자기가 작전상 배려해야 할 그 밖의 생소한 지역도 쉽게 파악할 수 있습니다.

예를 들면 토스카나의 언덕, 골짜기, 평야, 하천, 그리고 늪지대는 다른 지방의 그것들과 매우 흡사하기 때문에 토스카나의 지세를 이해하면 다른 곳의 지세 또한 쉽게 알 수 있으므로, 위에 말씀드린 바와 같은 것들이 가능한 것입니다. 지리에 관한 지식이 부족한 군주는 군사령관이 갖추어야 하는 일차적인 자격을 갖추지 못한 것입니다. 왜냐하면 군주는 지리를 알아야만 자신에게 유리하도록 적을 발견할 수 있고, 영지營地를 선택할 수 있고, 행군을 조절할 수 있고, 전투 계획을 세울 수 있고, 도시를 장악할 수 있기 때문입니다.

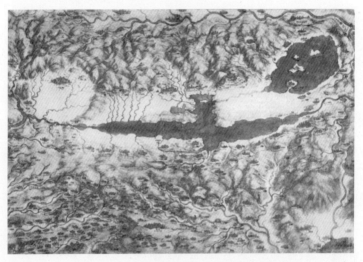

「토스카나와 키아나 계곡 지도」 레오나르도 다빈치, 1502년경

[4] 여러 가지 점에서 역사가들은 아카이아의 왕인 필로포이멘Philopoemen(기원전 253년경~183)[3]을 칭송하고 있지만, 특히 그 가운데에서도 그는 평화로울 때에도 오직 전술 이외의 것에 대하여는 생각한 바가 없다는 점에서 더욱 높이 평가받고 있습니다. 그가 동지들과 더불어 지방을 순시할 때에는 종종 발길을 멈추고 그들에게 다음과 같이 말했다고 합니다.

"만약 적이 저 언덕 위에 있고 우리 군대가 여기에 진을 치고 있다면 우리에게는 어떤 이점이 있을까? 그리고 어떻게 하면 대오隊伍를 흩뜨리지 않고 저들을 공격할 수 있을까? 만약 우리가 퇴각한다면 어떻게 해야 할까? 만약 저들이 퇴각한다면 우리는 어떤 방법으로 추적하는 것이 좋을까?"

그리고 필로포이멘은 걸으면서도 자기의 군대에 돌발적으로 생길 수 있는 예상치 못할 모든 사태를 그의 동지들에게 설명해 주었다는 것입니다. 그는 동지들로부터 의견을 듣기도 하고 자신의 의견을 제시하기도 했는데, 이때에는 합리적인 이유를 들어 그것을 뒷받침했습니다. 이와 같이 전쟁에 관하여 끊임없이 검토를 거듭하였으므로 어떤 돌발적인 전투가 일어나 그를 무방비 상태의 곤경에 빠뜨리는 일이란 있을 수 없었습니다.

3　*아카이아 연맹을 영도한 그리스의 명장으로서 "마지막 그리스인"이란 평을 듣는다. 셀라시아Sellasia 전투(기원전 222~221)에서 대공을 세우고 대장군이 된 다음에는 연맹군의 군장軍裝과 군기軍紀를 크게 진작시켰으며, 스파르타의 독재자 나비스를 격파했으나 메시나Messina 전투에서 포로가 되어 처형되었다.

[5] 둘째로, 정신 무장에 관하여 말씀드린다면, 군주는 모름지기 역사를 읽고 거기에 나오는 위대한 선인들의 행적에 관심을 기울임으로써 그들이 전쟁에 처해서 어떻게 처신했는가를 알아야 하며, 그들이 승리한 원인과 실패한 원인을 밝히되, 앞의 것은 취하고 뒤의 것은 피해야 합니다. 무엇보다도 군주는 위대한 지도자들이 지난날 취했던 행동을 본받도록 해야 할 것입니다. 왜냐하면, 그 위대한 지도자들 또한 그들보다 앞서 역사의 칭송을 받았던 무리들을 본받고 또 그들의 업적과 행동을 마음속에 간직하고 살았기 때문입니다.

이를테면 알렉산드로스 대왕은 아킬레우스Achilleus[4]를 본받았으며, 카이사르Julius Caesar(기원전 100~44)[5]는 알렉산드로스 대왕을 본받았으며, 스키피오Scipio Africanus(기원전 236~183)[6]는 소小 키루스Kyrus the Younger(기원전 424년경 ~401)[7]를 본받았습니다. 크세노폰Xenophon(기원전 431년경~350년경)[8]이 쓴 『키루스 전傳Anabasis』을 읽어 본 사람이라면, 스키피오가 명성을 얻고자 키루스를 본받으려고 얼마나 노력했으며, 그의 청렴·친절·자비·관용에 얼마나 밀착되어 있는가를 곧 알 수 있을 것입니다.

---

4 * 그리스 신화의 영웅. 호머의 『일리아스Illias』에 나오는 가장 중요한 인물로, 트로이 전쟁에서 대승을 거뒀다. 불사신이었지만, 오직 발뒤꿈치에 치명적인 급소를 안고 있었다.

5 * 로마의 군인이며 정치가. 기원전 60년에 삼두정치를 이룩하고 기원전 48년에 종신집정관終身執政官이 됐으나 원로원의 시기를 받아 피살되었다. 그의 일생에 관해서는 플루타르코스의 『영웅전』을 참조할 것.

6 * 로마의 군인이며 정치가. 새로운 전술을 개발하고 무기를 개량하여 기원전 202년에 자마 전투에서 카르타고의 한니발을 섬멸하여 국민적 영웅으로 추앙을 받았다.

7 * 페르시아 아케메네스 왕조의 왕자로서 펠로폰네소스 전쟁에서 활약했으며, 형 아르타크세르크세스와 왕위를 다투다가 패배했다.

8 * 그리스의 역사가이자 수필가이며 전사戰士. 청년 시절에는 소크라테스Socrates와 사귀다가 뒤에는 페르시아의 소小 키루스를 섬겼다.

「아킬레우스의 무덤 앞에 서 있는 알렉산드로스 대왕」 요한 하인리히 쇤펠트, 1630년대

[6] 군주는 이와 같은 습관을 준행해야 하며, 평화로울 때에도 결코 군비를 게을리해서는 안 되며, 역경을 만나서도 이용할 수 있도록 자산을 유용하게 만들고자 노력해야 합니다. 그렇게 함으로써 군주는 운명의 여신이 괴롭히는 날이 오더라도 그에게 항거할 수 있는 준비가 되어 있음을 알 수 있을 것입니다.

제15장
인간, 특히 군주가
칭송이나 비난을 받는 이유에 관하여

[1] 이제 군주로서 그의 신민臣民과 동지를 다루면서 어떤 방법으로 어떻게 처신하느냐 하는 문제가 남았습니다. 이에 관해서는 이미 많은 사람이 언급한 바 있는 터에 제가 또한 이에 관하여 덧붙여 말씀드린다면, 저의 주장이 선인들의 원칙과 크게 어긋남으로써 주제넘은 짓이 되지나 않을까 두렵습니다. 그러나 관심 있는 사람들에게 무엇인가 유용한 것을 쓰고자 하는 것이 제가 의도하는 바이기 때문에 이 주제에 관한 환상적인 이야기보다는 사실적인 문제를 다루는 것이 더 효과적이리라 생각합니다.

세상 사람들 가운데는 이 현실 속에 존재하지도 않고 또 알려지지도 않은 공화국과 통치권에 관한 상상을 하는 분들이 많습니다. 인간이 살고 있는 현실과 어떻게 살 것인가 하는 당위 사이에는 차이가 있기 때문에 당위를 위하여 현실을 포기하는 사람은 그러한 삶이 자신을 부지하기는커녕 파멸시킨다는 사실을 알게 될 것입니다.

왜냐하면 어떠한 상황에서든지 착한 사람이 되기로 결심한 사람은 착하지 못한 숱한 사람들 사이에서 파멸하지 않을 수 없기 때문입니다. 따라서 자신을 부지하고자 하는 군주는 모름지기 악한 짓을 저지르는 방법을 알아야 하며, 그것이 언제 필요하고 언제 필요하지 않은가도 알아야 합니다.

[2] 환상적인 문제는 잠시 덮어 두고 현실적인 문제를 생각해 본다면, 남의 입에 오르내리는 인간들은 비난이나 칭찬을 받을 수 있는 성품이 두드러지게 나타나며, 남보다 지위가 높은 군주에게서는 더욱 그러하다고 말씀드리는 바입니다. 이를테면, 누구는 너그럽다는 평판을 듣고 누구는 인색하다는 평판을 듣습니다. "인색하다"라는 말은 토스카나의 언어를 빌려 표현한다면, 아베로 avero라고도 하고 미제로misero라고도 하는데, '아베로'라 함은 강도질이라도 해서 자기의 것을 만들려고 하는 욕심꾸러기를 의미하며, '미제로'라 함은 자기의 것을 쓰지 않으려고 버둥대는 구두쇠를 의미합니다.

그뿐만 아니라 누구는 손이 헤픈데 누구는 움켜쥐려고만 하며, 누구는 잔인한데 누구는 자비로우며, 누구는 신의가 없는데 누구는 믿을 만하며, 누구는 나약하고 비굴한데 누구는 용감하고 의기가 있으며, 누구는 박애적인데 누구는 이기적이며, 누구는 음탕한데 누구는 결백하며, 누구는 고지식한데 누구는 교활하며, 누구는 상대하기 어려운데 누구는 다루기 쉬우며, 누구는 확신을 가지고 있는데 누구는 심리적으로 불안하며, 누구는 종교적인데 누구는 신앙심이 없다는 등의 평을 받게 마련입니다.

[3] 누구든지 군주라면 앞에 열거한 성격 가운데 좋은 것만을 골라서 취하는 것이 찬양받을 일이라고 생각할 것입니다. 그러나 인간의 주변 상황은 인간이 꼭 그렇게만 살도록 허락해 주지 않기 때문에, 인간은 찬양받을 수 있는 좋은 성품만을 갖거나 또는 그것을 완전하게 따라서 지킬 수 없으므로, 자신을 몰락시킬지도 모르는 악행을 저질렀다고 할지라도 그것으로 말미암아 오명을 쓰지 않을 수 있는 길이 무엇인가를 알아 둘 만큼 사려가 깊을 필요가 있습니다.

군주는 또한 가능하다면 그런 악행을 저지르지 않아야 하며, 그런 행동을 삼감으로써 권좌로부터 밀려나는 일이 없을 것입니다. 그러나 어쩔 수 없는 일이라면 그러한 악행을 저지르는 것에 대하여 부담을 느끼지 않을 수도 있습니다. 더 나아가서, 군주로서 악행을 저지르지 않고서는 자기의 위치를 지탱하기가 어렵기 때문에 그가 오명을 써야 한다면 그것을 가지고 마음 아프게 여길 필요가 없습니다.

왜냐하면 세상사를 살펴볼 때, 겉으로 보기에는 덕스러워 보여도 막상 그것을 실행하고 보면 결과는 엉뚱하게도 자신을 파멸시키는 일이 있을 뿐만 아니라, 그와는 반대로 겉으로 보기에는 부덕하게 보이지만 막상 그것을 실행하고 보면 군주를 안전하고도 번영되게 만들어 주는 경우가 있기 때문입니다.

제16장
선심을 쓰는 것과 인색함에 관하여

[1] 이제 앞에서 말씀드린 것 가운데 덕스러운 것들에 관하여 먼저 말씀드린다면, 남들로부터 후덕하다는 인상을 받는 것은 좋은 일입니다. 그럼에도 불구하고 후덕하다는 것이 전하에게 좋은 평판을 가져다주지 못하는 방향으로 행사된다면 그것은 오히려 전하에게 손해가 되는 것입니다. 왜냐하면 후덕함이 너무 고지식하게 행사되면 그것은 밖으로 나타나지 않으며, 또 그 후덕함을 너무 고지식하게 행사하지 않을 수 없을 경우에는 본의와는 반대되는 역효과를 낼 수도 있기 때문입니다.

그러므로 만약 전하께서 남들로부터 후덕하다는 평판을 듣고자 원하신다면 어떤 형태로든 헤프게 살 필요가 있습니다. 이와 같이 헤프게 살아가는 군주는 항상 자기의 재산을 낭비하지 않을 수 없습니다. 그러므로 후덕하다는 평판을 계속하여 듣고자 한다면 군주는 백성들에게 무거운 세금을 부과해야 하며 그들로부터 돈을 쥐어짜 내야 하고, 돈을 벌고자 온갖 짓을 다해야 할 것입니다. 이러한 처사는 백성들이 군주를 미워하도록 만들기 시작합니다.

그렇다고 해서 군주가 가난해지면 어느 누구 하나 거들떠보지 않을 것입니다. 후덕하다는 것은 많은 사람에게 해만 끼칠 뿐 덕 보는 사람은 적은 것이기 때문에, 사소한 곤경을 겪어도 흔들리게 되며 자그마한 위험에도 위기를 겪게됩니다. 이러한 사실을 인식하고 급작스럽게 옛날의 후덕함을 거두어 버린다면 곧 인색하다는 오명을 쓰게 됩니다.

[2] 그러므로 군주는 자신을 해치지 않고서는 남들의 인정을 받을 수 있을 정도로 선심이라는 미덕을 행사할 수 없기 때문에, 사려 깊은 사람이라면 남들이 구두쇠라고 부르더라도 괘념하지 않을 것입니다. 그러하면 시간이 흐름에 따라 그는 점점 더 후덕하다는 인상을 받을 것입니다. 왜냐하면 군주는 그동안 근검절약한 덕분에 그의 수입만으로 자조自助하기에 충분하고, 또 자신에게 도전해 오는 무리들로부터 자신을 보호할 수 있을 뿐만 아니라 백성들에게 짐을 지우지 않고서도 자신의 과업을 수행할 수 있다는 사실을 백성들이 알아주게 될 것이기 때문입니다. 그러한 군주는 결국 자신에게 아무것도 줄 수 없는 모든 사람에게 선심을 써야 하는데, 그렇게 선심을 써야 할 대상은 수없이 많습니다. 그러나 군주가 아무것도 줄 수 없는 사람들에 대하여는 인색하게 되는데, 그러한 사람이란 거의 없습니다.

오늘날 거대한 사업은 남들로부터 인색하다는 인상을 받은 사람들의 손으로 이루어졌으며, 그렇지 않은 사람들은 완전히 실패했다는 사실을 우리는 잘 알고 있습니다. 교황 율리우스 2세는 교황이 되려고 후덕하다는 평판을 잘 이용했지만, 그 뒤로는 그러한 평판을 유지하려고 노력하지 않았는데, 이는 그가 전쟁을 수행할 수 있을 정도의 재력을 축적하고자 했기 때문입니다.

현재 재위하고 있는 프랑스의 국왕 루이 12세는 백성들에게 무거운 세금을 부과하지 않고서도 엄청난 전쟁을 수행했는데, 이는 다만 그가 막대한 전쟁 비용을 위하여 오랫동안 준비를 게을리하지 않았기 때문입니다. 현재 집권하고 있는 에스파냐의 국왕 페르난도 5세가 계속 후덕하게 인심을 썼더라면 그토록 많은 대업을 수행하고 완수하지 못했을 것입니다.

율리우스 카이사르 조각상, 니콜라 쿠스투, 1722

[3] 그러므로 군주는 결과적으로 백성을 수탈하지 않으면서도 자신을 방어할수 있고, 가난하거나 무시당하지 않고 내 손에 들어온 것을 오로지 움켜쥐려고하지 않는다면, 설령 구두쇠라는 평판을 들을지라도 괘념해서는 안 됩니다. 왜냐하면 인색하다는 악덕이야말로 통치자가 되도록 만들어 주는 것 가운데 하나이기 때문입니다. 이러한 저의 주장에 대하여 카이사르는 후덕한 인심을 써서 제왕이 됐을 뿐만 아니라, 그 밖에 많은 사람도 후덕한 인심과 후덕하다는평판 때문에 높은 지위에 올랐다고 반론을 제기하는 사람도 있을 것입니다.

이에 대한 대답을 말씀드리건대, 전하께서는 이미 군주가 되었는지 아니면군주가 되어 가는 중인지를 잘 생각해 보시지 않으면 안 됩니다. 앞의 경우에후덕한 선심은 위험스러운 것이며, 뒤의 경우에는 후덕하다는 인상을 받는 것이 필요합니다. 카이사르는 로마를 지배하고자 했던 사람 가운데 한 명입니다. 그러나 만약 그가 로마의 대권을 잡은 다음에 오래 살았지만 금전적으로절제하지 않았더라면 그는 자신의 권세를 파멸시켰을지 모릅니다.

또, 매우 후덕하다는 평판을 받은 군주이면서도 그들의 군대로써 대업을 이룬 지도자가 많은 것은 어떤 까닭에서인가 하고 말하는 사람도 있을 것입니다. 이에 대하여 대답을 드리건대, 군주는 자신의 재산과 백성의 재산 또는 제삼의 인물의 재산을 소비하게 되는데, 첫 번째의 경우에 군주는 인색하지 않을수 없고, 두 번째의 경우에 군주는 선심을 쓸 수 있는 기회를 무시해서는 안 됩니다. 군주가 군대를 이끌고 전쟁터에 나가 약탈과 전리품, 그리고 몸값 등으로 군대를 꾸려 나갈 때 군주는 남의 재산을 건드릴 수밖에 없는데, 이럴 경우에 군주의 후덕한 인심은 매우 필요한 것입니다. 왜냐하면 그런 것들이 없다면군대는 그를 따르지 않을 수도 있기 때문입니다.

전하께서는 키루스나 카이사르 또는 알렉산드로스 대왕처럼 전하나 전하의 백성들의 것이 아닌 남의 재산을 가지고 후덕하게 선심을 쓸 수 있습니다. 왜냐하면 남의 재산을 가지고 선심을 쓴다는 것은 전하의 평판을 높여 주면높여 주었지 깎아내리지는 않기 때문입니다. 전하 자신의 재산을 소비하는 것만이 전하를 해롭게 만듭니다.

[4] 그러므로 후덕한 인심보다 더 빨리 자신을 망가트리는 것은 없습니다. 왜냐하면 전하께서 선심을 쓰시는 동안 전하께서는 선심을 쓰실 수 있는 잠재력을 소모하고 있는 것이며, 따라서 궁핍하게 되거나 멸시를 겪게 되고, 궁핍을 벗어나려니 남의 것을 강탈함으로써 원망을 사기 때문입니다.

군주가 경계해야 할 일 가운데 으뜸이 되는 것은 멸시와 증오의 대상이 되지 않도록 하는 일입니다. 실속 없이 후덕하게 선심을 쓰다가는 그 두 가지를 함께 겪게 됩니다. 그러므로 증오를 받지 않으면서 단순히 구두쇠라는 악평만 듣게 되는 것은, 인심이 좋다는 평을 들으려고 욕심을 부림으로써 악평과 증오를 함께 당하는 것보다 지혜로운 일입니다.

제17장
무자비함과 인자함,
사랑을 받는 것과 두려움을 받는 것의 우열에 관하여

[1] 이미 말씀드린 군주의 여러 가지 자질 가운데 또 다른 것에 관해 말씀드리건대, 모든 군주는 자비롭다는 인상을 받도록 노력해야지 잔인하다는 인상을 주어서는 안 됩니다. 그렇다고 할지라도 군주는 자기가 느끼는 자비로움이 오용誤用되지 않도록 주의해야 합니다. 체사레 보르자는 잔인하다는 평을 들었지만 바로 그 잔인함으로써 로마냐를 평정하여 통일시켰고, 자신의 처지를 평화롭고도 충성받는 위치로 바꿨습니다.

그러나 문제를 깊이 생각해 본다면 잔인하다는 오명을 피하려고 피스토이아Pistoia[1]가 파괴되도록 내버려 둔 피렌체인보다 체사레가 훨씬 더 자비로웠다는 사실을 알 수 있습니다. 그러므로 군주는 백성들을 단결시키고 그들로부터 신뢰받는 과정에서 잔인하다는 낙인이 찍히더라도 마음이 흔들려서는 안 됩니다.

너무 헤프게 자비심을 보임으로써 끝없는 분란을 일으키고 결과적으로 살인과 약탈을 야기하는 사람보다는 가끔 잔인함을 보이는 군주가 훨씬 더 진정한 의미로서의 자비로운 군주가 될 수 있습니다. 불법한 행동은 많은 사람에게 해독을 끼치지만 군주의 명령에 따른 처형은 단 한 사람에게 해를 끼칠 뿐입니다. 다른 어느 군주보다도 새로이 등극한 군주는 잔인하다는 세평世評을 피할 수 없습니다. 왜냐하면 신생국에는 위험이 가득 차 있기 때문입니다.

베르길리우스Publius Vergilius Maro(기원전 70~기원전 19)[2]의 작품에 나오는 주인공 디도Dido는 다음과 같이 말하고 있습니다.

나의 뜻, 나의 운명과는 어긋나게도
왕관은 불안하고 창업은 일천日淺하구나.
내 나라의 어려운 환경과 생소함은
내가 그런 일을 하게 하네.

---

1 ＊피렌체의 북서쪽에 있는 도시. 이곳은 칸첼리에리가Cancellieri-家와 판키아티치가Panciatichi-家의 이권 쟁탈지였으며, 두 가문은 1502~1503년에 폭동으로 파괴되었다.
2 ＊로마의 시인. 만토바에서 태어나 로마에서 생활하면서 옥타비아누스Gaius Julius Caesar Octavianus Augustus(기원전 63~기원후 14)의 후의를 받았다.

베르길리우스와 두 명의 여신, 3세기

내 방토邦土의 곳곳을 살필지니라.

Harsh pressures and the newness of my reign,

Compel me to these steps;

I must maintain

My borders against foreign foes …….[3]

---

3 *베르길리우스의 『아이네이스 *Aeneis*』, 1권, 563~564쪽을 참조할 것.

[2] 아울러 군주는 남을 믿고 행동할 때 신중해야 하며, 자신을 두려운 존재로 만들어서도 안 됩니다. 군주의 처신은 신중함과 인간미로 중용中庸을 잃지 않음으로써 지나친 확신이 자신을 부주의하게 만들거나 지나친 의심으로 자신을 감당할 수 없도록 만들어서도 안 됩니다.

[3] 이런 식의 말씀은 하나의 논쟁적인 의문을 제기합니다. 사랑을 받는다는 것은 두려움을 받는 것보다 더 좋은 것인가 아니면 그 반대인가 하는 의문입니다. 이에 대한 대답을 드리건대, 군주는 그 두 가지를 함께 갖추어야 합니다. 그러나 그 두 가지를 조화시킨다는 것은 어려운 것이기 때문에 그 둘 가운데 하나를 포기하지 않을 수 없을 경우에는 차라리 사랑을 받는 것보다는 두려움을 받는 것이 훨씬 더 군주를 편하게 해 준다는 점을 강조하는 바입니다.

왜냐하면 일반적으로 인간이란 은혜를 모르고 변덕스럽고 가식이 많고 본심을 드러내지 않으며 위협을 피하고 싶어 하고, 이익이 되는 일에는 걸신乞神이 들려 있기 때문입니다. 전하께서 그들에게 이익이 되는 한 그들은 모두가 전하의 편입니다. 앞에서 말씀드린 바와 같이, 그들은 그들의 피와 재산과 생명과 자식도 바칩니다. 그러나 그러한 제안은 전하에게 그런 것들이 필요치 않게 보일 때만 그렇지, 막상 전하께서 그러한 것들이 필요하다고 할 경우에 그들은 배신하게 됩니다.

그러므로 백성들의 말을 전적으로 믿기만 하고 그들에 대하여 별도의 대비책을 마련해 두지 않은 군주는 멸망합니다. 왜냐하면 위대함과 정신적인 고결함으로 얻은 우정이 아니라 돈으로 얻은 우정은 가졌다고 뽐낼 만한 것이 못 되며, 막상 그 우정이 필요할 때는 그것을 얻을 수 없습니다.

인간은 남을 해치면서 남들로부터 두려움을 받고 있는 사람보다는 남들로부터 사랑을 받는 사람을 더욱 얕잡아 봅니다. 왜냐하면 인간의 사랑이란 의무라고 하는 쇠사슬로 묶여 있는 것인데, 인간이란 본시 사악한 존재여서 의무라는 것도 자기에게 유리하다고 생각될 때에는 언제라도 깨어버리는 것입니다. 그러나 두려움은 형벌의 무서움에 의하여 확보된 것이어서 결코 전하를 낭패하게 만들지는 않습니다.

[4] 그럼에도 불구하고 군주는 사랑을 받지 못하면 증오라도 받지 않을 수 있도록 자신을 두려운 존재로 만들어야 합니다. 이러한 일은 얼마든지 가능합니다. 왜냐하면 두려움을 받는 것과 증오를 받지 않는 것은 쉽게 공존할 수 있기 때문입니다. 만약 군주가 그의 시민들이나 부하들이 가지고 있는 재산이나 부녀자들을 넘보지 않는다면, 그와 같은 일은 언제라도 가능한 일입니다. 그리고 가끔 볼 수 있는 바와 같이, 사형에 처하지 않을 수 없을 경우에는 적절한 타당성과 분명한 이유를 제시할 수 있어야 합니다.

그러나 무엇보다도 중요한 것은 남의 재산을 건드리는 일이 있어서는 안 됩니다. 왜냐하면 인간은 아버지를 죽인 원수보다는 유산을 빼앗아 간 사람을 더 오래 기억하기 때문입니다. 더군다나 남의 재산을 빼앗을 때에 절대로 그 구실이 궁색해서는 안 됩니다. 남의 재산을 약탈해서 살아가는 사람일지라도 남의 재산을 빼앗을 때에는 항상 그 이유가 있는 법입니다. 그러나 그와는 반대로 남의 생명을 빼앗기 위한 이유는 재산을 약탈하는 이유보다 훨씬 드물며, 또 더 덧없는 것입니다.

[5] 그러나 군주가 군대와 함께 기거하거나 막대한 군대를 휘하에 거느릴 때는 잔혹하다는 세평에 괘념하지 말아야 한다는 것이 무엇보다도 중요한 일입니다. 왜냐하면 군주가 잔혹하다는 세평을 듣지 않고서는 군대를 단결시킬 수도 없고 군무軍務에 대비시킬 수도 없기 때문입니다.

한니발Hannibal(기원전 247년경~183년경)[4]이 이룩한 찬란한 전공戰功 가운데에서도 그가 많은 수의 군대를 외국에서 거느렸고 온갖 부류의 인간들을 한데 모아서 부대를 조직했음에도 불구하고, 상황이 불운했거나 다행했거나 간에 군대 안에서나 한니발에 대한 불목不睦으로 말미암아 고통받은 적이 없다는 사실을 결코 지나쳐서는 안 됩니다. 그가 성공한 이유는 그가 피도 눈물도 없는 잔인한 인간이었다는 사실 이외에는 아무것도 없습니다.

한니발의 잔인성이 그의 수없이 많은 강점에 부가될 때 그는 군대로부터 존경과 두려움을 받았습니다. 그리고 그에게 잔인성이 없었더라면 그의 다른 성품들도 전쟁에서 원만한 결과를 기대할 수 없었을지 모릅니다. 그러므로 어떤 사람은 그가 이루어 놓은 전공을 찬양하면서도 그것을 이룩할 수 있었던 주요 원인을 비난하는데, 이는 문제의 핵심을 깊게 생각한 것처럼 보이지는 않습니다.

4　*카르타고의 영웅. 하밀카르 바르카의 아들. 제2차 포에니 전쟁 때에는 알프스를 넘어 로마군에 대승을 했으나 파비우스 막시무스 쿤타토르Quintus Fabius Maximus Cunctator의 소모전을 견디지 못하고 귀국했다. 그 뒤 정적政敵으로부터 배신을 당하여 시리아에 망명했다가 음독 자살했다.

한니발 조각상, 세바스티앵 슬로츠, 1704

알프스 산맥을 넘는 한니발, 하인리히 로이테만, 1866

[6] 지도자가 잔인하지 못하면 그 밖의 다른 성품이 아무리 탁월하다고 할지라도 그것만으로는 전공을 이루기에 부적절하다는 진리는 스키피오의 경우에서도 알 수 있습니다. 스키피오는 그 당시뿐만 아니라 우리가 알고 있는 모든 시대에 가장 강력한 대권을 잡았던 인물임에도 불구하고, 그가 에스파냐에 있을 때 그의 군대는 그에 대한 반란을 일으켰습니다.

그러한 반란은 그가 인자했다는 것 이외에는 아무런 이유가 없습니다. 그 관대함은 그의 군대가 군기軍紀보다는 방종의 길을 택하게 만들었습니다. 파비우스 막시무스 쿤타토르Quintus Fabius Maximus Cunctator(기원전 275년경~203년경)[5]는 원로원에서 스키피오의 그와 같은 실수를 탄핵했으며, 로마 군대를 부패하게 만든 장본인이라고 그를 비난했습니다.

로크리아인Locrian은 스키피오의 한 부관에 의하여 궤멸되었지만, 스키피오는 그 주민을 위하여 보복해 주지도 않았고 그 부관을 처벌하지도 않았습니다. 이와 같은 사실은 모두 그의 온건한 성격 때문이었습니다. 원로원에서 그를 두둔하고자 했던 사람들의 말을 빌리면, 세상에는 어떻게 실수를 처벌할 것인가를 아는 사람보다는 어떻게 하면 실수를 저지르지 않을 수 있을까를 더잘 알고 있는 사람이 많다고 했습니다. 그러한 주장에서 스키피오가 얼마나 온건한 사람이었던가를 충분히 이해할 수 있습니다.

이와 같이 스키피오가 나약했음에도 불구하고 그가 계속하여 독자적으로 군대를 통솔했더라면 언제인가 그러한 나약함은 그의 명성과 영광을 무너뜨렸을 수도 있었습니다. 그러나 그는 원로원의 통제를 받고 있었으므로 그러한 나쁜 성격은 은폐되었을 뿐만 아니라 그에게 영광을 안겨 주었습니다.

---

5 * 로마의 군인이며 정치가. 제2차 포에니 전쟁 때 지구전持久戰으로써 한니발을 격퇴하고, 평생에 걸쳐 다섯 번의 통령을 지냈고, 군사령관과 집정관을 지냈다.

[7] 이제 군주는 백성들로부터 사랑을 받아야 할 것인가 아니면 두려움을 받아야 할 것인가 하는 애당초의 논의로 되돌아가서 결론으로 말씀을 드리건대, 인간은 자기가 좋아할 때 군주를 사랑하고, 군주가 좋아할 때 그를 두려워하기 때문에 현명한 군주라면 분명 자신의 힘에 의존할 것이지 다른 사람의 힘에 의존하지 않을 것입니다. 제가 앞에서 이미 언급한 바와 같이, 군주는 오로지 백성의 증오를 피하려면 온갖 고초를 감수해야 합니다.

제18장

군주에 대한 신뢰심을 지속시키는 방법

[1] 군주가 신의를 지키고 정직하여 얕은 수를 쓰지 않는다는 것이 얼마나 가상한 일인가는 누구나 다 잘 아는 사실입니다. 그럼에도 불구하고 오늘날 우리가 경험한 바에 따르면, 위대한 과업을 이룩한 군주들은 그들이 약속한 바에 대하여는 거의 괘념하지 않고, 어떻게 하면 교지狡智로써 인간의 머리를 혼란케 하는가를 잘 알고 있으며, 끝내는 착실히 신의를 지키며 살아온 사람들을 능가하고 있습니다.

[2] 그러므로 적과의 경쟁에는 두 가지 방법이 있는데, 첫째는 법에 의하는 방법이요, 둘째는 폭력에 의하는 방법이라는 사실을 전하께서는 아셔야 합니다. 첫째 방법은 인간에게 적절한 것이요, 둘째 방법은 동물에게 적절한 방법입니다. 그러나 첫째 방법만으로써는 충분하지 못한 때가 허다하기 때문에 둘째 방법을 쓸 필요가 있습니다. 그러므로 군주는 짐승에 대한 방법과 인간에 대한 방법을 완전히 분별할 줄 알아야 합니다.

고대의 역사가들은 군주들에게 이러한 진리를 비유적으로 가르쳐 주고 있습니다. 그들의 기록에 따르면, 아킬레우스와 그 밖의 많은 고대의 군주들을 반인반수半人半獸의 케이론Chiron에게 보내져 양육되었다고 합니다. 그가 반인반수의 괴물에게 양육되었다고 하는 사실은 군주야말로 이 두 존재의 성격을 모두 부릴 줄 알아야 할 필요가 있음을 의미하는 것입니다. 그 두 가지 성격의 어느 하나를 갖추지 못한 군주는 자리를 오래 견디지 못할 것입니다.

「아킬레우스와 케이론」 피에르 퓌제, 17세기경

[3] 그러므로 군주는 동물의 행태를 선용하는 방법을 취할 필요가 있을 때면 그들 가운데 여우와 사자의 행태를 취해야 합니다. 사자는 덫에 대하여 자신을 보호할 수 없고 여우는 이리로부터 자신을 보호할 수 없기 때문에, 함정을 피하는 방법을 알려면 여우처럼 처신할 필요가 있고, 이리를 쫓으려면 사자처럼 처신할 필요가 있습니다. 오직 사자처럼 처신하는 군주는 자신의 할 일을 이해하지 못합니다.

그러므로 사려 깊은 군주라면 신의를 지키는 것이 자기에게 손해가 되거나, 약속하지 않을 수 없었던 사유가 소멸됐을 때에는 신의를 지킬 수도 없으려니와 지켜서도 안 됩니다. 만약 인간이 전적으로 선량한 존재였다면 이러한 충고는 부도덕한 것일 수도 있습니다. 그러나 인간은 사악하며, 또한 그들이 전하에게 지켜야 할 약속을 지키지 않기 때문에 전하께서도 그들과 마찬가지로 그들에게 부담을 갖지 않습니다.

근대사를 돌아볼 때 군주가 신용을 지키지 않음으로 말미암아 파기된 조약과 언약이 허다했음을 예시할 수 있습니다. 그리고 여우처럼 처신하는 방법을 가장 잘 아는 군주만이 그 시대의 일인자가 되었습니다. 아울러 이러한 능력을 가진 군주는 그것을 어떻게 은폐할 것인가를 아는 노련한 위선자가 되어야 합니다. 인간은 단순하고 또 현실적인 필요에 종속되어 있기 때문에 그런 식으로 남을 속이는 사람 앞에는 속는 사람이 있게 마련입니다.

[4] 이와 같은 사실에 관하여 저는 최근에 있었던 한 사례를 들고자 합니다. 알렉산데르 6세는 남을 속이는 것 외에는 아무런 의욕도 없는 사람이었습니다. 그는 항상 속여 먹을 대상을 찾았습니다. 이 세상에는 진실을 맹세하면서 그만큼 열을 올린 사람도 없지만, 그가 약속한 언약이 거창하면 거창할수록 그는 그것을 수행하지 않았습니다. 그럼에도 불구하고 그의 기만은 항상 자기가 원하는 대로 성공했습니다. 왜냐하면 그는 세상의 이러한 측면을 철저히 이해하고 있었기 때문이었습니다.

[5] 그러므로 군주는 제가 앞에서 말씀드린 덕망을 모두 갖출 필요는 없으나 그것들을 갖추었다고 보여 줄 필요는 반드시 있습니다. 감히 말씀드리건대, 그러한 덕망을 모두 갖추고 그것을 모두 준수하는 군주에게는 그러한 덕망이 오히려 해가 됩니다. 그러나 군주가 그러한 덕을 갖춘 것처럼 보인다는 것은 유익한 일입니다. 군주는 인자하고 신실하고 인간적이고 정직하고 종교적이어야 하며 또 실제로도 그렇게 행동해야 하지만, 마음을 굳게 먹고 그러한 덕과 반대되는 일을 해야만 할 필요가 있을 때에는 자세를 표변하여 능숙히 해낼 수 있어야 한다는 뜻입니다.

그리고 군주는, 특히 새로이 등극한 군주는 그 국가를 유지하고자 자신의 소신과 사랑과 인간미와 종교와는 반대되는 행동을 하지 않을 수 없기 때문에 인간은 선량하다고 생각되는 모든 일을 준행할 수 없다는 사실을 이해해야 합니다. 군주는 운명의 여신이 불어 주는 바람의 방향과 주변의 상황이 요구하는 대로 변신할 수 있는 마음자세를 가질 필요가 있으며, 앞에서 말씀드린 바와 같이 할 수만 있다면 도덕적으로 옳은 일은 일을 저버려서는 안 됩니다. 그러나 어쩔 수 없을 경우에는 악행을 저지를 줄도 알아야 합니다.

[6] 그러므로 군주는 위에서 말씀드린 다섯 가지의 덕망, 곧 군주는 인자하고 신실하고 인간적이고 정직하고 종교적이어야 한다는 덕을 갖추지 못한 듯한 말을 하지 않도록 매우 조심함으로써 그의 언행을 보고 들은 사람들이 그 군주야말로 위의 다섯 가지 덕망을 갖추었다는 인상을 갖도록 해야 합니다.[1] 특히 종교적 성품을 가졌다는 것을 보여 주는 것보다 더 필요한 것은 없습니다. 왜냐하면 일반적으로 인간은 손보다 눈으로 더 많은 것을 판단하는데, 모든 사람이 군주의 행동을 볼 수는 있지만 이해하는 사람은 거의 없기 때문입니다.

모든 사람이 전하의 겉모습을 볼 수는 있지만 전하가 진실로 어떤 사람인가를 아는 사람은 매우 적습니다. 그리고 이 극소수자는 자신의 견해를 방어하려고 국가의 권위를 등에 업고 있는 다수의 의견에 감히 맞서지 않습니다. 모든 인간 특히 민중은 이의를 제기할 여지가 없는 군주의 행동에 대하여 그 결과로써 그 수단을 판단할 뿐입니다. 그러므로 군주는 오로지 자신의 위치를 차지하고 그것을 유지할 필요가 있습니다. 민중은 항상 군주가 취하는 수단을 영광스러운 것으로 판단하고 찬양할 것입니다. 왜냐하면 민중들은 항상 사태의 겉모습과 결과에 마음이 쏠리는데, 세상 어느 곳에나 그러한 민중은 있게 마련이기 때문입니다.

다수가 큰 방을 차지하고 있으면 소수는 차지할 곳이 없습니다. 이름을 밝힐 수는 없지만, 요즘의 어떤 한 군주[2]는 입만 벌리면 평화와 신앙을 구두선口頭禪처럼 뇌까렸으나 그의 행동은 그와 정반대되는 것이었습니다. 만약 그가 평화와 신앙을 준행했더라면 그의 명성과 왕좌는 여러 번 빼앗겼을지도 모릅니다.

---

1 * 그 당시 이탈리아에서 유행되는 속담에 "아비는 말한 것을 결코 지키지 않았고 자식은 한 일을 결코 말하지 않았다"라는 말이 있었는데, 여기에서 '아비'라 함은 교황 알렉산데르 6세를 의미하는 것이요, '자식'이라 함은 그의 아들 체사레 보르자를 의미한다.

2 * 에스파냐 왕 페르난도 5세를 가리킨다. 당시 마키아벨리는 공개적으로 그를 비난할 계제가 되지 못했다. 제12장의 각주 15번을 참조할 것.

제19장
멸시와 미움을 받지 않는 방법에 관하여

[1] 군주가 갖추어야 할 중요한 자질에 관하여는 이미 앞에서 말씀드린 바가 있기 때문에 여기에서는 그 밖의 일반적인 문제들을 다루고자 합니다. 앞에서 부분적으로 말씀드린 바와 같이 군주는 자신이 미움과 멸시의 대상이 되는 일을 저지르지 않도록 각별히 주의를 기울여야 합니다. 군주가 미움과 멸시를 받는 일을 피할 수 있는 한 그는 자신의 과업을 수행할 수 있을 것이며, 자신의 명성에 다소 손해가 되는 일을 할지라도 두려워할 것이 못됩니다.

앞에서 말씀드린 바와 같이[1] 군주가 미움을 받는 것은 주로 탐욕스럽게 백성들의 재산이나 부녀자를 겁탈하는 데에서 연유하는 것입니다. 대부분의 사람들은 자신의 재물이나 명예를 박탈당하지 않는 한 만족스럽게 살아가기 때문에 군주는 위의 두 탐욕을 더욱 삼가야만 합니다. 그러므로 군주는 소수인[2]의 야심만을 깨뜨려야 하는데, 이러한 일은 여러 가지의 방법으로 쉽사리 달성될 수 있습니다.

군주가 변덕스러워 이랬다저랬다 한다거나, 만약 비겁하여 결단성이 없다는 취급을 받는다면 그는 멸시의 대상이 됩니다. 배가 암초에 걸리지 않도록 선장이 늘 경계하는 것과 마찬가지로 군주는 그러한 존재가 되지 않도록 스스로 경계해야 합니다. 그는 매사에 위대하고 과단성이 있고 장엄하고 꿋꿋하다는 분명한 증거를 보여 주도록 노력해야만 합니다. 그리고 군주는 백성들의 사사로운 문제에서도 자신의 의견을 돌이킬 수 없다는 점을 인식시켜야 합니다. 요컨대 군주는 누구도 감히 그를 속이거나 우롱하려는 생각을 갖지 못한다는 평판을 받아야만 합니다.

---

1 *제17장을 참조할 것.
2 *귀족 계급을 가리킨다.

[2] 백성들이 그와 같은 의견을 갖도록 만든 군주는 충분한 권위를 누리게 됩니다. 그리고 군주가 좋은 평판을 얻게 되면 백성들은 감히 그에 대한 음모나 공격을 감행하지 못합니다. 왜냐하면 그 군주는 탁월한 능력을 가지고 있다고 여겨지고 있을 뿐만 아니라 백성들로부터 존경을 받고 있다는 사실이 그들의 모반謀叛을 주저하게 만들기 때문입니다.

그러므로 군주는 모름지기 두 가지를 두려워해야 하는데, 하나는 대내적으로 백성들을 두려워해야 하고, 다른 하나는 대외적으로 외국의 군주를 두려워해야 합니다. 군주는 훌륭한 무기와 훌륭한 동지로써 이러한 위험으로부터 자신을 보호할 수 있습니다. 그리고 훌륭한 무기를 가진 사람은 훌륭한 동지도 갖게 될 것입니다.

그뿐만 아니라 설령 모종의 음모로 말미암아 대내적인 상황이 이미 불안하게 되었다 할지라도 대외적인 문제가 원만하게 안정되면 대내적인 조건 또한 항상 안정될 것입니다. 그리고 나라 밖의 동정이 술렁거릴지라도 앞에서 말씀드린 바와 같이[3] 군주가 다스리고 생활화하면서 스스로 실수[4]를 저지르지 않는다면 그는 능히 모든 침공을 막아 낼 수 있는데, 앞에서 말씀드린 스파르타인 나비스가 그러한 사례에 속합니다.

---

3 *제10장의 [1]을 참조할 것.
4 *제9장의 [5], 제10장의 [3], 제24장의 [1]을 참조할 것.

[3] 그러나 나라 밖에 근심이 없을지라도 군주는 백성과 관련하여 저들이 비밀리에 음모를 꾸미지 못하도록 경계해야 합니다. 군주가 백성들로부터 미움과 멸시를 받지 않고, 백성들이 군주 자신에게 만족할 수 있도록 만들어 준다면 군주는 백성들의 음모로부터 자신을 보호할 수 있습니다. 백성들이 군주를 만족스럽게 생각한다는 문제는 군주가 백성들로부터 미움이나 멸시를 받지 않는다는 것과 필연적인 관계에 있는 것으로서, 이에 관해서는 앞에서 소상하게 말씀드린 바가 있습니다.[5]

군주가 백성의 음모를 깨뜨릴 수 있는 최선의 방법은 대다수의 백성들로부터 미움을 받지 않는 것입니다. 왜냐하면 음모를 꾸미는 사람은 항상 자기가 군주를 죽임으로써 백성들을 즐겁게 해 줄 수 있다고 생각하기 때문입니다. 그러나 그 음모자가 반란을 일으킴으로써 오히려 백성들을 공격하게 되는 결과를 야기한다면, 그 음모자가 감수해야 하는 난관이 너무나 많기 때문에 그는 감히 그런 음모를 꾸밀 엄두를 내지 못합니다.

우리가 경험한 바와 같이 음모는 숱하게 있었지만, 그것이 훌륭하게 성공한 사례는 거의 없었습니다. 이는 본디 음모란 혼자서 꾸밀 수 없는 것이요, 불평불만을 품고 있다고 생각되는 사람들과 손을 잡을 때에만 가능한 것이기 때문입니다. 그러나 전하께서 불평분자들에게 어떤 속마음을 털어놓았다면 전하께서는 그들이 만족할 만한 어떤 기회를 그들에게 제공한 것입니다. 왜냐하면 그들은 전하의 속마음을 알았다는 것을 기화로 하여 온갖 이득을 취하고자 할 수 있기 때문입니다.

따라서 그들이 전하에게 신의를 지키고 있을지라도 그들은 전하로부터 무엇인가 얻어 낼 수 있을 경우에 값진 동지가 될 것이며, 전하로부터 얻어 낼 수 있는 것이 불확실하고 또 위험스러운 것일 경우에 완강한 정적이 될 것이 분명합니다.

이러한 사실들을 요약해서 말씀드리건대, 음모를 꾸미는 사람의 입장에서

---

5 *제17장의 [3]과 [4]를 참조할 것.

본다면 그에게는 두려움과 질투, 그리고 소름 끼치는 형벌이 예상될 따름입니다. 그러나 군주의 입장에서 본다면 존엄성과 법과 동지의 힘과 군주를 보호해 주는 왕당파王黨派가 있습니다. 백성들의 호의가 이와 같은 군주의 권위와 융합될 때 어느 누구도 어리석게 음모를 꾸밀 수 없다는 것이 명백합니다.

　일반적으로 음모를 꾸미는 사람들은 범행을 저지르기에 앞서 일단 겁을 먹지 않을 수 없으며, 이러한 두려움에는 그럴 만한 이유가 있습니다. 왜냐하면 군주가 백성들로부터 신망을 받고 있을 경우에 모반했다가는 백성들로부터 저항을 받을 것이고, 그렇다고 해서 다른 곳으로 도망을 칠 수도 없기 때문입니다.

[4] 이러한 사실에 관해서는 그 사례가 숱하게 많습니다. 그러나 저로서는 우리의 선대에서 일어났던 한 가지 사례로 만족하려 합니다. 메세르 안니발레 벤티볼리오Messer Annibale Bentivoglio는 볼로냐의 현 군주인 메세르 안니발레Messer Annibale[6]의 할아버지로서, 모반을 일으킨 칸네스키Canneschi에게 피살됐는데,[7] 그때 살아남은 후손이라고는 당시 요람 속에 있던 조반니 벤티볼리오밖에 없었습니다.

그러나 이러한 살해 사건이 일어난 직후 시민들이 봉기하여 모반자 칸네스키를 죽였는데, 이와 같은 사태는 그 뒤의 추이에서 볼 수 있는 바와 같이, 그 당시 벤티볼리오가가 백성들로부터 신망을 받고 있었기 때문이었습니다. 안니발레가 죽은 뒤 그 가문 출신으로서 그 도시를 다스릴 수 있는 사람이라고는 볼로냐에 단 한 사람도 없었습니다.

그러나 그 당시까지만 해도 어느 대장장이의 아들이라고만 알려졌던 벤티볼리오의 한 혈족이 피렌체에 살고 있다는 소식을 듣고서 볼로냐의 주민들이 피렌체로 그를 찾아가 볼로냐의 통치권을 맡겼는데, 그 사람은 그때로부터 어린 조반니 벤티볼리오가 정사政事를 처리힐 만한 나이가 될 때까지 그 도시를 통치했습니다.

6　*조반니 벤티볼리오의 아들로서 아버지가 밀라노에서 죽은 뒤 볼로냐로 돌아와 2년 동안 이곳을 다스렸으나 라벤나 전투에 패배하여 퇴위하고 각지를 떠돌다가 죽었다.

7　*이 사건은 1445년 6월 24일에 일어났다.

「조반니 벤티볼리오의 초상」, 로렌초 코스타, 16세기

[5] 그러므로 결론적으로 말씀드리건대, 민중이 군주에게 경도傾倒되어 있을 때에는 모반을 걱정할 필요가 없습니다.[8] 그러나 민중이 군주에게 비우호적이고 그를 미워할 경우 군주는 모든 사람과 모든 일을 두려워하지 않을 수 없습니다. 더 나아가서 훌륭하게 조직된 정부와 지혜로운 군주는 상류 계급들이 절망을 느끼지 않도록 함과 아울러 민중을 만족시키고 그들이 흡족하도록 만들어 주려고 성실하게 노력해야 합니다. 이 점이야말로 군주가 다루어야 할 중요한 문제 가운데 하나입니다.

---

8 * 마키아벨리가 이토록 모반에 많은 관심을 기울이고 있는 것은 그가 1513년에 날조된 보스콜리Boscoli 모반 사건에 연루되어 체포 및 고문당한 경험이 있기 때문이다.

[6] 오늘날 여러 왕국 가운데 훌륭하게 조직되어 있고 훌륭하게 다스려지고 있는 나라로서는 프랑스를 들 수 있습니다. 이 나라에는 여러 가지 좋은 제도가 있어 왕은 그에 따라 자신의 안전과 자유를 누릴 수 있습니다. 이 나라에서 여러 가지 좋은 제도 가운데 으뜸이 되는 것은 의회와 그 권능입니다. 이 나라를 세운 군주는 귀족들의 야심과 오만함을 잘 알고 있었을 뿐만 아니라 그들을 제어하려면 입막음이 필요하다고 생각했기 때문에 의회[9]를 창설하였습니다.

그와는 달리 국왕은 대다수의 평민들이 두려움으로 말미암아 귀족들에게 증오심을 품고 있다는 것도 알고 있었기 때문에 그 평민들의 지위를 보장해 주고자 결심했습니다. 그렇다고 해서 평민의 지위를 보장해 준다는 것이 왕의 궁극적인 관심사는 아니었습니다. 왜냐하면 백성들을 두둔하면 귀족들로부터 증오심이 일어날 것이고, 귀족들을 두둔하면 평민들로부터 증오심이 일어날 터인데, 국왕 자신은 그 양쪽의 증오심으로부터 자신을 보호하고자 했기 때문이었습니다.

그러므로 프랑스 국왕은 자신에게 비난이 돌아오지 않도록 하면서도 귀족들을 제어하고 백성들을 두둔할 수 있는 제삼자를 조정자로 내세웠습니다. 이보다 더 훌륭하고 사려 깊은 제도도 없었을 뿐만 아니라 국왕과 국가의 안전을 위해서는 이보다 더 강력한 명분도 없습니다.

이러한 제도로부터 또 다른 중요한 묘안이 추출됐는데, 이를테면 군주는 자신에게 미움이 돌아올 만한 일은 그 대리인에게 시키고, 백성들에게 즐거움을 줄 만한 일은 군주가 직접 한다는 것이었습니다. 이에 다시 결론의 말씀을 드리건대, 군주는 귀족의 명예도 지켜줘야 하지만 백성들로부터 미움을 받아서도 안 됩니다.

---

9 *여기에서 말하는 프랑스의 의회 Parliament는 오늘날의 의회와는 전혀 다른 항소제抗訴制를 의미한다.

[7] 몇몇 로마 황제들의 일생에 비추어 볼 때, 그들은 저의 의견과는 정반대되는 사례들이었다고 생각하는 분들이 많이 있을 것입니다. 왜냐하면 몇몇 로마의 황제들은 항상 영예롭게 살았고 또 위대한 성품을 보여 주었음에도 불구하고 끝내 나라를 잃었으며, 모반한 부하들에 의하여 피살된 것이 분명하기 때문입니다.

저는 이러한 반론에 대한 제 나름의 대답을 하고자 하는 관계로, 그 황제들의 자질을 논의하고 그들이 몰락한 원인을 밝혀 봄으로써 그들이 제가 언급한 것과는 부류가 다른 인물이라는 점을 밝히고자 합니다. 그러한 점을 논의하면서 저는 그 당시의 사실들을 읽은 사람에게 가장 중요한 점을 환기시켜 주고자 합니다.

이 문제는 철학자인 마르쿠스 아우렐리우스Marcus Aurelius(121~180)[10]로부터 막시미누스Gaius Julius Versus Maximinus(173~238, 재위 235~238)[11]에 이르기까지 왕좌에 올랐던 모든 황제를 다루는 것으로써 충분할 것입니다. 구체적으로 보면 마르쿠스 아우렐리우스와 그의 아들인 콤모두스Lucius Aelius Aurelius Commodus(161~192, 재위 180~192),[12] 페르티낙스Publius Helvius Pertinax(126~193),[13] 디디우스 율리아누스Marcus Didius Julianus(133~193),[14] 세베루스Lucius Septimius Severus(146~211, 재위 193~211),[15] 카라칼라Marcus Aurelius Antoninus Caracalla(188~217, 재위 211~217)[16]

---

10 * 로마 황제. 오현五賢 가운데 한 사람. 정치인이라기보다는 위대한 스토아 철학가였던 그는 재위 동안 내우외환이 심했으나 남부의 야만족을 평정하고 포로 석방, 황무지 개척, 변경 방비 등의 공을 세웠다. 그의『명상록』은 스토아 철학의 최고 저술로 평가받고 있다.

11 * 로마의 황제. 세베루스 알렉산데르가 죽은 뒤 황제에 올랐으나 포악무도하여 부하들에게 참살 당했다.

12 * 마르쿠스 아우렐리우스의 아들이며, 로마의 황제. 아버지의 후광으로 황제에 즉위함으로써 황제의 장자상속제長子相續制의 선례를 남겼으나, 포악하고 경륜이 없었던 탓으로 모살謀殺되었다.

13 * 미천한 광부의 아들로 태어나 마르쿠스 아우렐리우스의 휘하에서 부장部長으로 있다가 콤모두스가 죽은 뒤 자신의 의사와는 다르게 193년에 황제가 되었다. 그러나 즉위 3개월 만에 친위대의 반란으로 피살되었다.

14 * 콤모두스가 친위대의 반란으로 피살된 직후의 혼란을 틈타 군대를 매수하여 황제에 즉위했다. 그러나 민중이 그의 황권皇權을 인정하지 않자 세베루스의 공격을 받고 재위 2개월 만에 원로원에 의해 처형되었다.

15 * 카르타고 출신의 로마 황제. 마르쿠스 아우렐리우스의 부장을 지냈고, 판노니아와 일리리아Illyria의 사령관으로 있다가 193년에 율리아누스가 황제를 참칭僭稱하자 로마로 입성하여 그를 타도하고 자신

「민중에게 빵을 나누어 주는 마르쿠스 아우렐리우스」 조제프 마리 비앵, 1765

와 그의 아들인 소小 카라칼라, 마크리누스Marcus Opellius Macrinus(164~218, 재위 217~218),[17] 엘라가발루스Marcus Aurelius Elagabalus(204~222, 재위 218~222),[18] 세베루스 알렉산데르Marcus Aurelius Severus Alexander(208년경~235, 재위 222~235),[19] 그리고 막시미누스입니다.

의 군대에 의하여 황제로 추대되었다. 아프리카와 중동 일대를 정벌하고 세제稅制를 통한 경제 부흥을 이룩했으나 대체로 군사 독재로 흘렀다.

16 * 로마의 황제. 세베루스가 죽은 뒤 아우 게타Geta(189~212)와 함께 공동 황제가 됐으나 이듬해 게타와 그 혈족 동지 2만 명을 죽이고 단독 황제로 즉위했다. 그는 포악하고 음탕하기가 이를 데 없던 로마 최대의 폭군이었다. 로마의 지사知事인 마크리누스에 의하여 에뎃사에서 암살되었다.

17 * 로마의 황제. 미천한 가정에서 태어나 카라칼라 황제 밑에서 지사를 지내다가 황제를 처형하고 즉위했다. 가혹한 훈련과 감봉減俸으로 신망을 잃고 안티오크 전투에서 엘라가발루스에게 패하고 처형되었다.

18 * 로마의 황제. 세베루스의 처조카. 카라칼라의 서자라고도 한다. 에메사Emesa에서 태양신을 섬기던 엘라 가발(이름은 여기에서 유래) 가문의 제사장祭司長 출신이다. 황제를 자칭하고 로마에 입성하여 마크리누스를 처부수고 즉위했다. 실정失政과 낭비가 심하여 근위대에게 암살되었다.

19 * 로마의 황제. 엘라가발루스의 큰조카로서 선황이 암살된 뒤 황제에 올랐다. 현명하고 방정한 군주로서 페니키아의 이교도였으나 기독교를 존중했으며, 군대의 반란으로 모후母后와 함께 피살되었다.

[8] 다른.군주국에서는 귀족 계급의 야심과 민중의 자존심을 다루는 문제밖에 없었지만, 로마 제국의 황제들에게는 제삼의 어려움이 있었다는 사실을 우선 지적하지 않을 수 없습니다. 그것은 다름이 아니라 군대의 잔인함과 탐욕을 견디지 않을 수 없었다는 사실입니다. 군대와 백성을 함께 만족시켜 준다는 것은 어려운 일이었기 때문에 이로 말미암아 파멸하는 군주가 많았습니다.

백성들은 평화를 사랑하기 때문에 야심 없는 지배자를 사랑합니다. 그와는 달리 군대는 군인다운 기질을 가진, 이를테면 오만하고 잔인하고 탐욕스러운 군주를 사랑합니다. 그리고 그 군대는 두 배의 봉급을 받고, 자신의 탐욕과 잔인함을 만족시키고자 군주가 백성들에게 악독한 행동을 저지르기를 바랍니다.

이와 같은 이유로 말미암아 선천적으로나 또는 조작에 의하여 두 계급을 모두 견제할 수 있을 만큼 훌륭한 평판을 얻지 못한 군주는 항상 몰락했습니다. 그들의 대부분은, 특히 벼락부자처럼 하루아침에 권좌에 오른 군주는 서로 다른 이 두 부류의 마찰로 말미암아 발생되는 어려움을 너무도 잘 알고 있었기 때문에 군대를 만족시켜 주느라고 백성에 대한 피해를 대수롭지 않게 생각했습니다.

만약 군주가 누구인가의 증오를 피할 수 없다면 우선 다수로부터의 미움을 피하려고 시도하지 않을 수 없는 것이기 때문에 군주로서는 결단이 필요합니다. 만약 군주가 이를 달성하지 못할 경우, 그 군주는 백성들보다는 오히려 군대에게 의존했습니다. 그러나 그 군주가 군대에게서 좋은 평판을 받는 방법이 무엇인가를 알고 있는지 아니면 모르고 있는지에 따라 그러한 정책은 군주에게 유리할 수도 있고 불리할 수도 있었습니다.

[9] 위에서 말씀드린 바와 같은 이유에서 볼 때, 인생을 가장 점잖게 살았고 정의를 사랑했고 잔혹함을 싫어했고 인도주의적이었고 인자했던 마르쿠스 아우렐리우스, 페르티낙스, 그리고 세베루스 알렉산데르 가운데 마르쿠스 아루렐리우스를 제외한 두 사람은 불행한 최후를 마쳤습니다. 마르쿠스 아우렐리우스만은 영예롭게 살다가 죽었는데, 이는 그가 세습권에 의하여 제왕이 되어 군대나 백성의 권리를 인정하지 않아도 좋았기 때문입니다.

마르쿠스 아우렐리우스의 이와 같은 이점은 이 밖에도 그가 백성들의 존경을 받을 수 있었던 여러 가지 장점과 조화를 이루었기 때문에, 그는 살아 있을 적에 언제나 그 두 부류를 그 본분에 어긋나지 않도록 제어하면서도 그들로부터 미움이나 멸시를 받지 않았습니다.

그러나 페르티낙스는 군대의 의사와 달리 제왕이 됐으며, 더구나 그 군대는 콤모두스 밑에서 방종하게 사는 것이 몸에 배어 있었기 때문에, 페르티낙스가 원했던 바와 같은 영예로운 삶을 감당할 수 없었습니다. 페르티낙스의 노력은 오히려 그들의 미움을 불러일으켰을 뿐만 아니라 설상가상으로 그들에게 자신들은 이미 낡은 인간이라고 하는 멸시감마저 갖게 했습니다. 그러한 결과로 페르티낙스는 집권한 초기에 몰락하고 말았습니다.

[10] 미움이라는 것은 악행에 의하여 일어나는 것임은 물론이지만 선행에 의해서도 일어나는 것이라는 점을 여기에서 관찰해 보지 않을 수 없습니다. 그러므로 위에서 말씀드린 바와 같이, 군주가 권좌를 지키고자 한다면 선량하지 않게 행동할 수밖에 없는 경우가 흔히 있습니다. 왜냐하면 전하께서 권좌를 유지하려면 도움이 필요하다고 생각되는 다수가 있는데, 그들이 백성이든 군대이든 귀족이든 부패하게 될 경우 전하께서는 그들을 만족시켜 주려고 그들의 비위를 맞추어 주지 않을 수 없습니다. 그러한 상황에서의 선행이란 곧 전하를 망치는 것이기 때문입니다.

그렇다면 세베루스 알렉산데르의 경우는 어떠한가를 살펴보아야 합니다. 그는 매우 선량한 사람이었고 칭찬받을 일을 많이 했습니다마는, 그 가운데에서도 14년의 재위 동안에 정식 재판을 거치지 않고 사형에 처한 사람이 아무도 없었다는 사실은 특히 칭송할 만합니다. 그럼에도 불구하고 그는 여인의 치마폭에 싸여 헤어나지 못했고, 어머니가 너무 드셌기 때문에 멸시의 대상이 됐으며, 끝내는 군대의 모반을 당하여 피살되었습니다.

[11] 이와는 달리 콤모두스, 세베루스, 안토니우스, 카라칼라, 그리고 막시미누스의 성품을 살펴보면 전하께서는 그들이 모두 매우 잔인하고 탐욕스러운 인물이었음을 알 수 있을 것입니다. 그들은 군대의 비위를 맞추려고 백성들에게 해로운 일을 서슴지 않고 자행했습니다. 세베루스를 제외하고는 그들 모두가 비참한 최후를 마쳤습니다.

그러나 세베루스는 백성들을 억압했다고는 하지만 매우 대담한 인물이어서, 군대와 친밀한 관계를 유지함으로써 항상 그들을 성공적으로 지배할 수 있었습니다. 그의 능력은 군대와 백성들로부터 높은 칭송을 받았기 때문에 백성들은 그를 놀랍고도 두렵게 생각했으며, 군대는 그를 존경하고 만족스럽게 생각했습니다.

[12] 새로이 등극한 황제인 세베루스의 처사는 훌륭하고도 또한 기록할 만한 가치가 있는 것이기 때문에, 저로서는 그가 군주로서 모방해야 할 위와 같은[20] 여우와 사자의 역할을 얼마나 훌륭하게 꿰뚫고 있었는가를 간단하게 말씀드리고자 합니다. 율리아누스 황제가 게으르다는 것을 잘 알고 있는 세베루스는 자기가 사령관의 직책을 맡고 있는 스클라보니아Sclavonia[21]의 군대를 로마로 진격하여 근위병들에게 피살된 페르티낙스의 죽음을 복수하는 것이 옳다고 설득했습니다. 그러한 상황 속에서 그는 자기가 제위帝位를 탐내고 있다는 사실을 조금도 내색하지 않고 자기의 군대를 로마로 진격시켰으며, 그의 야심이 세상에 알려졌을 때 그는 이미 이탈리아에 가 있었습니다. 그가 로마에 도착하자 겁에 질린 원로원은 그를 황제로 선출하고 율리아누스를 처형했습니다.

이를 시발점으로 하여 전全 제국의 주인이 되고자 원했던 세베루스에게는 두 가지의 어려움이 남아 있었습니다. 하나는 아시아군의 사령관인 페스첸니우스 니게르Pescennius Niger(?~194)[22]가 황제를 자칭하고 있는 아시아에 있었으며, 다른 하나는 알비누스Decimus Clodius Septimius Albinus(?~197)[23]가 왕좌를 꿈꾸면서 다스리고 있는 서부에 있었습니다.

이 두 사람에게 동시에 적개심을 보인다는 것은 위험한 일이라고 판단한 세베루스는 우선 니게르를 죽이고 알비누스를 기만하리라고 결심했습니다. 그리하여 세베루스는 알비누스에게 글을 보내어 원로원에서 황제로 선출된 자기로서는 그대와 더불어 그 영광을 나누고 싶노라고 말하고 알비누스에게 제왕帝王, Caesar의 칭호를 보냈으며 원로원의 결의로써 그를 자기의 동지로 추켜세웠습니다.

알비누스는 이 모든 것을 진실로 받아들였습니다. 그런 다음 세베루스는 니

---

20 * 제18장의 [3]을 참조할 것.
21 * 오늘날 오스트리아, 헝가리, 유고슬라비아 일대를 말한다.
22 * 시리아의 안티오크에 주둔하던 로마의 장군으로서 193년에 페르티낙스가 죽자 황제를 참칭하다가 세베루스에 의해 유프라데스강에서 죽임을 당했다.
23 * 갈리아[Gaul]에 주둔하던 로마의 장군으로서 193년에 페르티낙스가 죽자 황제를 참칭하다가 세베루스에게 피살되었다.

셉테미우스 세베루스 조각상

게르를 격파하여 살해하고 동부 지방을 평정시키고 로마로 돌아왔습니다. 로마로 돌아온 세베루스는 원로원에 출두하여, 알비누스는 자기가 베푼 은혜도 모른 채 감히 자기를 죽이려고 역모를 꾸미고 있으니 군대를 보내어 그의 배신적인 행동을 처단하는 것이 옳다고 주장했습니다. 그리하여 세베루스는 프랑스에 있던 알비누스를 공격하여 그의 영토와 목숨을 빼앗았습니다.

[13] 그러므로 세베루스의 행동을 자세히 살펴본 사람이라면, 그가 매우 용맹스러운 사자인 동시에 매우 교활한 여우였음을 알게 될 것이며, 모든 사람이 그를 존경하고 두려워했을 뿐만 아니라 군대가 그를 미워하지 않았다는 사실을 알게 될 것입니다. 갑작스럽게 왕위에 오른 그가 그토록 거대한 제국을 장악할 수 있었던 것은 결코 놀랄 만한 일이 아닙니다. 왜냐하면 그의 탁월한 명성은 그의 탐욕으로 말미암아 백성들이 그에게 품을 수도 있었던 미움으로부터 항상 그를 보호해 주었기 때문입니다.

[14] 그런데 세베루스의 아들 안토니우스 카라칼라 또한 탁월한 자질을 지닌 인물로, 백성들에게 찬사를 받았고 군대로부터 환대를 받았습니다. 그는 군인다운 기상을 가진 남자로서 아무리 극심한 역경도 견뎌 낼 수 있었고, 맛있는 음식과 온갖 사치를 경멸함으로써 모든 군대의 사랑을 받았습니다.

그럼에도 불구하고 세베루스의 사나움과 잔인함은 상상을 초월할 만큼 극심하여 수많은 사람을 사사로이 죽인 뒤에도 로마인의 대부분과 알렉산드리아Alexandria인의 대부분을 살육했습니다. 그리하여 그는 마침내 측근들로부터 경원敬遠되었고, 그 결과 부하들 앞에서 백인대장百人隊長의 손에 참살되었습니다.

이런 점에서 볼 때 군주로서는 그 백인대장과 같이 굳은 결의로써 감행하는 모살을 피할 수 없다는 것을 알 수 있습니다. 죽음을 두려워하지 않는 사람이라면 누구든 군주를 죽일 수 있습니다. 그러나 그러한 사례란 매우 드문 것이기 때문에 군주는 이러한 모살을 두려워할 필요가 없습니다. 다만 군주는 자신의 측근이나 또는 그가 국무를 수행하려고 주위에 거느리고 있는 사람에게 혹독한 해를 끼치지 않도록 삼갈 필요가 있습니다.

카라칼라는 백인대장의 형제를 명예스럽지 못하게 죽였고, 또 그를 매일 못살게 협박했다는 점에서 볼 때 어리석은 인물이었습니다. 그럼에도 불구하고 카라칼라는 백인대장을 경호원으로 삼았으니 이는 어리석기 짝이 없는 짓으로서, 그 결과에서 볼 수 있는 바와 같이 그는 파멸되고 말았습니다.

카라칼라 흉상, 바르톨로메오 카바체피, 1750~1770(왼쪽)
헤라클레스의 모습을 한 콤모두스, 작자 미상, 191~192(오른쪽)

[15] 그렇다면 콤모두스는 어떠한 인물이었던가를 살펴보기로 하겠습니다. 그는 마르쿠스 아우렐리우스의 아들로서 세습에 따라 왕위에 올랐기 때문에, 그가 왕이 되었다는 것은 매우 쉬운 일이었을 수도 있습니다. 그는 다만 아버지의 발자취만 따라간다면 그것으로써 능히 군대와 백성들을 만족시킬 수 있었을 것입니다.

그러나 본래가 잔인하고 짐승 같았던 콤모두스는 백성들에게 마음껏 탐욕을 부리고자 군대의 환심을 사려다 보니 결국은 군대를 방종하게 만들었습니다. 그뿐만 아니라 콤모두스는 제왕의 금도襟度를 갖추지 못하고 격투장에 뛰어들어 검투사들과 싸우는 등 제왕으로서는 격에 맞지 않는 천박한 행동을 취함으로써 군대로부터 멸시를 받는 존재가 됐습니다. 한편으로는 미움을 사고, 다른 한편으로는 멸시를 당하게 되자 그는 끝내 역모를 만나 피살됐습니다.

[16] 이제 저에게는 막시미누스의 성품에 관한 말씀을 드리는 문제가 남았습니다. 그는 매우 호전적인 인물이었으므로, 제가 위에서 말씀드린 바 있는 세베루스 알렉산데르의 나약한 성격에 싫증을 느낀 군대는 그를 죽이고 막시미누스를 황제로 추대했습니다. 막시무스는 두 가지 사실로 말미암아 미움과 멸시를 받았기 때문에 오래 집권하지 못했는데, 하나는 그가 트라키아Thracia에서 양을 치던 천민 출신이었다는 점입니다. 이는 누구나가 다 잘 아는 사실로서 모든 사람으로부터 멸시의 대상이 됐습니다.

다른 하나는 막시미누스가 집권한 즉시 로마로 들어가 왕위에 오르지 않고 있는 동안, 로마와 제국 각지에 흩어져 있던 그의 부하들을 통하여 수없이 많은 잔학 행위를 저지름으로써 매우 잔인하다는 평을 듣게 되었다는 사실 때문이었습니다. 그러한 결과, 전 제국이 그의 미천한 출신을 경멸하게 됐고 그의 난폭함에 대한 두려움으로 미움이 가득 차게 됐습니다.

그리하여 아프리카가 우선 반란을 일으켰으며, 그 다음에는 원로원이 모든 로마 시민과 함께 반란을 일으켰으며, 끝내는 이탈리아가 막시미누스에게 모반했습니다. 아퀼레이아Aquileia[24]에 대항하여 싸우고 있던 그의 부하 장병들은 적을 무찌른다는 것의 어려움을 알게 되자 반란군에 가담하게 됐으며, 많은 사람이 그에게 적의를 품고 있다는 것을 안 그들은 그에 대한 두려움이 점점 적어지자 그의 잔인함에 격분한 나머지 그를 살해했습니다.

---

24 *이탈리아 북동부에 있는 도시이다.

[17] 저로서는 엘라가발루스, 마크리누스 또는 율리아누스에 관해서는 더 이상 말씀을 드리고 싶지 않습니다. 왜냐하면 이들은 도처에서 멸시를 받고 있었던 관계로 금세 몰락했기 때문입니다. 따라서 저로서는 군주에 대한 멸시와 미움에 관해 결론을 내리고자 합니다.

[18] 오늘날의 군주는 지난날의 제왕에 견주어 군대를 만족시켜야 한다는 문제로 괴로움을 덜 겪고 있다는 점을 먼저 말씀드리고자 합니다. 오늘날의 군주가 그들의 군대에 대하여 다소의 관심을 기울이고 있는 것은 사실이지만, 이러한 문제는 쉽사리 해결됩니다. 왜냐하면 그들은 로마 제국의 군대처럼 그 지방의 정치나 행정에 능통한 군대를 거느리고 있지 않기 때문입니다. 그러므로 지난날 군주가 백성보다는 군대의 비위를 더 맞추지 않을 수 없었던 것은 군대가 백성보다 강력했기 때문이었습니다.

그러나 오늘날의 경우를 살펴볼 때 튀르크와 이집트의 경우를 제외하면, 백성이 군대보다 더 강하기 때문에 군주로서는 군대보다 백성의 비위를 더 맞출 필요가 있습니다. 여기에서 제가 튀르크를 예외로 든 것은, 튀르크 국왕은 1만 2천 명의 보병과 1만 5천 명의 기병대에게 자신의 국력과 안전을 의존하고 있기 때문입니다. 그러므로 튀르크 국왕으로서는 군대 문제 밖의 것에 관하여는 일단 제쳐 놓고 우선 군대와의 관계를 친밀하게 해 둘 필요가 있습니다.

이집트 국왕의 권위도 튀르크의 경우와 마찬가지로 전적으로 군대의 손에 달려 있기 때문에 국왕으로서는 백성의 뜻과 관계없이 군대와의 관계를 친밀하게 해 둘 필요가 있습니다. 그럼에도 불구하고 이 이집트의 왕정은 다른 군주국과는 달리 세습 군주국이나 신생국이 아닌 교황권의 그것과 비슷하다는 점을 전하께서는 유념하셔야 합니다.

이집트에서는 선왕의 아들이 사자嗣子로서 왕통을 잇는 것이 아니고, 권력을 가진 사람들이 후계자를 선출하고 있습니다. 그리고 아직도 이러한 왕위 계승 방법은 오랫동안 군주가 당면했던 어려움도 겪지 않습니다. 군주가 비록 새롭게 뽑혔다고 할지라도 이 나라의 제도는 오래전부터 마치 세습 군주가 등극하는 것과 마찬가지로 그 새로운 왕을 맞이하도록 되어 있기 때문입니다.

[19] 그렇다면 군주가 미움과 멸시를 받지 않아야 한다는 본지本旨로 돌아가서 다시 말씀을 드리겠습니다. 앞서 말씀드린 것들을 조심스럽게 검토한 분들은 증오와 경멸이야말로 제가 말씀드린 여러 군주의 몰락 원인이 됐음을 알 수 있을 것이며, 어떤 군주는 이런 방법으로 행복한 최후를 맞이했고, 어떤 군주는 저런 방법으로 비참한 최후를 맞이하게 된 이유가 무엇인가를 알 수 있을 것입니다.

페르티낙스와 세베루스 알렉산데르는 새로이 등극한 군주였기 때문에, 그들이 세습권에 따라 왕위에 오른 마르쿠스 아우렐리우스를 본받으려 했다는 것은 쓸데없는 짓일 뿐만 아니라 해로운 것이었습니다. 그와 마찬가지로 카라칼라나 콤모두스 또는 막시미누스가 세베루스를 본받으려 했던 것도 해롭기만 한 일이었습니다. 왜냐하면 그들로서는 세베루스의 전철을 밟을 만한 용기가 없었기 때문입니다.

그러므로 새로이 등극한 군주는 마르쿠스 아우렐리우스의 행동을 따를 수도 없으려니와 세베루스의 선례를 따를 수도 없습니다. 다만 새로이 등극한 세베루스로부터 국가를 수립하는 데 필요한 것을 배우고, 마르쿠스 아우렐리우스로부터는 이미 수립되어 안정된 국가를 유지하기 위해 필요하고도 영광스러운 것을 배워야만 합니다.

제20장
요새와 군주가 매일 의지하는 시설의 유익과 무익에 관하여

[1] 어떤 군주는 자신의 왕좌를 안전하게 유지하려고 백성들의 무장을 해제했는가 하면, 어떤 군주는 영토를 분할했으며, 어떤 군주는 백성들이 서로 적개심을 느끼도록 조장했습니다. 그런가 하면 어떤 군주는 자신의 정책을 바꿈으로써 자신이 왕좌에 오를 당시 충성이 의심스럽던 사람들을 자기편으로 끌어들이려고 노력했습니다.

그런가 하면 어떤 군주는 요새를 축조했는가 하면, 어떤 군주는 성채를 헐어 버리기도 했습니다. 사태를 그렇게밖에 처리할 수 없었던 그 나라들의 특수성이 무엇인가를 살펴보지 않고서는 그러한 사실 자체만 가지고서는 이러니저러니 그 좋고 나쁨을 속단할 수 없습니다.

[2] 그런데 새로이 등극한 군주가 그 백성들의 무장을 해제한 적은 결코 없습니다. 오히려 자기 백성들이 무장하지 않은 것을 알았을 때 군주는 항상 그들을 무장시켰습니다. 왜냐하면 전하께서 백성들을 무장시키면 그들은 전하 자신의 군대가 되고, 전하께서 의심스럽게 생각했던 무리들은 전하의 충복忠僕이 되며, 전하께 충성스럽던 무리는 더욱 충성스럽게 되며, 단순히 백성의 입장에 그치는 것이 아니라 바로 전하의 편이 되기 때문입니다.

전하의 모든 백성을 무장시킨다는 것은 불가능한 일이지만, 전하께서 무장시킨 사람들에게 은전을 베푼다면 무장하지 않은 무리들도 안전하게 다룰 수 있습니다. 이와 같이 무장한 사람과 무장하지 않은 사람이 군주로부터 각기 다른 대접을 받는다는 사실이 세상에 드러나면, 무장을 한 사람은 더욱 전하에게 의존하게 되고, 무장하지 않은 사람은 전하를 위하여 가장 위험하고도 어려운 일을 맡은 사람에게 전하께서 가장 두터운 상을 내리는 것이 당연하다는 것을 이해하고서는 전하의 그와 같은 차별을 납득하게 됩니다.

그러나 전하께서 새로이 거느리게 된 백성들의 무장을 해제한다면 그것은 그들의 감정을 상하게 만듭니다. 왜냐하면 그러한 처사를 할 경우 전하께서는 저들이 별로 중요한 존재가 아니라거나 또는 믿을 만한 존재가 아니라고 생각하는 것처럼 보이기 때문인데, 그 어느 쪽이든 그러한 생각은 결국 전하에 대한 증오심을 조장하게 됩니다.

그리고 전하께서는 언제까지 백성들의 무장을 해제해 둘 수만은 없기 때문에 언젠가는 위에서 제가 말씀드린 바와 같은 종류의 용병에 눈을 돌리지 않을 수 없습니다. 용병이 아무리 훌륭하다고 할지라도 그들은 적대적인 다른 나라의 군주나 믿을 수 없는 백성들로부터 전하를 보호해 주기에 충분할 수 없습니다. 그러므로 위에서 말씀드린 바와 같이 새로이 세운 나라에 새로이 등극한 군주는 항상 그곳에 군대를 조직하였는데, 역사에는 이러한 사례가 허다합니다.

[3] 그러나 이미 영토를 확보하고 있던 터에 새로운 영토를 추가하여 복속시킬 경우, 그곳을 정복하는 동안 자기편이었던 사람이 아니고 새로이 편입된 지역의 백성들에게는 그들의 무장을 해제할 필요가 있습니다. 그리고 시간과 기회가 허락하는 한 새로이 편입된 지역의 백성들을 연약하고 나약하게 만들 필요가 있습니다. 그뿐만 아니라 전국의 병기는 전하께서 직접 다스리는 본토에 있는 군대의 수중에 있도록 매사를 처리해야만 합니다.

[4] 우리의 선조들이나 선현先賢들이 늘 하시던 말씀에 따르면, 피스토이아는 주민을 분열시킴으로써, 그리고 피사는 성채에 의지하여 보존할 필요가 있었습니다. 그리하여 우리의 선조들은 그들을 좀 더 쉽게 통치하려고 그들에게 예속되어 있는 몇몇 도시 내의 분열을 조장했습니다. 이탈리아가 훌륭하게 세력 균형을 이루고 있던 시대에는 이러한 방법이 훌륭한 정책일 수 있었습니다.

그러나 분열이 유익한 것일 수 없는 오늘에 와서는 그와 같은 말이 명언일 수 없다고 저는 확신합니다. 오히려 적이 가까이 와 있을 경우에 그와 같이 분열된 도시는 곧 더욱 분열될 것임이 분명합니다. 왜냐하면 연약한 무리들은 언제나 외세에 집착할 것이고, 군주로서는 이를 막아 낼 도리가 없기 때문입니다.

[5] 베네치아인들은 위와 같은 이유로 말미암아 그들에게 예속되어 있던 도시 안의 교황파Guelfs Party와 황제파Ghibelline Party의 분열을 조장했다고 저는 믿고 있습니다. 그들이 비록 피를 흘리는 사태로까지 발전하지는 않았다고 하지만, 분열에 의하여 점령이 지속되고 있는 그 도시들이 그들의 지배 세력에 항거하여 단결하지 못하도록 하려고 그들 사이의 분열을 조장했던 것입니다.

그러나 베네치아인들이 바일라에서 패배했을 때 그들에게 예속되어 있던 한 파派가 즉각 용기백배하여 전 제국을 탈환했다는 사실로 미루어 볼 때, 그러한 조치가 훌륭했던 것처럼 보이지는 않습니다. 강력한 국가에서는 그러한 분열이 있을 수 없기 때문에 그러한 정책은 군주의 입장이 취약함을 의미할 따름입니다. 군주는 그러한 방법에 의하여 피지배 민족을 쉽사리 다스릴 수 있겠지만 전시에 그런 방법을 쓰면 군주의 취약점만을 보여 주는 것이기 때문에, 평화로울 때에는 백성들을 분열시키는 방법이 군주에게 가치가 있습니다.

[6] 군주란 어려움을 극복하고 반대파를 억누를 수 있을 때에만 위대하게 된다는 점은 의심할 나위가 없습니다. 그러므로 운명의 여신이, 특히 세습 군주보다도 더 좋은 평판을 얻어야 할 필요가 있는 새로운 군주에게 위대함을 부여하고자 할 때에는, 일단 그 군주에게 적을 만들어 줍니다. 그리고 그가 그 적을 무찌를 수 있는 기회를 갖도록 함으로써 그 적이 제공한 사다리를 타고 높은 명성의 고지로 올라갈 수 있도록 해 주는 것입니다. 그러므로 현명한 군주라면 적을 무찌름으로써 자신을 위대하게 만들기 위해서라도 기회가 있을 때면 자신에 대한 약간의 증오감을 교묘하게 불러일으켜야 합니다.

[7] 특히 새로이 왕좌에 오른 군주들은 자기가 애당초 신임했던 사람들보다는 오히려 불신했던 사람들에게서 더 많은 신뢰와 협조를 발견할 때가 자주 있습니다. 시에나의 군주인 판돌포 페트루치Pandolfo Petrucci(1450~1512)[1]는 다른 어느 사람보다도 자기가 불신했던 사람들의 협조로써 자신의 국가를 더 훌륭하게 다스렸습니다.

그러나 이러한 사례가 일반적인 것이라고 말할 수는 없습니다. 왜냐하면 이러한 식의 통치란 개인의 경우에 따라 각기 다르기 때문입니다. 어떤 지역에서 초창기에는 비협조적이었던 사람일지라도 자기 자신이 살아남고자 군주에게 협조할 필요가 있을 경우, 군주는 언제나 아주 쉽게 그들의 협조를 얻을 수 있으며, 그들도 군주에게 신실하게 협조하지 않을 수 없습니다.

이는 그들이 자신의 행동을 통하여 자신이 자초한 좋지 못한 평판을 지워버리는 일이 필요하다는 사실을 누구보다도 잘 알고 있기 때문이라고 말할 수 있습니다. 따라서 군주는, 군주의 봉사를 받는 가운데 너무도 태평스럽게 행동하다가 결국에는 군주의 일을 등한하게 생각하는 사람들보다는 오히려 군주에게 반대했던 사람들에게서 더 많은 도움을 받는 경우가 항상 있습니다.

---

1 * 청년 시절에는 고향으로부터 추방당하여 유랑하다가 형 자코모Jacomo가 죽은 뒤 1497년에 귀향하여 1500년에 계부를 죽이고 시에나의 지배자가 되었다.

판돌로 페트루치

[8] 그리고 이 주제가 요구하는 것이기 때문에, 한 국가 안에서 다른 사람의 호의로써 새로운 국가를 세운 군주에게 한 가지의 사실을 환기시키지 않을 수 없습니다. 곧, 군주는 저들이 나라를 새로 세운 자기에게 호의를 보이는 궁극적인 이유가 어디에 있는가를 명석하게 판단해야 합니다. 만약 그들의 호의가 새로운 군주에 대한 자연스러운 정분이 아니라 단순히 지난 정권에 대한 불만 때문이었다면 상당한 노력과 어려움을 겪은 다음에야 그들을 동지로 계속 잡아 두는 데 성공할 수 있을 것입니다. 왜냐하면 군주로서 그들을 만족시킨다는 것은 불가능한 일이기 때문입니다.

고금의 사례를 면밀히 검토하여 백성들이 자기에게 호의를 보이는 이유가 무엇인가를 알게 된 군주로서는 단순히 지난 정권에 대한 불만 때문에 자기의 동지가 되고 호의를 보여 주는 사람보다는 오히려 지난날의 정권에 만족했고 결과적으로는 현재의 지배자인 자기에게 적이나 다름이 없었던 사람들로부터 협조를 얻는 것이 훨씬 더 쉽다는 것을 알게 될 것입니다.

[9] 군주들은 자기의 지위를 좀 더 안전하게 하려고 요새를 쌓는 버릇이 있는데, 이는 이 요새가 군주에 대한 음모를 획책하는 사람들의 재갈과 미끼의 역할을 하기 때문입니다. 군주들은 또한 급작스러운 습격을 당할 경우에 안전히 피신할 수 있는 장소를 갖고자 하는데, 이러한 것은 예로부터 있었던 것으로서 칭찬받을 만한 방법이라고 저는 생각하는 바입니다.

그럼에도 불구하고 오늘날 니콜로 비텔리Niccolò Vitelli[2]는 자기의 국가를 지속시키려고 치타 디 카스텔로Città di Castello의 두 성채가 헐리는 것을 보고서도 그대로 있었습니다. 우르비노의 공작 귀도 우발도Guido Ubaldo da Montefeltro (1472~1508)[3]는 체사레 보르자가 축출된 뒤 자기의 영토로 돌아오자 그 지방의 모든 성채를 완전히 파괴하고서는, 이제 그 성채들이 없어졌으니 다시는 영토를 잃을 위험이 없게 되었다고 믿었습니다. 벤티볼리오가도 볼로냐로 돌아오자 그와 비슷한 방법을 썼습니다.

---

2 * 치타 디 카스텔로의 성주. 교황 식스투스 4세에 의하여 일시 추방되었으나 교황이 죽은 뒤 피렌체군의 원조를 얻어 복위했다.

3 * 우르비노 대공 1세의 아들. 그의 통치기에는 예술과 문학이 전성기를 누렸다.

[10] 이런 점에서 보건대, 요새는 때에 따라 유익할 수도 있고 그렇지 않을 수도 있습니다. 만약 그 요새가 어떤 환경에서 전하에게 이로움을 줬다면 다른 면에서는 해로움을 주게 될 것입니다. 이 문제에 관해서 생각해 보건대, 밖에 있는 정적보다 자기의 백성이 더욱 두려운 군주는 요새를 쌓지 않을 수 없을 것이며, 백성보다 외적이 더욱 두려운 사람은 요새의 축조를 계획하지 않아야 할 것입니다. 프란체스코 스포르차가 축조한 밀라노의 성채는 그 나라에서 일어났던 어떤 다른 골칫거리보다도 더욱 스포르차가에 해를 끼쳤으며, 앞으로도 또한 그럴 것입니다.

그러므로 백성들로부터 미움을 받지 않는 것이 최선의 성채입니다. 전하께서 아무리 훌륭한 요새를 갖추고 있다 할지라도 백성들이 전하를 미워한다면 전하께서는 안전할 수 없습니다. 왜냐하면 백성들이 무장 봉기를 일으킬 때 그들을 돕고자 하는 바깥의 정적은 숱하게 많기 때문입니다.

오늘날 지롤라모 백작Count Girolamo이 죽을 무렵에 그의 부인이었던 포를리 백작 부인Countess Forli이 겪은 경우를 예외로 한다면, 성채가 군주에게 도움을 준 사례를 찾아볼 수 없습니다. 포를리 부인은 요새의 힘을 빌려 백성들의 분노를 피할 수 있었고, 밀라노 지원병을 기다릴 수 있었고, 끝내는 그 도시를 다시 찾을 수 있었습니다. 더구나 그 당시의 형편으로 볼 때 밖의 정적들도 그 백성들을 지원할 수 없었습니다.

그러나 그 뒤 체사레 보르자가 포를리 부인을 다시 공격했을 때 그에게 적의를 품었던 백성들이 밖의 정적과 결탁하게 되자 요새는 아무런 소용이 없었습니다. 그러므로 백작 부인으로서는 처음의 경우이거나 나중의 경우이거나 요새를 갖는 것보다는 백성들로부터 미움을 사지 않는 것이 그를 위하여 더욱 안전한 일이었는지 모릅니다.

이러한 모든 점을 생각할 때 저로서는 요새를 축조한 사람을 칭송할 수도 있고, 요새를 축조하지 않은 사람을 칭송할 수도 있습니다. 그러나 자신의 성채만을 믿은 나머지 자기 백성들로부터 미움을 받고 있다는 사실을 대수롭지 않게 생각하는 군주는 비난받지 않을 수 없습니다.

제21장
군주가 신망을 받는 데 필요한 방법

[1] 군주가 존경을 받는 방법으로는 자신의 능력에 의하여 위대한 과업을 수행하고 비범한 모범을 보이는 것보다 더 좋은 것이 없습니다. 오늘날 우리는 그러한 인물로서 에스파냐의 국왕인 페르난도 5세를 들 수 있을 것입니다. 페르난도 5세는 등극할 당시에는 미미한 존재였으나 그 명망과 영광이라는 면에서 기독교 국왕 가운데 제일의 인물이 되었다는 점에서 본다면 그는 새로운 군주라고 말할 수 있습니다.

전하께서 그의 일거수일투족을 면밀히 검토해 보신다면 그의 모든 것이 위대한 것이었고, 그 가운데 어느 것은 비범한 것이었음을 알 수 있을 것입니다. 그는 등극 초기에 그라나다Granada를 공격했는데, 이 과업은 그에게 권력의 기초가 되었던 것입니다. 애당초 페르난도 5세가 전쟁을 시작할 무렵에 그에게는 별다른 점령지도 없었고, 자기의 과업이 방해를 받으리라는 두려움도 없었습니다.

페르난도 5세는 전쟁을 생각하고 있을 때에는 반란을 생각하지 않는 카스티야 제후들의 마음을 사로잡고자 전쟁을 이용했습니다. 그는 이러한 방법으로 명성을 얻었고 제후들을 통솔하였기 때문에 제후들도 그의 진의를 눈치채지 못했습니다. 그는 교회와 백성의 자금으로써 군대를 유지할 수 있었고, 오랜 전쟁을 치름으로써 군대의 기반을 확립할 수 있었는데, 이런 것들이 훗날 그의 명성을 높여 주었습니다.

그뿐만 아니라 페르난도 5세는 좀 더 위대한 과업을 수행하려고 종교를 이용했고, 근엄하게 잔인성을 보임으로써 무어인Moors[1]들을 공격하여 에스파냐로부터 몰아냈습니다. 그의 이와 같은 솜씨보다 더 고약스럽고 더 비상한 사례는 있을 수 없습니다. 이러한 가면을 쓰고서 그는 아프리카를 공격했고, 이탈리아에서 대공을 세웠으며, 끝내는 프랑스마저도 공격했습니다.

페르난도 5세는 항상 이런 식으로 백성들의 마음을 긴장과 놀라움 속에 묶

1　* 아프리카 서북부의 모로코 지방에 사는 회교인종으로서, 베르베르인Berbers과 아라비아인의 혼혈종이다.

어 두는 동시에 그들의 관심이 자기의 행동에 집중하도록 했습니다. 그의 행동은 그런 식으로 계속 연이어 일어났는데, 그 행동과 행동 사이에는 백성들이 그에게 거세게 반발할 수 있는 시간 여유를 결코 주지 않았습니다.

[2] 내정의 문제에서는 밀라노의 베르나보 비스콘티Bernabò Visconti(1323~1385)[2] 와 같은 비범한 능력을 그 사례로 들어본다는 것 또한 군주에게 유익함을 줄 것입니다. 그는 기회가 있을 때마다 시민들 가운데 비범한 행동을 한 사람이 있으면 선행에 대하여는 상을 넉넉히 주고 악행에 대하여는 벌을 내리곤 했는데, 이에 관해서는 다른 곳[3]에서 더 자세히 말씀드리고자 합니다.

군주는 무엇보다도 매사에 자신이야말로 위대한 명성을 들을 만한 가치가 있는 사람이요, 높은 정신을 가진 사람이라는 점을 보여 주려고 노력해야 합니다.

---

2 * 밀라노의 실력자인 조반니 비스콘티의 조카로서, 삼촌 조반니가 죽자 그의 대권을 인수하여 파비아에 제후국을 세우고 폭정을 하다가 조카인 갈레아초 비스콘티Galeazzo Visconti(1351~1402)에게 투옥 및 처형되었다.

3 * 『리비우스 역사 논고』 3권 [34]를 참조할 것.

L'ARRESTO DI BERNABO' VISCONTI (vedi pag. 103).

조카인 갈레아초 비스콘티에 의해 투옥되는 베르나보 비스콘티

[3] 군주는 자신이 동지냐 아니면 적이냐를 분명히 할 때 존경을 받을 수 있습니다. 이를테면 주저하지 않고 어느 군주에게 호의나 적의를 분명히 할 때 그렇다는 것입니다. 이러한 자세는 중립적인 태도를 취하는 것보다 항상 유리합니다. 왜냐하면 이웃의 두 강대국이 다투게 될 때 그 둘 가운데 하나가 승리하게 되면 전하께서 그 승리자에 대하여 두려움을 갖거나 갖지 않거나 양단간에 결정을 내려야 하는데, 차라리 그럴 바에는 전하의 입장을 분명히 하고 정정당당하게 전쟁에 참여하는 것이 더 유리하기 때문입니다.

첫 번째의 경우, 곧 두 나라가 싸우는데 그 가운데에서 태도를 분명히 하지 않고 중립을 지키다가는 항상 정복자의 먹이가 되어 그를 즐겁게 해 주고 만족시켜 줄 것입니다. 그뿐만 아니라 전하를 보호하고 받아들일 수 있는 명분도 찾을 수 없으려니와 전하를 받아 줄 사람을 찾을 수도 없을 것입니다. 정복자는 자기가 의심했던 사람이라든가 또는 자기가 위험에 빠질 때 자기를 도와 줄 것 같지 않은 사람을 동지로 원하지도 않으며, 패자는 무기를 들고 기꺼이 자기와 운명을 함께하지 않았던 전하를 동지로 맞아들이지 않을 것입니다.

[4] 안티오코스 3세가 아이톨리아인들로부터 로마인을 무찔러 달라는 부탁을 받고 군대를 거느리고 그리스로 쳐들어갔을 때, 그는 로마인의 맹방인 아카이아인에게 사신을 보내어 중립적인 태도를 취하도록 권고했습니다. 그와는 달리 로마인은 아카이아인에게 무기를 들고 자기들과 함께 싸우도록 설득하려고 노력했습니다. 이 문제는 아카이아의 의회에 회부됐는데, 이 자리에서도 안티오코스의 밀사는 그들이 중립을 취하도록 권고했습니다. 이에 대하여 로마의 사절은 다음과 같이 대답했습니다.

저쪽 사람들은 여러분들이 이번 전쟁에 개입하지 말라고 말하는가 본데, 그러한 입장이란 여러분들에게 아무런 도움이 되지 못할 것입니다. 다만 여러분들은 저들로부터 감사나 존경을 받기는커녕 오히려 정복자의 제물이 될 따름입니다.[4]

---

4 *『리비우스 역사 논고』, 35권 [49]를 참조할 것.

[5] 전하의 동지가 아닌 사람은 전하에게 중립을 요구하고, 전하의 동맹자는 전하께서 무기를 들고 깨끗하게 싸워 줄 것을 요구할 터인데, 이런 일이란 항상 일어날 수 있습니다. 이럴 경우 과단성이 없는 군주는 그 순간의 위기를 모면하려고 일반적으로 중립의 방법을 선택합니다.

그러나 그런 식의 처세는 대체로 파멸에 이르게 됩니다. 그러나 전하께서 용기를 내어 어느 한 쪽에 참전할 경우, 만약 전하께서 합세한 쪽이 승리를 거두게 된다면 설령 그 승리자가 강력하여 전하께서 그의 영향을 받는다고 할지라도 그는 전하에게 부담을 갖게 되고, 결국에는 전하에게 우의를 갖게 될 것입니다. 더구나 인간이란 전하를 핍박하면서 배은망덕의 사례를 보여 줄 만큼 그렇게 창피스러운 존재는 결코 아닙니다. 그리고 또한 승리라는 것이 아무것도 거칠 것 없는, 특히 정의라는 것조차도 무시할 만큼 그렇게 대단한 것은 결코 아닙니다.

그러나 전하께서 지원했던 군주가 패배한다면 그는 비록 전쟁에서는 패했을지라도 전하를 동지로 받아들이고 그가 할 수 있는 데까지 전하를 돕게 되며, 장차 일어날지 모르는 사건에 대하여 운명을 함께할 것입니다.

[6] 두 번째의 경우, 두 교전국 가운데에 어느 쪽이 이길지라도 두려워할 것이 없을 만큼 그들이 약체일 경우 전하께서는 어느 쪽의 편을 들 것인가에 대하여 더욱 신중해야만 합니다. 왜냐하면 전하께서는 한 국가의 힘을 빌려 다른 한 국가를 멸망시킨 결과가 되기 때문입니다.

만약 승전국의 군주가 현명한 사람이었더라면 그는 자기에게 패전한 국가가 전하의 침략을 받았을 경우에는 오히려 전하에게 도전하여 패전국을 보호했을는지도 모릅니다. 만약 전하께서 지원해 주신 국가가 승리한다면, 그 국가는 전하의 지원 없이는 승리할 수 없었기 때문에 전하의 의사를 그대로 따르게 됩니다.

[7] 그리고 어쩔 수 없는 사정으로 말미암아 어떤 나라를 공격하지 않을 수 없는 경우가 아니라면, 위에서 언급한 바와 같은 방법으로 어떤 나라를 침략하고자 자기 나라보다 강대한 국가와 동맹을 맺는 일은 군주가 지극히 삼가야 한다는 점을 여기에서 살펴보고자 합니다.

만약 전하보다 강력한 나라와 동맹을 맺었는데, 그가 승전하게 된다면 전하께서는 그의 포로가 됩니다. 그러므로 군주는 가능한 한 남의 지시를 받는 존재가 되지 않도록 해야 합니다. 베네치아인들은 밀라노 대공을 막아 내려고 프랑스 왕과 동맹을 맺은 바가 있습니다. 그 당시로 볼 때 그러한 동맹을 피할 수도 있었는데, 그들은 그러한 동맹을 맺었고 결국 동맹은 그들의 파멸을 초래했습니다.

그러나 교황과 에스파냐 국왕이 롬바르디아를 공격하려고 군대를 몰고 왔을 때의 피렌체의 경우처럼 그러한 동맹을 맺지 않을 수 없다면, 군주는 제가 말씀드린 바와 같은 이유로서 다른 강대국과 동맹을 맺어야 합니다. 어떠한 국가도 그러한 식의 동맹이 그들의 계획을 항상 확실하게 성공시켜 줄 수 있는 것이라고 믿어서는 안 되며, 오히려 사태를 미심쩍게 생각해야만 합니다.

왜냐하면 인간이란 그에게 닥쳐오는 난관을 단 한 차례만으로써 모면할 수 없다는 것을 인간사는 우리에게 가르쳐 주고 있기 때문입니다. 그러므로 사려가 깊다는 것은 자기가 겪고 있는 난관의 본질이 과연 어떤 것인가를 인식할 수 있는 능력과, 해독이 작은 쪽을 기꺼이 받아들일 수 있는 능력을 의미하는 것입니다.

[8] 군주는 또한 재능 있는 사람에게 호의를 베풀고, 어떤 분야에서 출중한 재주를 가지고 있는 사람을 영광스럽게 만들어 줌으로써 자신이야말로 우수한 사람을 사랑하는 인물임을 보여 주어야 합니다. 그뿐만 아니라 군주는 시민들이 상업이나 농업이나 또는 그 밖의 모든 직업에서 자신의 기능을 마음 놓고 발휘할 수 있도록 기회를 줌으로써 그들을 격려해야 합니다.

그런가 하면 시민들은 수탈이 두려워 자신의 재산 증식을 게을리해서도 안 되며, 세금이 두려워 새로운 사업을 게을리해서도 안 됩니다. 그리고 군주는 이러한 사업을 수행하는 사람이나 또는 그의 도시나 국가를 어떤 방법으로든지 번창시키려고 생각하는 사람들에게 상을 내려야만 합니다. 이 밖에도 군주는 1년 중에 적절한 기회를 보아 백성들이 축제나 놀이를 할 수 있도록 배려해야 합니다.

그리고 모든 도시는 동업 조합이나 구區로 나뉘어 있기 때문에, 군주는 그러한 집단에 관심을 가지고 가끔씩 그들을 만나 보아야 하며, 몸소 그들에게 인간미와 관용을 보여 주어야 합니다. 아울러 군주는 항상 자신의 신분에 부합하는 품위를 지켜야 하는데, 이 점이야말로 어떤 환경에서도 결코 소홀히 해서는 안 될 일입니다.

제22장
군주의 심복에 관하여

[1] 군주로서 대신을 뽑는다는 것은 적지 않게 중요한 문제입니다. 이 대신들은 군주의 현명함의 정도에 따라 훌륭할 수도 있고 그렇지 못할 수도 있습니다. 군주가 얼마나 현명한가를 알아보는 제일의 방법은 그의 측근을 살펴보는 것입니다.

측근이 능력 있고 군주에게 충성스럽다면, 군주는 능력 있는 사람을 알아볼 수 있는 안목을 가진 사람이요, 측근이 자기에게 충성할 수 있도록 만들 만한 능력을 갖춘 사람이기 때문에 그 군주는 대체로 현명하다고 볼 수 있습니다. 그러나 대신이 똑똑치 못하면 군주는 좋은 평을 들을 수 없습니다. 왜냐하면 군주의 일차적 실수는 인선人選에 있는 것이기 때문입니다.

[2] 안토니오 다 베나프로Antonio da Venafro(1459~1530)[1]가 시에나의 군주인 판돌포 페트루치Pandolfo Petrucci의 대신이었다는 사실을 모르는 사람은 없지만, 페트루치가 베나프로를 자기의 대신으로 쓸 수 있을 만큼 탁월한 능력이 있는 사람이었다는 것을 알고 있는 사람 또한 없습니다. 사실상 사람의 지혜로움에는 세 가지가 있는데,

첫째는 스스로의 머리로써 사물을 알아보는 것이요,
둘째는 다른 사람의 도움을 받아서 이해하는 것이요,
셋째는 스스로나 남의 도움을 받아서도 사물을 이해하지 못하는 것입니다.

첫째 방법이 최선이요, 둘째 방법은 우수한 것이요, 셋째는 도무지 쓸모가 없는 것입니다.

그런 점에서 본다면 페트루치가 최선의 인물이 아니었다 할지라도 그는 적어도 탁월한 인물이었다고 결론을 내릴 수 있습니다. 왜냐하면 다른 사람의 언행의 선악을 분별할 수 있을 만큼 건전한 판단력을 가진 사람이라면, 설령 그가 명철한 두뇌를 스스로 갖지 못했다 할지라도, 대신의 옳고 그름을 분별하여 그른 것을 꾸짖고 옳은 것을 칭찬할 수 있기 때문입니다. 더구나 군주에게 그만한 분별이 있다면 대신은 군주를 속이려고 마음먹을 수 없어서 정직한 사람이 됩니다.

---

1 *본명은 안토니오 조르다니Antonio Giordani. 시에나대학의 법률학 교수였으나 판돌포 페트루치가 그 인물됨을 알아보고 재상으로 기용했다.

[3] 군주가 대신의 자질을 분별하는 방법에 관하여 말씀드린다면 결코 놓칠 수 없는 한 가지 중요한 자질이 있습니다. 만약 어느 대신이 전하보다도 자기 자신을 더 생각하고 매사에 자신의 이익만을 생각한다면, 그런 사람은 결코 대신이 될 수 없고, 그를 절대로 신뢰할 수 없다고 결론을 내릴 수 있습니다. 수중에 남의 정사政事를 쥐고 있는 사람은 군주만을 생각해야지 자신의 문제를 생각해서는 안 되며, 군주와 관련이 없는 사실을 기억해서도 안 됩니다.

그와는 달리 군주는 대신이 훌륭하게 봉사하도록 하려면 그 신하만을 생각하고, 영광을 베풀고, 생활을 넉넉하게 만들어 주고, 은전을 베풀고, 영예와 관작을 주어야만 합니다. 그렇게 되면 그 대신은 군주 없이는 자신이 존재할 수 없다는 사실을 알게 될 것입니다.

대신의 영예는 그가 더 많은 영광을 바라지 않도록 만들며, 넉넉한 재산은 그가 더 이상의 재산을 원치 않도록 만들며, 관작은 그가 혁명을 두려워하도록 만들 것입니다. 그러므로 제가 위에서 말씀드린 바와 같이, 대신이 바르게 처신하고 또 군주가 대신에게 그렇게 대하여 준다면 그들은 서로 신뢰감을 가질 수 있습니다. 그러나 만약 상황이 그렇지 못하다면 군주와 대신이 서로 피해를 보는 결과가 나올 것입니다.

제23장
아첨을 피하는 방법

[1] 만약 군주가 지극히 신중하지 못하거나 아니면 훌륭하게 인선人選할 수 없을 경우, 자신을 보호하면서 애로를 겪게 되는 하나의 실수를 중요하게 지적하지 않을 수 없습니다. 그것은 다름이 아니라 조정에 가득 차 있는 아첨에 관한 문제입니다. 일반적으로 인간이란 자신의 능력을 지나치게 믿은 나머지 스스로에게 속는 존재이기 때문에, 이 결점에서 벗어난다는 것은 지극히 어려운 일입니다. 그리고 이러한 자기 자신의 약점으로부터 벗어나려고 애쓰다 보면 남들로부터 멸시를 당할 위험이 있습니다.

그러므로 신하들이 전하께 바른 말을 할지라도 그것은 결코 전하를 공격하는 것이 아니라는 사실을 인식하지 않고서는 아첨을 피할 수 있는 방법이 없습니다. 그러나 아무나 전하께 간언諫言할 수 있다면 전하께서는 오히려 적절한 존경을 받지 못합니다. 따라서 지혜로운 군주라면 제3의 방법을 쓰지 않을 수 없습니다.

군주는 자기 나라에서 지혜로운 사람을 뽑아 그에게만 자유롭게 간언할 수 있도록 하되 오직 전하께서 하문下問하는 것만 대답하도록 하고, 그 밖의 것에 관해서는 말하도록 해서는 안 됩니다. 그러나 군주는 모든 것을 그들에게 물어 그들의 의견을 경청하되, 자기 혼자 있을 때 스스로 생각하고 결정해야만 합니다.

군주는 여러 사람들로부터 각각의 충간忠諫을 듣되 충간자가 자유롭게 말하는 것이 더욱 좋은 일이라는 것을 그 사람이 인식할 수 있도록 스스로 처신해야만 합니다. 그러나 군주는 이 충간자들 이외의 사람들로부터 들려오는 충언忠言에 귀를 기울여서는 안 되며, 자기가 결정한 바를 모름지기 실행하고 자신의 결정에 확신을 가져야 합니다. 만약 그러지 않으면 군주가 들은 의견은 다양한 것이기 때문에 그 군주는 아첨자들에 의하여 파멸하거나 아니면 결정을 자주 바꾸게 되며, 그 결과 존경을 받지 못하게 됩니다.

[2] 저는 이제 최근에 있었던 한 가지 사례를 말씀드리고자 합니다. 현재의 황제인 막시밀리안 1세Maximilian I(1459~1519)[1]의 대신인 프레 루카Pre Luca[2]는 황제와 대면하여, "폐하께서는 누구와도 상의하지 않으며 그렇다고 해서 자신의 뜻대로 처리하지도 않았습니다"라고 말했습니다. 이러한 사실은 앞에서 제가 말씀드린 바와는 반대되는 행동에서 연유된 것이었습니다.

막시밀리안 1세는 비밀이 많은 사람이어서 누구에게도 자신의 계획을 털어놓지 않으며, 그러한 계획에 관한 남의 충고도 듣지 않았습니다. 그러나 황제가 어떤 계획을 실시하여 세상에 그 내용이 알려지게 되면 측근들은 그것을 반대하기 시작합니다. 그렇게 되면 귀가 얇은 황제는 그 계획을 중단합니다. 이와 같이 황제가 아침저녁으로 말을 바꾸게 되면 그가 바라는 것은 무엇이며 계획하는 것은 무엇인가를 아무도 이해할 수 없고, 아무도 그의 결정을 신용할 수 없습니다.

---

1 * 독일의 왕(1486~1519)이며, 신성 로마 제국의 황제(1493~1519). 밀라노와 나폴리의 이권 문제로 1494년에 프랑스와 개전하고, 1508년에는 베네치아에 대항하여 캉브레 동맹에 가담하고, 1513년에는 프랑스에 대항하여 신성 동맹을 체결했다. 재사才士였으나 정치적으로는 크게 성공하지 못했다. 첫째 부인 메리Mary가 죽고 비안카 스포르차Bianca Sforza를 두 번째 아내로 맞아들임으로써 이탈리아의 정국에 말려들기 시작했다.
2 * 마키아벨리 시대에 오스트리아에 주차駐箚하던 독일의 사신. 마키아벨리는 두 차례에 걸쳐 그를 만난 적이 있다.

「황제 막시밀리안 1세」 알브레히트 뒤러, 1518년경

[3] 그러므로 군주는 항상 남의 충고를 들어야 하지만 자신이 원할 때 들어야 하며, 남이 요구할 때 들어서는 안 됩니다. 그와는 반대로 군주는 자신이 요구하지 않을 때는 어느 누구도 감히 충고하지 못하도록 해야 합니다. 그러나 군주는 많이 물어보아야 하며 충고를 듣고 싶은 사항에 대해서는 인내심을 가지고 경청할 줄 알아야 합니다.

더 나아가서 군주는 신하들이 어떠한 이유로 진실을 말하지 않으면 그 신하를 무섭게 꾸짖어야 합니다. 군주가 신하의 충고를 들으면서 신중한 인상을 풍기면 그의 자세는 천성 때문에 그런 것이 아니라 자신의 훌륭한 충고를 받아들였기 때문이라고 많은 사람은 생각합니다. 그러나 신하들의 그러한 판단이 잘못된 것이라는 점은 의심할 나위도 없습니다.

왜냐하면 우연한 기회에 매우 탁월한 사람을 만나 그에게 전적으로 경도되지 않는 한 현명하지 못한 군주는 남의 충고를 훌륭하게 받아들일 만한 인물이 되지 못하기 때문입니다. 우연히 훌륭한 충간자를 만나 통치를 하는 경우에 군주는 훌륭한 충간을 들을 수 있을는지 모르지만, 그 통치가 오래 계속될 수는 없습니다. 왜냐하면 그 충간자는 머지않아 그 왕위를 찬탈할 것이기 때문입니다.

현명하지 못한 군주가 두 사람 이상에게 충언을 들을 경우에 그는 결코 통일된 의견을 듣지 못할 것이며, 또 남의 도움 없이는 그 의견을 통일할 수도 없을 것입니다. 충간자들은 제각기 자신의 이해관계를 생각할 것이며, 군주는 그러한 사람들을 통제할 수 없을 것이며, 그들을 이해할 수도 없을 것입니다. 인간이란 강제에 의하여 선량하게 되지 않는 한 항상 남의 밑에 있을 때는 사악한 존재이기 때문에 그럴 수밖에 없습니다.

그러므로 결론적으로 말씀드리건대, 그 출처가 어떤 것이든 반드시 듣는 사람이 신중해야 조언은 가치 있는 것이지, 좋은 조언에서 듣는 이의 신중함이 나오는 것은 아닙니다.

제24장
이탈리아의 군주가
국권을 잃은 이유에 관하여

[1] 위에서 말씀드린 여러 가지의 권고를 신중하게 수행한다면 새로 등극한 군주라 할지라도 관록 있는 군주로 보이게 되며, 머지않아 그 나라 안에서 오랫동안 통치해 온 관록 있는 군주보다도 더 굳건하고 안전한 기업基業을 그 나라에서 이룩하게 될 것입니다. 왜냐하면 새로이 등극한 군주의 행동은 세습 군주의 행동보다 사람의 눈에 더 잘 띄기 때문입니다.

군주가 탁월한 능력의 소유자로 보일 때 그는 백성들에게 더 큰 영향을 미치게 되고, 고대의 왕가보다도 더 밀접하게 백성들을 자기에게 밀착시키게 됩니다. 왜냐하면 인간은 과거에 있었던 일보다는 현재의 일에 더 마음을 쓰며, 현재의 시점에서 좋은 일을 발견하면 그것을 향유하는 것으로 만족할 뿐 그 이상의 것을 바라지 않기 때문입니다.

그럴 경우에 군주가 다른 일에 실수를 저지르지 않는다면 백성들은 그러한 군주를 보호하려고 온갖 수단을 다 동원할 것입니다. 이러한 군주는 또한 이중의 영광을 누리게 되는데, 하나는 새로운 군주로서의 지위를 누리게 될 것이요, 다른 하나는 훌륭한 법과 훌륭한 무기와 훌륭한 모범으로써 그 나라를 부강하게 만든다고 하는 사실입니다. 그와는 달리 비록 세습 군주라고 할지라도 현명하지 못하여 국권을 잃을 경우에는 이중의 치욕을 겪게 됩니다.

[2] 그리고 나폴리 국왕[1]이라든가 밀라노 대공 또는 그 밖의 인물들과 같이 오늘날 이탈리아에서 왕좌를 잃은 사람들을 고찰해 본다면, 그들은 앞에서 제가 길게 논의한 바와 같은 이유 때문에 우선 그들의 군대라는 문제에서 공통된 결함을 안고 있다는 사실을 발견하게 될 것입니다.

그뿐만 아니라 그들 가운데 어떤 인물은 백성을 적으로 만들기도 하고 또 어떤 인물은 백성을 자기 동지로 만들기도 했지만, 상류 계급의 도전으로부터 자신을 보호할 수 없었다는 사실 또한 발견하게 될 것입니다. 왜냐하면 그러한 결함이 없었던들 그 국가 내에서 군대를 유지하기에 충분한 힘을 가지고 있으면서도 국가가 멸망하는 사례는 없기 때문입니다.

티투스 퀸투스Flamininus Titus Quintus(기원전 227년경~174)[2]에 의해 정복된 마케도니아의 국왕으로서, 알렉산드로스 대왕의 아버지가 아닌 또 다른 필리포스 5세Philippos V(기원전 237~179, 재위 기원전 220~179)[3]가 있는데, 그는 그를 공격했던 로마인이나 그리스인의 광대한 영토에 비교하여 볼 때 넓지 않은 영토를 가지고 있었습니다.

그럼에도 불구하고 전사인 필리포스 5세는 백성들을 다루는 방법과 상류 계급으로부터 자신을 보호하는 방법을 알고 있었기 때문에 여러 해 동안 전쟁을 견딜 수 있었습니다. 만년에 가서 그가 비록 몇몇 도시를 잃었다고는 하지만 그럼에도 불구하고 그는 국왕으로서의 권세를 누렸습니다.

1 　＊페르난도 5세를 가리킨다. 제12장 각주 15번을 참조할 것.
2 　＊로마의 정치가. 이상주의적인 그리스 예찬론자이며 탁월한 외교 수완으로 그리스 총독이 되고 제2차 포에니 전쟁 때 공을 세웠다.
3 　＊마케도니아의 국왕. 기원전 214~205년과 200~197년 동안 로마와의 전쟁에서 대패하고 그리스에서의 주도권을 상실했다.

필리포스 5세와 강화 조약을 체결하는 티투스 퀸투스

[3] 그러므로 여러 해 동안 왕좌에 있으면서 국권을 잃은 앞의 군주들은 그들의 국토 상실에 대하여 운명의 여신을 탓할 것이 아니라 자신의 무능을 탓해야 합니다. 날씨가 좋을 때에도 항로의 변경이 있을 수 있다는 사실을 그들은 결코 생각하지 않았습니다.

바다가 잔잔할 때는 태풍을 생각하지 않는 것이 인간의 공통된 약점입니다. 그렇기 때문에 그들은 고난의 시대가 닥쳐오면 나라를 지킬 생각은 하지 않고 도망칠 생각만 했으며, 정복자의 횡포에 진절머리가 난 백성들이 자신들을 다시 불러들여 주기만 기다렸습니다.

다른 방법이 전혀 없을 때라면 그러한 계획도 좋습니다. 그러나 이 방법만 믿고 다른 방법을 포기한다는 것은 졸렬한 것입니다. 군주란 먼 훗날 누군가가 자기를 재기시켜 줄 사람이 있으리라고 믿은 나머지 현재의 몰락을 감수해서는 안 됩니다. 그러한 기회는 오지 않을 수도 있으며, 설령 그러한 기회가 온다고 할지라도 그것은 전하를 안전하게 만들어 줄 수 없습니다. 왜냐하면 그런 식의 방어책은 치사한 방법으로서 전하 자신의 실력에 의거한 것이 아니기 때문입니다. 전하 자신과 전하 자신의 용맹에 의거한 안전책만이 훌륭하고 확실하고 또 영원합니다.

제25장
인간사에서 운명의 힘과
운명의 힘에 어느 정도까지 의존할 것인가에 관하여

[1] 오늘날의 인간사가 인간으로서 어쩔 수 없는 운명fortune의 여신과 하느님의 뜻에 따라 결정되고 있다고 많은 사람이 생각했고, 또 아직도 그렇게 생각하고 있다는 사실을 저라고 모르는 바는 아닙니다. 그리고 인간은 운명의 여신과 하느님의 뜻을 거역할 힘이 없다는 것 또한 사실입니다. 그런 까닭에 그러한 문제에 대하여는 굳이 애쓸 필요가 없는 것이요, 그저 되는 대로 맡겨 둘 수밖에 없다고 생각하는 사람이 많이 있습니다.

예나 이제나 국제 사회의 큼직한 사건들이 매일처럼 누구도 예측할 수 없을 정도로 벌어지고 있기 때문에, 오늘날에 와서는 이러한 풍조가 더욱 심해지고 있습니다. 그리고 저 자신도 그런 문제들을 생각하노라면 어느 점에서는 그런 식으로 생각이 경도되는 때가 가끔씩 있습니다.

그럼에도 불구하고 인간의 의지가 전혀 덧없는 것이 아닌 바에야 운명의 여신은 우리 행동의 절반만을 주재할 뿐이요, 그 나머지 절반 또는 절반 정도는 아직도 우리가 맡고 있다는 것이 사실일 수 있다고 저는 생각하는 바입니다.

[2] 운명의 여신은 마치 격랑과 같은 것이어서 미친 듯이 달릴 때는 평야를 쓸어버리고, 나무와 건물을 파괴하고, 둑을 헐어 전답의 위치를 바꾸어 놓습니다. 모든 사람이 그 앞에서 도망치고, 모든 사람이 어떤 방법으로든 그에게 저항할 바를 모르고 그 앞에 굴복합니다.

홍수란 그런 성격의 것이기는 하지만 평소에 성벽을 쌓고 도랑을 파 둠으로써 다소나마 대비할 수 있으며, 그렇게 해 둔다면 홍수가 닥쳐올지라도 운하를 따라 물줄기를 돌린다거나 그 흐름이 역류되지 않도록 하여 피해를 입지 않을 수 있는 것이 사실입니다.

운명이라는 것도 그와 같습니다. 운명의 여신은 자신에 대하여 지혜롭게 대비하지 않은 곳에서 위세를 보이며, 자기를 제어하기 위한 성벽이나 도랑이 없다는 것을 알았을 때 격노하는 것입니다. 만약 전하께서 오늘날 이토록 변화가 격심하게 일어나고, 또 그러한 변화가 일어날 수 있는 요인을 안고 있는 이탈리아의 현실을 살펴본다면, 이 나라야말로 홍수에 대비하기 위한 도랑이나 성벽이 없다는 것을 알게 될 것입니다.

만약 이탈리아가 독일이나 프랑스나 에스파냐처럼 군사적 용맹이라고 하는 방벽을 갖추고 있었더라면 운명의 여신은 그토록 엄청나게 이탈리아를 바꿔 놓지 못했을는지도 모르며, 아니면 전혀 그러한 변화가 일어나지 않았을 수도 있습니다.

[3] 이상의 사례만으로도 운명에 대항해야 한다는 일반적인 얘기가 충분하지 않을 수 없습니다. 그러나 좀 더 특수한 상황에 국한시켜 볼 때 어떤 군주는 그의 본성이나 자질을 바꾼 것 같지도 않은데, 오늘은 번창했다가 내일은 몰락하는 경우를 볼 수 있습니다. 이와 같은 사실은 먼저 제가 앞에서 길게 언급한 원인에서 연유된다고 저는 확신합니다. 바꾸어 말씀드린다면, 군주가 전적으로 운명의 여신에게 의존할 경우에 운명의 여신이 변덕을 부리면 군주 또한 멸망할 것입니다.

그뿐만 아니라 시류에 따라 처신하는 군주는 성공할 것이고, 시류를 거스르는 군주는 실패하리라고 저는 믿습니다. 왜냐하면 인간이란 자기 앞에 전개되는 일들, 이를테면 영광과 부귀에 따라 각기 달리 처신하기 때문입니다. 어떤 사람은 사려 깊게 행동하고, 어떤 사람은 무모하게 행동하며, 어떤 사람은 억지를 쓰고, 어떤 사람은 술수를 쓰며, 어떤 사람은 참고 견디는데, 어떤 사람은 그렇지 못합니다. 이와 같이 세상 사람들은 각기 다른 방법으로 각자의 목적을 달성합니다.

그뿐만 아니라 똑같이 신중을 기했는데도 어떤 사람은 목적을 달성하고 어떤 사람은 실패합니다. 그런가 하면 어떤 사람은 사려 깊고 어떤 사람은 무모한데 그 각기 다른 방법으로도 똑같이 성공하는 경우를 볼 수도 있습니다. 이와 같은 결과는 당시의 시류가 그 사람의 처신과 조화를 이루었거나 이루지 않았다는 이유밖에 없습니다. 바꾸어 말씀드린다면, 두 사람이 각기 달리 처신했는데 동일한 결과에 이른다거나, 서로 똑같이 처신했는데 각기 다른 결과에 이른다는 것은 위에서 말씀드린 바와 같은 이유 때문입니다.

[4] 그러므로 최선의 방법이라 할지라도 그 성공의 여부는 시류에 달려 있는 것입니다. 그렇다고 할지라도 한 인간이 사려 깊고 참을성 있게 처신한다면 시류는 그의 방법이 훌륭하게 되도록 그를 감싸 주어 그가 성공할 수 있도록 해 줄 수도 있습니다. 그러나 시류와 주변의 정세가 바뀌었는데도 처신을 바꾸지 않는다면 그는 멸망할 것입니다.

인간은 하늘이 자기에게 정해 준 길을 벗어날 수 없을 뿐만 아니라 어떤 한 길로 나아가 지금까지 항상 성공해 왔다고 하면 그 길을 스스로 벗어나려고 자신을 설득할 수 없기 때문에, 바뀐 시류와 상황에 어떻게 자신을 적응시킬 것인가를 알 만큼 사려 깊지 못합니다.

그러므로 아무리 조심스러운 사람일지라도 대담하게 방향을 전환해야 할 시기를 맞이해서 어찌할 줄을 모르면 끝내는 파멸에 이르고 맙니다. 그러나 시류와 주변의 상황에 따라 자신의 성품을 바꿀 수 있다면 운명의 여신도 자신의 미소를 거두지 않을 것입니다.

[5] 교황 율리우스 2세는 매사에 과감하였고, 시류와 주변 상황이 그의 처신과 너무도 훌륭하게 조화를 이루었기 때문에 매사 성공할 만큼 그에게 행운이 따랐습니다. 조반니 벤티볼리오가 아직 생존해 있을 무렵, 그가 볼로냐에 대하여 취했던 최초의 처사를 살펴본다면 그것을 쉽게 알 수 있습니다.

베네치아인은 그러한 처사를 못마땅하게 여겼으며, 에스파냐 왕도 마찬가지였습니다. 심지어 교황은 조반니 벤티볼리오의 처사를 둘러싸고 프랑스 국왕과 다투기도 하였습니다. 그럼에도 불구하고 율리우스 2세는 자신의 용기와 과단성으로 그러한 과업을 독자적으로 수행했습니다. 율리우스 2세의 이와 같은 처사에 대하여 베네치아인은 두려워서, 그리고 에스파냐 왕은 나폴리 왕국의 전 국토를 되찾겠다는 속셈에서 우유부단하고도 소극적인 자세를 취했습니다.

그와 달리 교황의 움직임을 간파하고 베네치아인들을 굴복시키려고 교황을 동지로 맞아들이고자 했던 프랑스 국왕은, 교황의 비위를 공공연하게 상하게 하지 않고서는 군대의 파견을 거절할 수 없다고 판단했기 때문에 교황에게 끌려 다녔습니다. 그리하여 과단성이 있던 율리우스 2세는 사려 깊은 다른 교황들이 이룰 수 없던 일을 달성했습니다.

만약 율리우스 2세가 다른 교황들이 했던 것처럼 합의가 이루어지고 매사가 정돈될 때까지 로마를 떠나지 않고 기다리고 있었더라면 그는 결코 성공할 수 없었을 것입니다. 왜냐하면 프랑스 국왕은 온갖 핑계를 댔을 것이며, 다른 사람들은 그에 대한 두려움을 더욱 심하게 느꼈을 것이기 때문입니다.

이상의 것과 대동소이한 율리우스 2세의 다른 성공 사례에 관해서는 생략하고자 합니다. 그는 명이 짧았기 때문에 운명의 장난으로 말미암아 실패를 맛볼 겨를이 없었습니다. 그러나 만약 그에게 조심스럽게 행동할 필요가 있는 시기가 있었더라면 그는 오히려 파멸을 당했을 것입니다. 왜냐하면 그는 그의 천성으로 타고난 방법을 버리지 못했을 것이기 때문입니다.

율리우스 2세의 묘, 미켈란젤로 부오나로티, 1505~1545

[6] 그러므로 결론적으로 말씀드리건대, 운명의 여신은 변덕스러운 것이요, 인간은 그 나름대로 고집이 있기 때문에 인간이 운명의 여신과 조화를 이룰 때에 성공하며, 거스를 때에 실패하고 맙니다. 그리고 인간은 지나치게 조심하는 것보다는 차라리 과감한 것이 더 좋은 방법이라고 저는 생각합니다. 왜냐하면 운명의 신은 여성이어서 그를 정복하고자 한다면 힘으로써 대할 필요가 있기 때문입니다.

운명의 여신은 냉정하게 사리를 따져 행동하는 사람보다는 차라리 힘으로써 자기를 상대하여 주는 사람에게 자신의 몸을 맡기리라는 것은 분명한 사실입니다. 그러므로 여성과 같은 속성을 지닌 운명의 신은 항상 다소 무분별하고, 기성세대보다 용감하며, 또 자신을 좀 더 우악스럽게 지배하는 젊은이의 친구가 되는 것입니다.

제26장
이탈리아를 야만족으로부터 해방시키도록 권고하는 말씀

[1] 앞에서 말씀드린 여러 가지의 사실들을 깊이 고려해 보건대, 과연 지금의 이탈리아에는 새로이 등극한 군주로서 자신의 명예를 얻을 수 있는 기회가 있었는지의 여부와, 지혜롭고 용기 있는 지도자에게 영광을 안겨 주고 이 땅의 백성들에게 행복을 안겨 줄 수 있는 분위기가 이루어져 있는지의 여부에 대하여 저는 오랫동안 생각해 봤습니다. 지금으로서는 새로이 등극한 군주에게 매사가 유리하게 조성되어 있고, 따라서 군주로서 영광을 이룩하기에는 지금보다 더 좋은 기회가 없다고 저는 느끼고 있습니다.

앞에서 말씀드린 바[1]와 같이 모세의 능력이 세상에 드러나려면 이스라엘 백성들이 이집트에서 예종隸從의 길을 걸을 필요가 있었고, 키루스의 위대함이 드러나려면 페르시아인이 메디아인Medes에게 억압당할 필요가 있었고, 테세우스의 탁월함을 보여 주려면 아테네인이 흩어질 필요가 있었습니다.

그와 마찬가지로 오늘날이야말로 이탈리아 정신의 위대함을 입증하려면 이탈리아인이 지금처럼 유대인Hebrews보다 더 비참한 노예가 되고, 페르시아인보다도 더 참담한 예종의 몸이 되고, 아테네인보다도 더 지리멸렬하지 않을 수 없는 것이며, 지도자도 없고 정부도 없고 패배하고 약탈당하고 찢기고 짓눌리고 온갖 재난을 겪지 않을 수 없을 것입니다.

1 　＊이에 관한 자세한 논의는 제6장의 [3]을 참조할 것.

[2] 그리고 비록 최근 얼마 전에 몇몇 사람들이 이탈리아의 해방을 위하여 신神으로부터 선택받았다는 징조를 보여 주기는 했지만, 그럼에도 불구하고 그들이 한창 시운時運을 타고 있을 무렵, 운명의 여신으로부터 버림받았다는 사실이 드러났습니다. 그리하여 이탈리아는 아직도 생명을 잃고 있으며, 누구든 나타나서 자신의 상처를 낫게 해 주고 롬바르디아에 대한 약탈을 종식시키며, 토스카나와 나폴리 왕국에 대한 수탈을 저지시켜 주고, 오랫동안 곪았던 상처를 낫게 해 줄 수 있는 인물을 기다리고 있습니다.

이탈리아는 저 잔인하고도 야만적인 수모로부터 자신을 구해 줄 수 있는 인물을 보내 달라고 하느님께 간절히 기도하고 있는지도 모릅니다. 이탈리아를 중흥시킬 인물이 나타난다면 이탈리아는 기꺼이 그의 깃발을 따를 준비가 되어 있음은 분명한 사실입니다. 운세나 용맹, 신의 은총, 그리고 오늘날 세속의 질서를 다스리고 있는 교회의 호의로 볼 때 전하²야말로 그러한 민족중흥의 지도자가 될 수 있기 때문에, 오늘날 이탈리아가 희망을 걸 수 있는 지도자로서는 전하의 탁월한 가문밖에 없습니다.

만약 제가 위에서 말씀드린 인물들의 행적을 전하께서 살펴보신다면 아실 수 있는 바와 같이, 그러한 과업이란 그다지 어려운 일이 아닙니다. 비록 그들이 탁월한 인물이었다고 할지라도 그들도 역시 인간에 지나지 않았으며, 그들은 모두 오늘날보다 그 기회가 더 불리했을 뿐만 아니라 그들의 과업이 오늘날 우리의 과업보다 더 의롭지 못했고 더 쉽지 않았으며, 오늘날의 전하만큼 신의 은총을 받지도 못했습니다. 바로 이런 점에서 전하는 이탈리아 민족의 해방자가 될 수 있는 명분을 가지고 있는 것입니다.

어쩔 수 없이 가야 할 길은 정당한 길인 것과 마찬가지로, 무력 이외에는 희망을 걸 수 없는 사람들에게 전쟁은 신성한 것이다.³

---

2 * 여기에서 "전하"라 함은 마키아벨리가 헌사에서 밝힌 로렌초 데 메디치라기보다 오히려 줄리아노 데 메디치로 보는 것이 옳을 것이다. 헌사의 각주를 참조할 것.

3 * 『리비우스 역사 논고』 제9권 [1] 10을 참고할 것.

War is justified when it is necessary, and arms are pious when without them there would be no hope at all.

오늘날의 모든 주위 환경은 그러한 과업을 수행하는 데 최적의 상태에 놓여 있습니다. 그럴진대, 만약 전하께서 제가 이미 사례를 들어 설명한 방법을 쓴다면 이탈리아를 중흥시키는 과업은 어렵지 않습니다. 더구나 우리에게는 신이 베풀어 주신 전무후무한 기적이 나타나고 있습니다.

바다가 갈라지고,
구름 기둥이 길을 안내하며,
바위가 물을 뿜고,
만나manna[4]가 익어 떨어진다.[5]

전하께서 위업을 이룰 수 있도록 매사 돕고 있으며, 이제 남은 것이라고는 전하께서 할 일뿐입니다. 하느님께서는 우리의 자유로운 의사를 빼앗거나 우리에게 속한 영광의 몫을 빼앗는 일이 없도록 하려고 지금 아무것도 하지 않고 있습니다.

---

4 *옛날 이스라엘 사람들이 이집트를 탈출할 당시 아라비아에서 신으로부터 받은 음식이다.
5 *구약성서 출애굽기 24장 17절.

[3] 앞에서 말씀드린 이탈리아의 지도자들[6] 가운데 어느 누구도 오늘날 우리가 전하께 기대하고 있는 것을 이룩할 수 없었다는 것은 하나도 놀랄 것이 아니며, 이탈리아가 숱한 혁명과 전쟁을 치르는 동안 우리의 전의戰意가 모두 메말라 버린 것처럼 보이는 것도 이상할 것이 없습니다. 왜냐하면 지난날의 군사제도는 우수하지 못했으며, 오늘날에는 새로운 군사 제도를 모색할 만한 인물이 없기 때문입니다.

새로이 등극한 군주를 영예롭게 하는 것으로서는 새로이 창안한 법과 제도보다 더 훌륭한 것이 없습니다. 이러한 법과 제도가 훌륭한 기초 위에 위대함을 드러낼 때 비로소 그 군주가 존경과 찬양을 받도록 해 줍니다.

그리고 이탈리아에는 노력을 경주할 만한 일들이 적지 않게 있습니다. 다리에는 용맹한 힘이 있으나 머리에는 그만한 힘이 없습니다. 결투나 소규모의 전투를 행할 때에는 이탈리아인들이 힘과 기술과 지모에서 어느 누구보다도 탁월하다는 사실을 전하께서는 잘 알고 계실 것입니다. 그러나 군대의 문제에서 이탈리아인들을 외국인에 견줄 수 없습니다. 능력 있는 사람은 복종하지 않고 각자가 자기만 안다고 생각하기 때문에 위와 같은 이탈리아 군대의 취약성은 지도자의 부족함에서 오는 것입니다.

이제까지 우리에게는 자신의 능력으로나 운명의 여신의 도움을 받아 입신양명하여 남을 승복시킬 만한 인물이 없었습니다. 그 결과 과거 20년 동안 전적으로 이탈리아인들로 구성된 군대일 경우에 우리는 모든 전쟁에서 항상 참담한 패배를 맛보았습니다.

이러한 사실의 증거는 타로Taro 전투(1495)에서 제일 먼저 나타났으며, 그 다음으로 알레산드리아Alessandria 전투(1499), 카푸아Capua 전투(1501), 제노아Genoa 전투(1507), 바일라 전투(1509), 볼로냐 전투(1511), 그리고 메스트리Mestri 전투(1513)에서 나타났습니다.

---

6 ＊체사레 보르자와 프란체스코 스포르차를 가리킨다.

[4] 그러므로 만약 전하께서 우리 조국을 중흥시킨 역사상의 준걸俊傑들을 본받으려 한다면, 무엇보다도 먼저 그러한 과업의 진정한 기초로서 전하 자신의 군대를 양성할 필요가 있습니다. 왜냐하면 자신의 군대보다 더 믿음직스럽고 진실하고 탁월한 군대란 없기 때문입니다.

그리고 각자의 군인들이 훌륭하다고 할지라도 전하께서 그들을 직접 지휘하고 그들에게 직접 명예를 내리고 그들을 신임할 경우, 그들은 더욱 훌륭한 집단으로서의 군대가 될 것입니다. 그러므로 이탈리아인들의 용맹으로써 자신을 외적으로부터 보호할 수 있도록 하려면 전하께서 그러한 군대를 양성하셔야 합니다.

[5] 그리고 스위스와 에스파냐의 보병이 가공할 만한 힘을 가진 것으로 평가하는 것이 옳다고 할지라도 그들은 모두 그들 나름대로의 약점을 가지고 있습니다. 그러므로 저들의 힘을 빌리지 않고서도 외국인을 저지할 수 있을 뿐만 아니라 그들을 타도할 수 있다고 하는 확신을 가질 수 있는 제3의 군대를 거느려야 합니다.

에스파냐 군대는 기병대를 막아 낼 수 없으며, 스위스 군대는 자기만큼 단호한 전의戰意를 가진 보병을 두려워할 만한 이유[7]를 가지고 있는 것이 사실입니다. 그런 까닭에 에스파냐 군대는 프랑스 기병대를 막아 낼 수 없으며, 스위스 군대는 에스파냐의 보병을 막아 낼 수 없었다는 사실을 우리는 역사적으로 경험했고 또 앞으로도 경험할 것입니다.

스위스 군대의 경우에 관해서는 분명한 사례를 찾을 수 없겠지만, 에스파냐의 보병이 스위스와 같은 전술을 사용하는 독일의 대군을 맞아 싸웠던 라벤나 전투에서 그와 비슷한 사례를 찾을 수 있습니다. 라벤나 전투에서 에스파냐 군대는 방패로 앞을 가리고 민첩하게 근접하여 독일 창기병의 밑으로 기어들어 가 그들을 베어 버렸기 때문에 긴 창을 든 독일 병사들은 그들을 찌를 수 없었으며, 만약 이때 독일 기병대의 지원이 없었더라면 에스파냐 군대는 독일군을 섬멸했을는지도 모릅니다.

그러므로 이 두 유형의 군대가 안고 있는 결점을 알고 있는 사람으로서는 새로운 방법으로 자신의 군대를 무장함으로써 기병대를 막아 낼 수 있을 뿐만 아니라 보병에게 두려워하지 않도록 할 수 있습니다. 그러나 이러한 목적을 달성하려면 군대가 올바른 무기를 갖추는 동시에 다양한 전투 방법을 알아야 합니다. 이러한 것들이 새롭게 실시될 때, 이들은 새로이 등극한 군주에게 명성과 위대함을 안겨 주게 됩니다.

---

7 * "백병전에 약한 이유"라고 기록되어 있는 판본도 있다.

[6] 그러므로 이탈리아는 오랜 세월이 지나 자신의 구세주를 만난 지금, 이러한 기회를 헛되이 놓쳐서는 안 됩니다. 외적으로부터 오랫동안 시달림을 받아온 이탈리아의 전역에서 그 구세주가 얼마나 열렬한 환영을 받을 것인가를, 그들이 얼마나 복수심에 불타고 있는가를, 그들이 얼마나 그 군주에 대하여 신뢰하고 동정하고 있는가를, 그리고 그들이 또한 얼마나 울먹이고 있는가를 저로서는 표현할 길이 없습니다.

그 누가 그에게 문을 닫을 것이며, 그 누가 그에게 충성을 바치지 않을 것이며, 그 누가 질투에 사로잡혀 그를 반대할 것이며, 어느 이탈리아인이 그를 따르지 않겠습니까? 그러므로 전하께서는 이 모든 과업이 성취될 수 있는 용기와 희망을 가지고 이를 맡아 주시기를 비나이다. 그리하여 전하의 깃발 아래 우리 조국이 존귀하게 되고, 전하의 후원 아래 프란체스코 페트라르카Francesco Petrarca(1304~1374)[8]의 다음 시구가 이루어지게 하소서.

덕이 있는 자는 폭군에 항거하리니
싸움은 쉬 끝나리로다.
이탈리아인의 가슴속에는
아직도 옛 기백이 용솟음치기에.[9]
Then virtue shall engage
And swiftly vanquish barbarous rage,
Proving that ancient and heroic pride
In true Italian hearts has never died.

---

8 * 이탈리아 문예부흥 시대의 서사시인敍事詩人. 그는 이탈리아의 역사와 전통에 뿌리를 둔 애국시를 많이 썼다.
9 * 페트라르카, 『나의 이탈리아My Italy』IV, 13~16을 참조할 것.

해제[1]

앨런 H. 길버트

1. 우리 시대에 왜 『군주론』을 읽어야 하는가

역사란 결코 반복하지 않는다고 믿는 것처럼 보인다고 말하는 역사학자가 있는가 하면, 역사란 너무도 정확하게 반복하는 것이어서 과거를 아는 사람만이 이 시대를 위한 가장 훌륭한 조언자라고 믿는 것처럼 보인다고 말하는 역사학자도 있다. 역사의 진실은 아마도 그 중간이었을 것이다.

　현명한 사람들은 독서를 통하여 그의 경험을 극대화시켰지만, 자기 앞에 벌어지고 있는 사례들을 다룸으로써 개인적 분석의 필요에 부응했다. 마키아벨리의 독자들은 자신들이 살고 있는 시대에 일어난 세계의 사건에 마키아벨리의 이론을 적용하지 않을 수 없었을 것임에 틀림없다. 과거에도 이런 일은 허다했으며, 오늘날과 같은 국제 관계가 지속되는 한 앞으로도 분명히 그럴 것이다.

　나폴레옹Napoléon(1769~1821)이 『군주론』의 충실한 제자였듯이,[2] 히틀러 Adolf Hitler(1889~1945)도 그러했으며,[3] 무솔리니Benito Amilcare Andrea Mussolini

---

1　* 이 「해제」는 앨런 길버트 Allan H. Gilbert가 쓴 *Machiavelli: The Prince and Other Works* (Chicago, Packard and Co., 1941)의 「서론」 1~75쪽에서 몇 개의 절을 발췌하여 번역한 것이다.

2　마키아벨리의 원리가 나폴레옹의 행동과 매우 닮았음을 뜻하는 「서론」을 말머리에 붙이는 것과 관련해서는 J. 비얼리J. Scott Byerley의 *The Prince*(London, 1810)를 참조할 것.

(1883~1945)의 저작이 마키아벨리의 작품을 얼마나 닮았는가 하는 것도 우리는 잘 알 수 있다. 역사적으로 어렵던 시절이나 감정이 격앙되어 있던 시대에 마키아벨리의 이론을 특별히 적용시키기는 매우 어렵다. 오늘날 세계 문제에 대해 어떤 작가가 히틀러야말로 『군주론』의 애독자였다고 쓴다면, 그 작가가 뜻하고자 하는 바는 무엇일까?

히틀러는 그 도깨비로부터 술수를 배운 독재자였다는 뜻일까? 아니면 그 작가가 마키아벨리의 뜻을 고매하게 받아들인다면, 비록 히틀러의 동기나 궁극적인 목표를 비난하면서도 마키아벨리의 가르침이 히틀러에게 좋은 뜻으로 받아들여졌다는 뜻일까? 그 작가는 마키아벨리를 이른바 '권력 정치power politics'의 화신으로 만들고 있는 것은 아닐까? 그 작가는 히틀러의 친구로서 마치 마키아벨리가 메디치를 이탈리아의 해방자인 것으로 암시했듯이, 히틀러를 독일의 해방 군주로 암시하려는 것은 아닐까?

마키아벨리의 저술을 오늘날의 상황에 적용하는 데에는 어려움이 있다. 가장 분명한 점은 16세기와 20세기의 상황이 다르다는 것이다. 당시 이탈리아에서 형성된 사상, 좀 더 좁은 영역으로 말하면 피렌체의 사상이 오늘날과 같이 더 넓고 더 크게 통합된 세계에 그대로 적용될 수는 없다. 더 나아가 그와 같은 어려움을 시인한다면, 불충분한 자료를 가지고 정치학의 글을 썼던 당시 마키아벨리가 느꼈던 불확실성을 우리도 겪게 된다.[4]

설령 어떤 문제를 판단하는 데 우리에게 충분한 정보가 주어졌다고 느낀다 할지라도, 상황이 너무도 급변하여 당시에 매혹적이었던 결론이 지금에 와서는 전혀 희망이 없거나 분명히 잘못된 것이 될 수 있다. 그 시대를 되돌아보는 몇몇 기초들은 르네상스를 목격한 사람들의 관찰에 의해 이루어졌음이 분명하다. 마키아벨리의 이론을 어떤 사안에 특별히 적용하는 문제는 독자마다 다를 수 있다.

---

3 헤르만 라우슈닝Herman Rauschning의 *The Voice of Destruction*(New York, p.273)을 참조할 것.
4 1513년 4월 29일자 편지를 참조할 것.

제8장 말미에는 『리비우스 역사 논고』 제1권 [32]와 [51]에서 논의된 바와 같이, 병합이 주민의 의사에 의한 것이 아니라 정복자의 필요에 따라 강압된 것이어서 적대 관계가 이루어진 상황에서는 어떤 은전을 베풀어야 하는가 하는 문제가 논의되고 있다.

제10장에서 그는 국력을 논의하면서 진정한 독립의 문제에 대하여 의문을 제기하고 있다. 마키아벨리는 군주정의 입장을 취하고 있지만, 그의 이론은 공화국에도 적용될 수 있다. 진정한 독립 국가는 승전의 희망을 안고 전장에서 침략자를 맞이할 수 있다. 만약 진정한 독립 국가를 수립하지 못한다면 성벽 뒤에 숨어 소극적 방어에 의존할 수밖에 없다.

제18장은 외교관들을 위한 글이다. 신중한 정부는 어떤 조약이 자국에게 불리하다면 조약의 의무를 준수하지 않을 것이며, 그럴 이유도 더 이상 존재하지 않을 것이라고 마키아벨리는 암시하고 있다.

전시 중립에 관한 논의는 제21장에서 다루고 있다. 이런 결정의 유형을 논의하려고 네덜란드나 스위스의 정책을 설명할 필요도 없고 그러한 결정을 논의하려고 이탈리아의 정책을 설명할 필요도 없다. 마키아벨리의 주장에 따르면 목전의 이익을 위해 취하는 중간적인 정책은 양쪽으로부터 미움을 받는다고 한다. 정복된 국가는 자신의 우유부단한 태도의 결과로서의 중립으로 말미암아 빚어진 어려움에 대하여 원망해서는 안 된다.

제24장은 국가가 멸망하는 이유를 논의하고 있다. 이탈리아의 군주들은 게을러서 군비와 내정을 소홀히 했기 때문에 실패했다. 평화주의자들은 무장을 요구하는 마키아벨리의 입장을 거부할 수도 있다. 그러나 그러한 요구는 좀 더 포괄적인 것을 특별하게 적용하는 것에 지나지 않는다. 다시 말해, 한 국가의 태도는 신중해야 하며 게으른 만족에 빠지지 말아야 한다. 게으른 평화주의가 있고, 신경질적인 군국주의가 있다. 그 두 학파의 지식인들은 국사國事에 대한 냉정하고도 용기 있는 예견의 필요에 따라 서로 통합할 수도 있다.

미래를 생각할 때 무장의 문제는 그리 간단하지 않다. 이탈리아의 군주들은 가난하거나 부자인 그 나라 백성들을 다루는 데 실패했다고 마키아벨리는 지적하고 있다.

『군주론』에서 다루고 있는 일반적인 통치 문제 이외에 『리비우스 역사 논고』에서 제기된 바와 같이, 공화국에서 특별히 나타나는 문제들이 있다. 이 논고에서 다루고 있는 어떤 주제는 다른 주제와 상충될 수도 있다. 이를테면 『리비우스 역사 논고』 제1권 [34]에서 다루고 있는 로마의 독재 제도에 대한 논의가 그러한 사례에 해당한다.

이 글에서 마키아벨리가 주장하는 바에 따르면, 한 나라에 위기가 닥쳤을 때 공화국에서 흔히 하는 방법과는 달리 꾸물거리지 않고 즉각적이고도 과감한 조치를 마련하지 않는다면 공화국의 헌법은 결함을 안고 있다는 것이다. 만약 그의 말이 옳다면 미국의 헌법은 결함을 안고 있다. 미국은 파시스트들이 스스로 자랑하고 있는 바와 같이 어떤 계획을 즉각적으로 수행할 수 있는 법 조항을 가지고 있지 않다.

마키아벨리 앞에 놓여 있는 문제는 분명히 이런 것이다. 어떻게 하면 자유를 잃지 않고서도 공화국은 효과를 유지할 수 있을까? 인간의 본성은 바뀌지 않는다는 마키아벨리의 확신[5]이 설령 맞는다고 하더라도 도시국가의 문제가 거대 국가에서도 똑같이 일어나기는 하겠지만, 나는 지금 피렌체라고 하는 도시국가의 실무 관리였던 사람이 쓴 이 책에서 위와 같은 질문에 대한 즉답을 모색하려는 것은 아니다.

세상을 지배하고 있는 사람들이 장차 어떤 행동을 할 것인가를 걱정하고 정치적으로 이를 논의하고 싶어 하는 사람들에게는 『군주론』보다는 오히려 그의 『서간집』이 더 그럴 듯한 해답을 제공하고 있다. 비록 그가 자신의 지식이 부적절했다고 느낄 정도로 겸손했다 하더라도 그는 계속해서 자기의 논리를 엮어 나갔다.

샤를 5세에 의해 석방된 프랑수아 1세François I가 자신의 약속을 지키려고 했다고 마키아벨리가 단정한 것으로 보아, 그는 비록 예리한 사람이기는 하지

---

5 『리비우스 역사 논고』 제3권 [43].

만 잘못된 결론을 내릴 수도 있는 사람이었다. 적어도 우리는 우리의 추론에서 틀릴 수 있다는 점에서 그와 유사한 점이 있다. 그리고 활동적인 인간 행동의 명료한 유형을 만들어 보고자 그가 노력했다는 점에서 볼 때, 정치적이고 시적인 천재성을 지닌 사람으로부터 우리는 아마도 무엇인가를 배울 수도 있을 것이다.

2. 공화주의자가 왜 『군주론』을 썼을까

몬타노Cola Montano는 선량하지 않은 군주 밑에 사는 자신의 삶을 개탄하면서 말하기를, 조물주와 운명의 여신으로부터 공화국에 태어나 살도록 은혜를 입은 사람들이야말로 영광스러운 행운아라고 했다. 그의 주장에 따르면, 모든 유명한 인물은 공화국에서 성장했지 군주국에서 성장하지 않았다. 공화국은 능력 있는 사람을 키워 주지만 군주국은 그들을 파멸시킨다. 왜냐하면 공화국은 능력 있는 사람들로부터 얻을 것이 있지만 군주국은 능력 있는 사람들을 두려워하기 때문이다.[6]

위는 마키아벨리의 성격을 잘 나타내 주는 글이지만, 그 자신이 역사가로서의 신념을 표현한 것이라고 느끼기는 어렵다. 그가 공화주의자였다는 결론을 내리지 않고서는 『군주론』에서 더 나아가 그의 다른 저술을 읽을 수 없다는 것이 분명하다. 『리비우스 역사 논고』는 단순히 공화국론을 다루고 있을 뿐만 아니라 공화국에 대한 나의 동정심까지 보여 주고 있다.

마키아벨리가 보기에 브루투스Marcus Junius Brutus(기원전 85~42)는 영웅이었으며 카이사르Julius Caesar(기원전 100~44)는 로마의 자유를 유린한 악당이었다.[7] 공공선common good은 공화정에서나 나타나는 것이지 군주국에서는 보이지 않는다. 『리비우스 역사 논고』의 요약본에서도 이와 같은 종류의 논의가 보인다.

---

6 『피렌체사』 제7권 33, 『전술론』 제2권 301쪽.
7 『리비우스 역사 논고』 제1권 [10] par. 3 하단.

그 책을 완독한 독자들은 그가 공화주의에 전적으로 몰두하고 있음을 알게 될 것이다. 그가 생각하는 공화정이란 자유로운 로마, 곧 타락한 제국으로서의 로마가 아닌 위대한 로마의 역사에서 발견되는 그러한 공화정을 뜻한다.

그러나 마키아벨리는 광기의 공화주의자가 아니었다. 그는 입헌 군주국의 이점을 잘 알고 있었다. 군주정에서도 훌륭한 정치가 가능했다고 그는 생각했다. 이탈리아 사람들은 지혜로운 군주정 아래에서 통일을 이루었던 프랑스를 인용하면서 부러워했다.[8] 마키아벨리는 군주정이 피렌체를 위한 가능한 정부가 될 수 있다고 논의한다.[9] 더구나 개혁은 필요한데 백성들이 너무 부패하여 스스로를 개혁할 수 없을 때는 오직 군주만이 그것을 다스릴 수 있는 상황도 있었다. 왕의 손길만이 효과적일 수 있다.[10]

『군주론』을 쓸 당시의 이탈리아가 그러한 상황이었다. 공화정 아래에서 이탈리아의 통일을 꿈꾼다는 것은 소용없는 일이었다. 군주정이 아니면 아무것도 아니었다. 어떤 군주의 정치도 마키아벨리가 목격했던 혼란보다도 더 나았다. 그는 이탈리아의 공공선을 이루고자 일신을 바칠 군주정을 소망했음이 틀림없다. 그러한 군주만이 그의 목적을 달성할 수 있도록 허락할지도 모를 일이었다.

이탈리아의 안전이 가장 위협을 받을 때 "정의냐 불의냐, 온정이냐 잔혹함이냐, 칭송이냐 수치냐를 고려할 수 없다. 모든 고려는 유보되며, 의심할 나위도 없이 이탈리아인의 생명을 구출하고 이탈리아의 독립을 유지할 수 있는 방법만이 채택되었다."[11]

사실상 그러한 지도 이념이 종종 필요했을지도 모른다. 만약 통일된 이탈리아가 자신의 자유를 침해한다고 여겨진다면 이탈리아의 모든 시민은 통일된 이탈리아에 대한 신념을 받아들이지 않았을 수도 있다. 마키아벨리도 그런 문

---

8 『군주론』제19장 [6], 『리비우스 역사 논고』제1권 [12] last par. 하단.
9 『피렌체 정부 개혁론』par. 13 하단.
10 『리비우스 역사 논고』제1권 [9] 하단.
11 『리비우스 역사 논고』제3권 [41].

제에 직면해 있었다. 피사는 본래 자유로운 도시국가였으나 피렌체의 통치 아래로 들어가자 이에 항거하여 독립을 얻는 데 성공했다.

마키아벨리의 공식적인 업무는 이토록 고집스러운 피사를 다시 피렌체 치하로 끌어들이는 것이었다. 그러나 그는 공화정의 멍에가 군주정의 멍에보다 더 무겁다는 것을 잘 알고 있었다.[12] 더 나아가 그는 『군주론』(제5장 [2])뿐만 아니라 『역사 산고*Historical Fragments*』에서 그들의 자유를 언급하면서 공화정에 대하여 다소의 동정심을 보여 주고 있다.

프랑스의 관리인 당트라그*D'Entraghes*는 자신의 손에 열쇠를 들고 성을 나와 우리의 성모 마리아 상 앞에 무릎을 꿇고 피사의 자유를 위해 은혜를 베풀어 주실 것을 기도하면서 독재자에 대한 피렌체인의 분노를 표현했다. 그는 눈물을 흘리며, 자기는 피사인의 명분의 정의로움과 그들의 적들이 보여 준 사악함에 너무도 깊은 충격을 받았기 때문에 자신의 성을 피사인의 손에 되돌려 주노라고 선언했다.[13]

그럼에도 불구하고 마키아벨리는 용기를 가지고 피사인에게 반대했으며 그러한 자신의 처사에 대하여 어디에서도 양심의 거리낌을 보이지 않았다. 아마도 그는 피렌체인의 통치 영역이 팽창되는 것을 하나의 축복으로 생각했을지도 모른다. 분명히 그는 로마가 이웃 민족을 병합함으로써 발흥하는 것을 찬양했으며, 그래서 그는 로마 공화국의 팽창에 몰두하여 『리비우스 역사 논고』 제2권을 썼다.

마키아벨리는 이탈리아에서 자신의 군주가 자리 잡는 것을 하나의 커다란 축복으로 소망했다는 데에는 의심의 여지가 없다. 이탈리아를 야만으로부터 해방시키고, 교전 국가들을 통합하여 국내적 평화를 유지하려면 커다란 대가를 치를 수도 있다. 그러한 대가의 일부분으로 지방의 독립을 제한할 수도 있

---

12 『리비우스 역사 논고』 제2권 [2] par. 9 하단.
13 『오페라』 II, 294.

지만,[14] 그런 믿음을 가지고 있으면서도 어리석은 애국자들은 그러한 대가를 지불하기를 거절할 수도 있다. 당시의 군주는 마키아벨리가 피사를 상대했던 대로 하거나 아니면 로마가 삼니움족에게 했던 것처럼 하는 것 이외에는 선택의 여지가 없었다. 이탈리아의 공공선을 위해서라면 다른 모든 낮은 가치들은 뒤로 미루었어야 한다.

3. 마키아벨리의 인간성

마키아벨리에게 쏟아지고 있는 비난은 일차적으로 그가 『군주론』을 썼고 메디치가에 충성을 바쳤다는 사실 때문이다. 그의 사생활에 대한 비난은 저술가로서의 평판으로부터 비롯되었는데, 매우 폭력적인 비난이 그의 자연 수명을 단축시켰다. 비록 그가 그 시대에서 볼 때 추문이라고 할 만한 행동을 하지 않은 것은 분명하지만, 그의 여자 관계가 항상 비난을 벗어나지 못했던 것처럼 보일 수도 있다.

마키아벨리의 많은 편지는 그에 대한 비난을 몰고 다녔지만, 그 가운데 어떤 것은 웃기려고 과장됐음이 분명하며, 어떤 것은 아마도 사실보다 더 과장됐을 것이다. 그가 금전적으로 비난받을 행동을 한 것으로는 보이지 않는다. 그가 가난했다고 하는 사실[15]은 그가 이재理財에 밝지 못했음을 보여 준다.

마키아벨리가 글에서 "자신에게 베풀어 준 은혜를 기억하지 않을 뿐만 아니라 갚지도 않으며 오히려 은혜를 베푼 사람을 발기발기 찢고 물어뜯는 사람"[16]으로 묘사하면서 이런 사람들을 몹시 비난했을 때, 마키아벨리는 바로 그 배은망덕한 악덕으로 말미암아 비난을 받는다. 마키아벨리의 공직 생활 가운데에서 가장 중요한 시기인 1502~1512년에 소데리니Piero Soderini(1450년경~1513)[17]는 피렌체 장관으로 재직하고 있었다. 소데리니가 없었더라면 피렌체

---

14 『리비우스 역사 논고』제1권 [12] last par. 하단.
15 1513년 12월 10일자 편지 par. 7 참조할 것.
16 「인간의 배은망덕함에 관한 장Capitoli on Ingratitude」, 52~54쪽.

의 시민군이 구성되지도 않았을 것이고, 마키아벨리의 군사위원회 서기로서의 가장 주목할 만한 업적인 피사의 정복도 불가능했을 것이다.[17]

두 사람의 관계는 가까웠던 것으로 보인다. 마키아벨리의 그 뒤의 명성이나 소데리니의 몰락에 비추어 볼 때 서기가 장관에게 신세를 졌다기보다는 오히려 장관이 서기에게 신세를 졌다고 생각하기 쉽다. 그 무렵에 마키아벨리의 재능이나 지위가 공직에서 독립적인 위치를 차지할 정도는 되지 못했는데, 그의 친구인 구이차르디니Francesco Guicciardini(1483~1540)는 그러한 위치에 있었다. 그는 사상가로서의 자신의 능력을 과소평가하지 않으면서도 적극적으로 살아야 할 대목에서 늘 한 발 뒤처져 있는 자신을 스스로 잘 알고 있었다.

적어도 1507년의 상황에서 그는 소데리니의 꼭두각시처럼 세상에 비쳤다.[18] 그 뒤 시간이 지나 시민군을 조직할 때쯤이면 그는 조금 더 독립적인 인물로 보였다. 『리비우스 역사 논고』(제3권 [3])의 대부분은 소데리니에 집중되어 있다. 이 부분에서 소데리니는 충분하게 잔혹하지 못한 사람의 사례로 나타나고 있다. 그럼에도 불구하고 그는 신중한 인물로 여겨지고 있으며, 그의 치명적인 주저함의 원인은 '지혜롭고 훌륭한 것'으로 평가되고 있다.

이와는 달리 소데리니에 대한 광범위하고도 정교한 판단은 마키아벨리가 쓴 묘비명의 형태로 유명한 경구가 되었는데, 그 문장에 따르면 소데리니는 정치적 무능의 영원한 상징으로 묘사되어 있다.

피에로 소데리니가 죽던 날 밤
그의 영혼은 지옥의 입구로 들어갔다.
플루토스Plutos[19]가 외치기를,
"불쌍한 영혼아, 지옥에는 왜 왔나?
아이들과 함께 림보Limbo[20]에나 들어가지."

17 * 피렌체의 정치가. 1502년에 피렌체의 종신 장관gonfaloniere에 선임되었으나 1512년에 물러났다.
18 P. Villari, *Machiavelli*, I, p.429(영어판)
19 * 그리스 신화에 나오는 지하 세계의 신이다.
20 * 지옥과 연옥의 중간에 있는 곳으로, 세례를 받지 않은 아이들이 머무는 곳이다.

프레촐로니Giuseppe Prezzoloni(1882~?)[21]의 말을 빌리면, "마키아벨리는 이 묘비명으로써 그를 두 번 죽였다."[22] 슈빌Schevill의 주장에 따르면, 그의 묘비명은 "시들어 가는 비난에 숨결을 불어넣어 줌으로써 무덤 속의 시체를 한 번 더 그 슬렸음에 틀림없다."[23] 심지어 빌라리Pasquale Villari(1827~1917)[24]는 말하기를, 그 출처를 부인할 수 없는 것이 마음 내키지 않지만 그 묘비명의 "더러운 기분"에 마음을 상했다고 한다.

빌라리는 그 묘비명이 "어느 정도 사실에 기초하고 있기 때문에" 마키아벨리의 손자의 말을 인용함으로써 부분적으로 그것을 양해했다. 손자의 말에 따르면 "마키아벨리는 시심詩心에 젖어 그 묘비명을 썼다. 그가 소데리니를 놀리지 않고 진담으로 이야기할 때면 할아버지는 항상 그를 칭송했고, 높이 평가했다."[25]

잔니Ettore Janni는 더욱 고민에 빠져 있다. 그는 소데리니의 묘비명이 "잔인한" 글이라고 부르면서, 이어 그 명성에 걸맞은 중요성을 묘비명에 부여하려면 그 저자의 정신 상태에 좋지 않은 평가를 해야만 한다고 말했다. 소데리니와 마키아벨리의 친밀함에 관해 몇 페이지를 기록한 뒤에 잔니는 메디치가의 기억 속에 남은 소데리니에 대한 공식적인 비난에 이르게 된다. 그는 이어서 이렇게 말하고 있다.

그(소데리니)를 기억하는 사람들의 "비난"을 전달하는 글로서 망자에 대하여 쏟아지는 유명한 비문이 있는데, 그 글은 너무도 잔인할 정도로 그를 뼈저리게 욕하고 있다. 새로운 박해와 투옥과 고문과 징벌이 자신에게 분명히 자행되던 그 시대에 또 다른 음모의 시간이 그에게 슬픔을 안겨 주자, 마키아벨리는 자신의 안위를 생각했다고 상상해 보자. 자신이 오르티 오리첼라리Orti Oricellari

---

21 * 이탈리아의 저명한 문필가로, 저서로 『이탈리아 문화』(1906)가 있다.

22 Giuseppe Prezzoloni, *Niccolè Machiavelli*, p.130.

23 Ferdinand Schevill, *History of Florence*, p.470.

24 * 이탈리아의 역사학자이자 교육자로서 마키아벨리 연구자로 유명하다.

25 P. Villari, *Machiavelli*, II, 35.

정원 사건[26]에서 밝혀진 음모자들과 전혀 관련이 없다는 것을 분명히 하고자 피렌체의 구舊 정부에 대한 소신을 견지하고 있는 어느 공화주의자에게 그는 "비난"을 퍼부었다. 그렇게 추정해 본다면 어떤 입장에서 보더라도 그 당시의 상황은 소데리니가 멸시받을 만하다고는 생각할 수 없다.[27]

그렇게 믿기에는 내용이 너무도 충격적이어서 그럴 가능성은 없다고 말하면서도 잔니는 계속하여 마키아벨리를 이해하려고 시도한다. 그는 그 묘비명이 소데리니의 죽음 직후에 쓴 것이 아니라 그보다 몇 년 앞서, 곧 소데리니 정부의 실패로 말미암아 자신이 몹시 분노한 상태에서 그 비문을 작성했을 것이라고 추정한다. 만약 그 묘비명이 그의 죽음의 발표와 함께 쓴 것이라면, 마키아벨리의 과도한 통렬함을 보여 주어야 한다.

그 묘비명은 시기와 문투를 고려해 볼 때, 기분이 좋지는 않지만 인생이 가장 즐거웠던 시점에 쓴 하나의 명구名句로 보는 것이 가장 그럴듯한 설명이 아닐까 하고 잔니는 말을 잇는다. 그러한 생각은 마키아벨리를 대표적 냉소주의자로 보려는 옛날식 사고방식의 증거라고 나는 믿는다. "개에게 나쁜 이름을 지어 주고 그를 목매달아라." 만약 마키아벨리의 이름이 사악함과 동의어가 아니었다면, 그는 자신의 옛 친구의 훌륭한 평판을 산산이 찢어 버릴 만큼 배은망덕한 사람으로 여겨지지는 않았을 것이다.

이러한 설명들은 아마도 빌라리나 잔니가 그렇게 이해했거나 생각한 것이 아니라 그들에게서 힌트를 얻은 것이라고 말할 수 있다. 그 묘비명은 명언임에 틀림없고 소데리니가 죽기에 앞서 쓴 것으로서, 장난기가 섞여 있었다고 나는 믿는다. 그와 비슷한 묘비명이 더 있는지는 알려지지 않았다. 마빌리우스Mabilius가 살아 있을 적에 폴리치아노Angelo Poliziano(1454~1494)[28]는 다음과 같은

---

26 *오르티 오리첼라리 정원은 피렌체에 있는 유명한 정원이다. 중세부터 이곳은 정치인들의 담론이 이루어지는 살롱 역할을 했는데, 때로는 그 담론이 설화를 일으키는 경우도 있었다. 마키아벨리도 그러한 정치적 음모에 휘말려 고생한 적이 있었다.

27 Ettore Janni, *Machiavelli*, pp.65~66(이탈리아어판).

시를 썼다.

> 발길을 돌려라 여행자여,
> 얼마나 고약한 냄새인가.
> 몸도 썩고 영혼도 썩은 마빌리우스
> 이 구덩이에 잠들다.[29]

조비오Paolo Giovio(1483~1552)[30]와 아레티노Pietro Aretino(1492~1552)[31] 사이에
오고간 묘비명은 그보다는 덜 가혹하다.

> 여기 토스카나의 시인
> 아레티노 잠들다.
> 그는 그리스도 이외의 모든 사람을 험담했다,
> "나는 그 사람을 모른다"고 변명하면서.[32]

위의 글에 대한 답변은 다음과 같다.

> 여기 위대한 역사학자
> 조비오 잠들다.
> 그는 노새 이외의 모든 사람을 험담했다,
> "그는 나의 친구"라고 변명하면서.

---

28 ＊이탈리아의 인도주의자이며 시인으로, 메디치가의 총애를 받았다.
29 A. Poliziano, *Prose Volgari inedite e Prosie Latine e Greche*(Florence, 1867), p.140. 나는 이 시와 다음의 묘비명을 번역하면서 허턴James Hutton 교수의 도움을 받았다.
30 ＊이탈리아의 저명한 역사학자이자 전기문학자이다.
31 ＊이탈리아의 풍자 작가로, 교황 레오 10세, 클레멘스 7세, 조반니 데 메디치의 총애를 받았다.
32 L. DeMauri, *L'epigramma italiano*(Milan, 1918). 라틴어로 쓴 다른 문구로는 Pietro Aretino, *Opere*(Milan, 1863), pp.94~95에 있다.

존슨Ben Jonson(1573~1637)[33]이 "선술집에서 흥에 겨워"로 시작되는 묘비명을 지어 셰익스피어W. Shakespeare(1564~1616)에게 완성하도록 부탁했을 때에도 그와 비슷한 일이 있었다.[34] 우리는 소데리니의 정부가 피사에 승리를 거두고 축하하는 자리에서 피렌체 관리들은 책무에서 벗어난 기분을 즐기고 있었다고 추정해 볼 수 있다.

그 무렵에 남의 묘비명을 지어 주는 것은 하나의 즐거움이었고, 무엇보다도 장관을 위해 묘비명을 지어 주는 것은 더욱 그러했다. 풍자적인 감각을 지니고 있었던 마키아벨리는 그중의 대표였고, '아이 같은 소데리니Soderini-bambini'를 시적 운율에 맞추고 싶었던 그의 묘비명은 부귀를 비웃는 풍자극으로서 한 시대의 좋은 사례가 되어 지금까지 전해지고 있다.

마키아벨리는 피렌체의 메디치가에 기꺼이 봉사해 왔다. 따라서 그 가문의 대표에게 『군주론』을 헌정했다는 점도 그에 대한 비난이 되어 왔다. 『군주론』은 독재자에게 최악의 억압을 수행할 수 있는 지침을 제공해 주는 놀랍고도 신비한 저술로 인식됐을 때 그의 그와 같은 충성은 비난받을 만하다는 신념의 일부분이 싹트게 되었다. 그러한 믿음이 굳어지게 되자 그는 원초적으로 독재자 메디치가가 피렌체에 굴레를 씌우는 데 도움을 준 사람이 되고 말았다.

그러나 이 작은 책이 군주의 처신에 관한 여러 가지 다른 책들과 논지를 함께 하고 있고,[35] 공화정을 유념하면서 그가 『리비우스 역사 논고』를 써 그것이 필자의 원칙이었다는 사실이 세상에 알려진 뒤로 그를 독재자에 대한 아첨자로 보려는 견해는 스스로 사라졌다. 『군주론』과 그 밖의 저술을 주의 깊게 읽어 보면 그러한 인식은 결코 일어날 수 없다. 그러나 아직도 마키아벨리의 처신에 대해서는 그 이상의 설명이 필요하다.

---

33 *영국의 희곡 작가이자 시인으로, 최초의 계관 시인이었다.

34 Herford and Simpson, *Ben Johnson*(Oxford, 1925), I, p.186. 동료가 지어 준 익살스러운 묘비명에 대한 존슨의 언급은 같은 책의 149쪽을 참조할 것.

35 Allan H. Gilbert, "Introduction," *Machiavelli: The Prince and Other Works*(Chicago: Packard and Co., 1941), pp.10~12

그는 피렌체가 자치국이던 당시에 젊은 나이로 공직에 입문했다. 그는 14년 동안 이 도시국가를 위해 봉직하면서 영향력과 책임을 증대시켰다. 그가 공직 생활을 지속할 수 있는지의 여부는 메디치가의 몰락에 달려 있었기 때문에 그는 불가피하게도 그 유력한 가문에 반대하며 처신했다. 프라토Prato[36]를 지키려고 창설되었다가 실패한 피렌체 군대는 마키아벨리의 노력에 힘입어 생긴 시민군에서 연유된 것이었다. 메디치가가 그 도시에 나타났을 때 그는 도망치려 하지 않았다. 그는 다른 관리들이 그랬던 것처럼 자신도 그 자리를 지키고 싶었던 것으로 보인다.

그는 새로운 체제에 너무 순응했기 때문에, 메디치가가 권력을 가지고 외형적으로는 거의 바뀌지 않은 채 정부에 대한 권한을 행사할 수 있었던 최고행정위원회balia가 창설된 뒤에도 거의 2개월 동안 그 자리를 지킬 수 있었다. 약 2개월 동안 그는 사실상 메디치가의 관리처럼 봉사했다. 그러다가 관직에서 해임되고, 법령에 따라 피렌체의 영지를 떠날 수도 없고 관청의 출입도 금지되었다. 이 법령이 중지된 뒤에 그는 그의 직책을 떠나야 했다. 이때 그가 느낀 심정은 미국 대통령 선거에서 공화당 후보가 승리하면서 우정국을 떠나야 했던 근면한 민주당원이 느낀 감정보다 더 마음 내키지 않았음이 분명하다.

메디치가는 당초부터 완전히 자유로운 시민에게 군사적 독재를 강요하는 전제 군주로 입성하지는 않았다는 점을 주목해야 한다. 오히려 그와 반대로 그들은 오랫동안 이곳을 통치하다가 겨우 18년 전에 축출된 그 도시국가의 전통적인 통치자였다. 수많은 민중이 그들의 추방을 안타까워하던 터라 많은 사람이 그들의 귀환을 소망하고 있었다. 당시 그 도시에 대한 무력적인 공격이 없었다는 점에서 보면 그들의 재입성은 협상의 산물이었다.

조반니 데 메디치가 입성할 때 4백 명의 창기병이 그를 호위했고, 또 다른 몇몇 군인들이 숨어들어 온 것은 사실이지만 그것이 군사적 정복은 아니었다. 만약 에스파냐 군대가 프라토로 들어오지 않았더라면 소데리니는 도망가지

---

36 *이탈리아 중부 토스카나 지방에 있는 작은 도시 이름이다.

않았을 것이다. 그러나 그 무렵에 피렌체의 분위기로 볼 때 외국 군대의 도움이 없었더라면 메디치가의 재입성이 불가능했던 것처럼 보이지는 않는다. 소데리니는 정치적 반대에 직면하지 않은 적이 없었다.

더구나 마키아벨리는 피렌체의 통치 제도에 늘 불만을 가지고 있었다. 그는 피렌체가 엄격한 뜻으로서의 공화국이 아니었음을 잘 알고 있었다. 마키아벨리가 생각하기에 소데리니의 정부는 메디치가의 정부에 견주어 볼 때 더욱 그러했다. 그의 선택은 진정한 공화정이냐 아니면 절대적인 독재이냐의 차이가 아니라, 전적으로 다르지 않은 두 정부 가운데 하나를 선택하는 것이었다.

그 무렵에는 메디치가가 아니면 또 다른 정부의 선택이 불가능했다는 점에 근거하여 메디치가를 받아들이고 있었다. 비록 다섯 명의 젊은이들로부터 받은 것이었다고는 하지만 소데리니가 퇴임 요구를 받고 도주한 뒤 여론이나 당시의 상황은 피렌체에서 메디치가의 정부보다 더 자유로운 정부가 수립된다는 것이 불가능하게 했다.

어쨌든 누군가는 피렌체를 다스릴 수밖에 없었다. 사무국장의 주의注意를 요구하는 문서들이 시뇨리아Signoria 궁의 사무실에 수북이 쌓였다. 마키아벨리는 왜 이 서류들을 읽지 않았는가? 그것을 읽는다는 것은 그가 가질 수 있는 최선의 통치술을 힘닿는 데까지 피렌체에 제공하는 것을 뜻했다.

적어도 마키아벨리는 통치 정책을 훌륭하게 제공할 수 있었다. 그는 지난날처럼 어떤 방법으로든 좀 더 나은 정치를 위해 영향력을 미칠 수 있었다. 예컨대 메디치가가 귀환했을 때 그가 구성한 시민군이 폐지됐지만 곧 되살아났다. 그 일을 다루는 데 마키아벨리만큼 경험이 많은 사람이 또 누가 있었을까?

훗날 마키아벨리가 메디치 정부에 의해 어느 정도의 위치에서 일하게 됐을 때 그의 행동 방향은 메디치가를 돕는 쪽이었다. 그는 피렌체의 새 헌법을 마련하라고 두 차례의 부름을 받았다. 그는 1519년에 『피렌체 정부 개혁론 Discourse of Reforming the Government of Florence』을 집필했고, 1522년에도 그와 비슷한 작업을 했다.

마키아벨리는 이 책에서 메디치가의 통치가 왕정임을 솔직히 받아들이고 있지만, 그 가문의 구성원이었던 레오 10세와 훗날 클레멘스 7세Clemence VII가 된 줄리오Julio 추기경이 죽은 뒤에는 그 국가 제도를 공화정으로 만들 계획을 하고 있다. 교황이나 추기경이 연약해진 국가[37]의 헌법을 개정할 수 있는 유일한 위치에 있는 인물이라고 그가 특별히 서술하고 있지는 않지만, 그가 그런 암시를 하고 있는 것은 사실이다.

"행동의 면에서 볼 때, 법률과 제도로써 공화국과 왕국을 개혁한 인물만큼 칭송받을 수 있는 사람은 없다."[38] 당시 메디치가는 도시를 번영시키고, 로물루스나 리쿠르고스Lycurgos 혹은 솔론Solon에 견주어 두 번째 국부가 될 수 있는 기회를 잡을 수 있었다.

이러한 이상을 실현하면서 마키아벨리는 영원히 훌륭한 정부를 보장할 수 있는 피렌체의 헌법을 제시했다. 그 도시국가로서는 오래 지속된 절대적 체제를 유지하는 것이 불가능했다. 따라서 메디치가가 만드는 헌법은 공화정이어야 한다. 그들의 절대권은 그러한 목표를 구현할 수 있는 유일하고도 일시적 방법이다.

마키아벨리의 가설이 받아들여질 수만 있다면, 당시로서 그는 교황 레오 10세와 줄리오 추기경이 그러한 목표를 달성하도록 도와줄 수 있는 가장 적임의 애국자였다. 그의 입장은 분명히 공격을 받을 수 있다. 메디치가가 피렌체 정부의 계획을 요청받았을 때, 그들은 그 도시국가에 훌륭한 헌법을 제공한다는 점에서 본다면, 열정적으로 기대를 가지고 있던 마키아벨리의 소망에 견주어 덜 진지했다. 아마도 그는 피렌체인들의 공화주의적 정서를 과대평가한 것 같다.

그러나 1529~1530년에 피렌체가 겪은 피정복은 대공들의 폭정이 아무런 저항도 없이 받아들여지는 현실 앞에서 커다란 심리적 갈등이 일어났음을 보여 주고 있다. 그들의 가문에서 레오 10세나 클레멘스 7세의 이해관계는 그 도

---

37 『리비우스 역사 논고』 제1권 [9] 하단.
38 『피렌체 정부 개혁론』 par. 29 하단.

시국가의 이해관계보다 훨씬 중요했으며, 진보된 피렌체 헌법에 관한 의견에 대한 응답은 단지 공화주의자들을 무마하려는 의도였다. 아마도 마키아벨리는 메디치가가 가지고 있던 열정이나 능력 이상을 바랐거나 아니면 기대감 때문에 마음이 움직였을 수도 있다.

교황 클레멘스 7세가 되기 이전의 줄리오 추기경의 경력은 그 뒤의 생애에서 보여 준 것보다 훨씬 훌륭한 판단력을 보여 주고 있다. 오늘날 마키아벨리와 관련을 맺었던 메디치가의 모든 것을 불명예스럽게 말하기란 어렵지 않다. 그러나 1519년의 상황을 설명하기는 더욱 어렵다. 교황은 엄청난 은급을 그들에게 하사했다. 더구나 피렌체인인 마키아벨리의 안목이 아무리 높다 하더라도, 그는 로렌초 대공의 중요성을 과장하지 않기란 쉽지 않았을 것이다.

그러나 마키아벨리의 소망이 메디치가를 과장되게 만들었다 하더라도 그로 말미암아 피렌체를 개혁하려던 그의 계획은 바뀌지 않았다. 선구적인 그의 전기학자가 말하고 있는 바와 같이, 피렌체 정부를 개혁하려는 그의 이상은 "그의 다른 글인 『리비우스 역사 논고』의 정수精髓이자 마지막 추출물이다. 그 것을 정독한 독자는 그 글의 완벽함을 느끼게 된다. 독자는 공화국의 관록 있는 사무국장이 풍기는 은은한 향기와 필력을 느끼게 된다."[39] 그토록 메디치가에 봉사한 피렌체의 이 애국자는 아직도 옛날의 모습 그대로다. 메디치가의 요청에 의해 이루어진 이 작품은 그의 저술 가운데에서 가장 공화주의적이다. 교황 클레멘스 7세의 보조금으로 씌어진 『피렌체사 *Florentine History*』도 마찬가지이다.

여기에서는 『군주론』의 문제를 결정하는 것으로 충분하다. 마키아벨리가 공화정을 선호한 것은 사실이지만 그는 정치 제도의 정당한 형태로서의 왕정의 가치를 인정했고, 어떤 때는 왕정이 가능하고도 유일한 제도라고 생각했다. 심지어 피렌체를 위해서도 왕정은 가능한 방법 가운데 하나였다. 그것이 공화정만 못한 것은 사실이지만 고려에서 배제되지는 않았다.[40] 메디치가에

---

39 Oreste Tommasini, *Machiavelli*, II, pp.200~201.

게 『군주론』을 헌정할 때에도 그러한 고려는 여전히 유효했다. 메디치의 군주는 그 자체가 목적이 아니라 피렌체와 이탈리아의 선善을 위한 도구였다.

메디치가를 위한 마키아벨리의 마지막 공직 생활의 하나는 그가 평생을 통하여 취했던 전형적인 태도였는데, 그것은 피렌체의 성벽을 구축하는 것이었다. 그가 야만족의 침입보다는 메디치가의 통치를 선호했고, 그래서 비록 알레산드로Alessandro와 이폴리토Ippolito를 안으로 껴안아야 했지만, 이방인을 몰아낼 수 있는 성벽을 쌓고자 했다는 점에 대해서는 의심할 나위가 없다.

그러나 동시에 마키아벨리는 피렌체의 자유를 유린하는 데 이용될 수도 있는 요새와 같은 것을 허락하는 문제에 저항하고자 노력했다. 그래서 그는 산미니아토San Miniato를 요새화하려는 교황의 의견에 반대했다.[41] 독재자에게 도움을 줄 수도 있는 성채를 세우기보다는 도시의 일부를 희생하는 것이 낫지 않았을까?

어떻게 바뀌든 피렌체는 그에게 헌신과 협력의 대상으로 존재했고, 그의 일은 크든 작든 일상의 관심을 요구했다. 노예가 된 피렌체와 자유를 누리는 피렌체에는 차이가 있지만 그 양자가 절대적 반제反題는 아니었다. 더구나 마키아벨리는 성격상 절대적인 흑백 논리를 좋아하지 않았다. 익살맞은 시인의 분명한 시각을 가지고 세상을 관찰하던 그는 인간이 살아가는 어느 곳에서나 결함과 미덕이 있음을 알아볼 수 있는 인물이었고, 그러한 현실을 있는 그대로 보고 싶어 했다.

인간은 완전한 것과 미운 것 사이의 선택으로 고민하는 경우란 드물며, 통상적으로 나쁜 것 가운데에서 덜 나쁜 것을 선택할 수밖에 없으며,[42] 그들이 할 수 있는 한 최선을 다할 수밖에 없다. 인간에게는 가장 영웅적인 태도가 필요한 것이 아니라 세상을 움직일 수 있도록 하는 태도가 필요한 것이다.

---

40 『피렌체 정부 개혁론』 par. 13 하단.
41 1526년 6월 2일자 편지 par. 2 하단.
42 『군주론』 제21장 [7] 하단.

4. 시대와 인간 그리고 운명

희극 시인인 마키아벨리에게 권력이 주어졌을 때, 그는 인간과 상황에는 불일치가 빈번하게 존재한다는 것을 잘 알고 있었다. 보편적인 권력을 가지고 행동할 때, 그와 같은 불일치는 세상을 바라보는 시각의 중요한 인자가 된다. 이를테면, 한 인간의 성공과 실패의 여부는 그가 상황에 적응할 수 있는 능력에 전적으로 달려 있다.

이것은 운명론과 직접적인 관련이 있는데, 이에 관하여 그는 시를 한 편 썼고,[43] 『군주론』 제25장에서 이 문제를 집중적으로 다루고 있다. 그러나 제25장은 운명이라는 주제의 중요성을 암시하는 것과는 거리가 멀다. 차라리 제25장이 없었더라면 이 책은 지금보다 탁월한 저작이 되었을 것이다. 왜냐하면 "운명"이라는 단어는 제25장을 제외한 그 밖의 25개의 장에서 15회나 등장하고 있으며, 그러한 운명론적인 생각은 다른 저작에서도 나타나고 있기 때문이다.

운명의 힘이 세상살이에 끼치는 영향에 관한 이론은 마키아벨리와 함께 르네상스 시대를 살았던 모든 사람에게 공통으로 나타나고 있다. 비성서적 신념들이 이보다 더 넓게 풍미한 적이 없었다. 비극적 시인들에게는 그러한 신념이 흔히 있는 일이었다. 왜냐하면 그들은 왕의 재산으로부터 먼지 한 톨에 이르기까지 그들을 속속들이 다루었기 때문이다. 엘리자베스 시대인이 그들의 극장 가운데 하나를 "운명"이라고 이름 짓고, 그 극장의 문설주에 운명의 여신의 모습을 그려 넣었을 때 그러한 경향이 잘 표현되었다.

어디를 가나 운명의 여신의 조상彫像이나 그림을 만날 수 있었다. 운명의 여신은 어떤 분명한 이유도 없이 이곳저곳을 나다닌다는 것을 보여 주려고 지구본 위에도 걸려 있다. 운명의 여신은 돛을 가지고 있으며, 그런 바람이 있는지 모르겠지만 떠돌이 뱃사공에게 순풍을 보내 줄 수도 있다는 것을 보여 주고자 그의 옷이 바람에 펄럭이고 있었다. 그는 인간의 처사 가운데에서 나쁜 것과

43 　Allan H. Gilbert, "Introduction," *Machiavelli: The Prince and Other Works,* pp.211~216.

좋은 것을 모두 볼 수 있음을 보여 주려고 두 개의 얼굴을 가지고 있다.

운명의 여신의 가장 잘 알려진 특성은 바퀴이다. 그 바퀴는 끝없이 돌면서 왕을 정상에 올려놓을 수도 있다. 그 왕은 그 보좌에서 자랑스럽게 앉아 있을 수도 있고, 끝없이 추락하여 "가장 비천한 운명"이 될 수도 있다. 운명의 여신의 본질은 뒤바뀜에 있다. 만약 그가 요지부동이라면 그는 운명의 여신이 되지 않을 수도 있다. 그리하여 그는 르네상스 시대에 탈사회진화론Post-Darwinism Theory of Progress에 대항하여 인간살이의 불확실성을 보여 주고 있다.

마키아벨리의 말에 따르면, 자신은 스스로 목격했고, 또 일상에서 겪는 여러 가지 인간살이를 볼 때 운명을 믿고 싶어 했다. 1925~50년대의 사건을 보면 그러한 속성을 다소 가지고 있다. 오스트리아에서는 도배장이가 권좌에 올라 어떤 제왕도 누려 보지 못한 권력을 누리고, 상상할 수 없을 만큼 빠른 속도로 프랑스가 무너지고, 영국에의 침공이 임박하고, 경제 공황이 일어나고 있다.

이런 모든 것은 사람들에게 인간살이에서의 불확실성을 생각하도록 이끌고 있다. 그러나 마키아벨리는 변화가 너무도 많고 빨라 어떤 질서도 영원하리라고 볼 수 없는 세상에 살았다. 따라서 피렌체 정부와 외교 문제만이 그에게 충분한 예시를 제공해 주었다.

군주나 공화국은 운명의 여신으로부터 오는 공격에 대하여 자신을 지키는 방법을 가지고 있다. 무엇보다도 중요한 것은 내부로부터의 공격을 막는 일이다. 운명의 여신은 인간의 정신을 지배할 힘은 없지만 오직 물질적인 문제들, 이를테면 자연이나 인간의 능력이나 용기로써 제어할 수 없는 세상의 문제에 힘을 미치고 있다.

운명의 여신은 어느 영웅으로부터 모든 외부적인 행복을 빼앗아 갈 수 있지만 그 이상의 힘은 없다. 영웅은 역경逆境에 처해서나 순경順境에 처해서나 마음이 한결같아야 한다. 만약 영웅이 정신적으로 굴복하지 않고 절망에 항복하지 않는다면 운명의 여신은 바퀴의 방향을 바꾸어 그 영웅을 처음의 자리로 돌려보낼 수도 있다.

그러나 단순한 용기만으로는 아무 일도 할 수 없으며, 불운에 굴복하고 영광의 날이 돌아오기를 기다릴 수밖에 없게 만들 것이다. 운명의 여신을 실제로 잘 다루려면 신중함과 예지叡智가 필요하다. 자신의 나라에서 그리 크지 않은 위험을 감지할 수 있는 지혜를 가진 지배자는 그 위험에 대비할 수 있다. 예컨대 불만에 찬 귀족들이 외국과 손을 잡고 음모를 꾸미고 있다면, 그 군주는 그 음모의 지도자를 처단하고 그 추종자들의 불만을 야기한 원인을 제거할 것이다. 그 군주는 그 시대와 자신의 능력과 관계된 것을 훌륭하게 분석해 낼 것이다.

만약 그 군주가 카스트루치오 카스트라카니Castruccio Castracani(1281~1328)[44]처럼 전쟁의 재능을 타고난 사람이라면, 그는 피렌체의 적들과 맞서 싸울 것이며, 만약 그가 카스트루치오 카스트라카니의 총신寵臣이었던 파골로Pagolo처럼 전쟁의 능력이 없다면 그는 협상에 의존할 것이다. 만약 그 군주가 아직도 더 많은 지혜와 능력을 가진 인물이라면, 전쟁을 하는 것이 유리할 경우에는 전쟁을 수행할 것이고, 적대 국가의 군대가 너무 강할 경우에는 다른 수단을 찾을 것이다.

그러나 방법을 바꿀 정확한 기회를 포착할 수 있고 더 나아가 새로운 정책을 성공적으로 수행할 수 있을 만큼 유연하고도 강력한 심성을 가진 지도자는 매우 드물다. 대부분의 지도자는 어떤 변화를 필요로 하는지를 상정할 수 있는 위치에 있는 것만으로도 만족스럽게 여기는 습성에 빠져 있다. 아니면 그들은 삶의 방법에서 너무 경직되어 변화에 적응할 수 없다.

현실적인 세상에 대한 적절한 대응과 지혜롭지 못한 군주가 겪을 수도 있는 세상에 대한 적절한 대응은 각기 다른데, 이러한 부조화가 세상을 부조화하다고 생각하는 마키아벨리의 인식에 충격을 주지 않을 수 없었다. 교황 율리우스는 성공적으로 질주하여 어리석은 사람들이 놀라움 속에 그를 바라보게 했고, 모든 추기경을 거느리고 시에나에 입성할 때는 그곳의 독재자를 너무도

---

44 * 이탈리아의 군인으로 구엘프당에 대항하여 황제를 지지하던 기벨린당의 지도자였다. 루카와 피스토이아를 정복하고 피사를 다스렸으며, 황실 교회를 창설하고 루카의 대공이 되었다.

놀라게 만들어 그의 간악함이 그를 무너지게 만들었는데, 교황의 이러한 처사 야말로 자기가 지나치리만큼 가혹하게 상대했던 사람들을 웃음거리로 만들 었다.

그러나 만약 교황 율리우스가 시니갈리아Sinigaglia의 체사레 보르자나 루이 11세나 올리버 크롬웰Oliver Cromwell이나 또는 그 밖에 "거명하지 않는 것이 좋 을 우리 시대의" 어느 군주처럼, 냉정하고 신중한 사람들을 그런 식으로 다루 었다면 그 격정의 교황은 자신의 역할을 주변 사람들과 어울리지 않는 그런 사람들의 역할로 바꾸었을지도 모른다.

마키아벨리는 자신의 예단을 늘 현실에 적용하지는 못했다. 적어도 우리가 보기에 이탈리아의 해방자로서의 우르비노 대공 로렌초 데 메디치는 우스꽝 스러운 인물이었다. 마키아벨리가 메디치의 판단을 극복하고 싶어 했다고 우 리는 생각한다. 지금의 시대에도 애국자의 소망이라는 것은 그 사회 안에 살 고 있는 사람의 것이지 그 밖에 있는 사람의 것이 아니다. 이탈리아가 공화주 의의 제공자를 기대할 수 없다는 것을 마키아벨리는 잘 알고 있었다. 만약 이 탈리아가 다시 일어서려면 그는 모름지기 메디치가와 같은 거대한 권력의 도 움을 받아야 했다.

마찬가지로 그 시대에 대한 마키아벨리의 의식은 그가 피렌체에서 메디치 가에 반대할 수 없게 만들었다. 공화정은 가능했지만 이제 그 시대는 지나갔 다. 희극 시인의 사회 감각으로 볼 때 그러한 시대 조류에 역행하여 싸우는 것 은 가장 어리석은 일이었다. 예언자는 그의 열정이 아무리 순수한 것이라 하더 라도 아직은 자신을 주변에 적응시킬 수밖에 없다. 만약 그가 적절한 시기에 무장하는 일에 실패한다면 그 또한 웃음거리밖에는 되지 않는다.

그러나 어느 누구도 자신을 현실에 적응시키면서 완벽할 수는 없다. 그것은 인간의 본성을 뛰어넘는 일이다. 그러므로 완전한 행운을 잡을 수 있는 사람 이 된다는 것은 이상일 뿐이다. 마키아벨리는 그의 시에서 운명의 여신을 읊으 면서, "완벽하게 행복하고 성공적인 사람은 운명의 이쪽 바퀴로부터 저쪽 바 퀴로 뛰어넘을 수 있는 사람이지만 이러한 마법의 솜씨는 인간의 능력을 뛰어

넘는 것이다"라고 했다.

이 세상살이에서 성공할 수 있는 비밀은 자신을 현실에 적응시키고, 신중함과 예지로써 "운명의 여신이 쏘아 대는 새총과 화살로부터" 자신을 보호하고, 운명의 여신도 그 앞에서는 항복할 수 있는 용기를 보여 주는 데 있다. 그러나 인간은 모든 것에 통달할 수 없다. 인간은 너무 자신에 차지 않으면서 운명의 여신이 아직 나의 행동의 절반에 대하여 힘을 가지고 있다는 사실을 기억해야 한다.

5. 마키아벨리 시대의 이탈리아

15~16세기에 이탈리아에서 발흥한 주요 세력으로는 나폴리, 교황, 피렌체, 밀라노 그리고 베네치아가 있었다. 나폴리 왕국은 남부 이탈리아를 장악하고 있었으나, 에스파냐의 왕 페르난도 5세의 지배 아래 있던 시칠리아를 지배하지는 못했다. 프랑스 및 에스파냐 왕가가 그곳을 자기들의 영토라고 주장하는 데서 많은 정치적 이해관계가 벌어졌다.

샤를 8세는 1494~1495년에 이탈리아 전역을 휩쓸며 나폴리로 개선했는데, 교황 알렉산데르 6세가 데 콤민Philippe de Commynes(1447년경~1521년경)[45]의 말을 빌려 설명한 바에 따르면, 그들은 숙소를 정해 주는 데 필요한 사령관의 백묵과 나무 채찍을 가지고 왔을 뿐 다른 무기가 필요 없었다고 한다.

나폴리를 떠난 뒤에 에스파냐의 페르난도 5세는 프랑스인을 몰아낸 "위대한 지휘관"으로 알려진 곤살보 데 코르도바Gonsalvo de Cordova를 나폴리 왕국으로 보냈다. 그 뒤 페르난도 5세와 루이 12세는 나폴리의 분할 점령에 합의했다.[46] 이것이 바로 전쟁을 불러일으켰고, 결국 프랑스는 축출되었다.

그 뒤 나폴리는 페르난도 왕과 그의 계승자로서 에스파냐 왕 카를로스 1세

---

45 * 프랑스의 연대기 작가. 루이 11세와 샤를 8세 치하에서 활약하다가 정치적 이유로 10년간 추방 생활을 겪었다. 그 뒤 은퇴하여 『회고록 Mémoir』을 남겼다.

46 『군주론』제3장 [11]을 참조할 것.

Carlos I와 신성 로마 제국의 황제를 겸했던 샤를 5세의 지배 아래 남아 있었다. 이후 가장 강력한 유럽 국왕 가운데 한 통치자가 남부 이탈리아에 확고한 지위를 구축했다.

교황이 라벤나를 장악하여 로마에서 아드리아해에 이르기까지 영토를 넓힘으로써 중앙 이탈리아의 상당한 영토를 지배한 뒤, 교황의 세속적 권한은 아주 강대해졌다. 교황권의 영향력은 교황 자신의 성격에 좌우되었는데, 교황은 여러 도시 및 교황에 종속된 영지에 대하여 직접적이며 강압적인 권위를 행사할 수도 있었고 못할 수도 있었다.

로마의 북쪽에는 토스카나가 있었는데, 이 지방은 몇 세기 동안 점진적인 정복에 따라 영토를 넓힌 피렌체 세력의 통치를 받았다. 그곳은 수공업이 번창하고 상업 및 은행업이 번창한 피렌체의 중심 도시였다. 피렌체는 토스카나의 많은 도시에 기운을 불어넣고, 그 도시들이 피지배자가 되는 것을 꺼려하도록 만들었던 불같은 독립심을 결코 소멸시킬 수 없었다. 예를 들면, 피사는 1494년에 샤를 8세의 도움으로 피렌체로부터 해방되었고 자신의 군대로써 1509년까지 자유를 누릴 수 있었으며, 역시 시에나도 독립을 쟁취했다.

로마의 북서쪽에는 밀라노가 있었는데, 스포르차가가 그 도시의 지배권을 주장하고 있었다. 그러나 스포르차가는 또 다른 영토 주장자인 루이 12세에 의해 추방됨으로써 밀라노는 1523년까지 일시적으로 루도비코 스포르차와 스위스 왕국에 의해 좌우된 때를 제외하고는 프랑스의 지배를 받았다. 이듬해 그 아성은 프랑스에 의해 다시 탈환되었다가 1526년에 다시 빼앗겼다. 갈레아초 마리아 스포르차가 지배할 때 밀라노의 영토가 가장 광대했는데, 이 무렵에는 대부분의 롬바르디아와 심지어는 제노바까지를 포함했다.

베네치아는 애당초 해상 무역을 통하여 재화를 획득했는데, 베네치아가 키프로스를 지배할 당시를 배경으로 한 셰익스피어의 작품 『오셀로 *Othello*』에서도 그 모습이 잘 표현되어 있다. 그 시대의 이탈리아의 정치에서 베네치아의 영토 지배는 우월했음이 확실하다. 곧 베네치아는 서쪽으로 가장 멀리 브레시아 Brescia까지 점령했으며, 북이탈리아의 대부분을 석권했다. 베네치아는 르네상스 시대의 세계에서 가장 널리 알려져 있었고, 행정상 능률적인 정부 가운데 하나인 과두 체제 정부였다.

그럼에도 불구하고 용병의 힘을 빌려 정복하고 그 용병에게 국가의 방위를 의지한 결과, 본토 안의 베네치아의 영토는 굳건하지 못했다. 마키아벨리는 베네치아가 8백 년 동안 지배했던 영토를 바일라 전투에서 잃어버린 것에 대하여 말하고 있다. 그러나 이러한 패배를 겪은 뒤 베네치아는 그보다 더 비참했던 비첸차Vicenza의 패배를 견딜 수 있을 만큼 강대한 국가로 존속했으며, 아직도 이탈리아의 정치 무대에서 중요한 위치를 차지하고 있다.

이외에 어떤 지역에 전적으로 포함되지 않은 지역으로서는 루카, 만토바, 그리고 페라라와 같은 작은 국가들이 있었다. 이러한 판도는 매우 복잡하여, 이탈리아에는 5개의 대국 및 여러 개의 작은 국가가 존재했다. 그러나 당시 이러한 분열은 시작에 불과한 것이었다. 이러한 국가들은 이탈리아 반도 내에서 그들의 지위를 완전히 바꾸어 놓은 변경 국가들과 여러 면에서 밀접한 관계를 맺고 있었다. 에스파냐 왕과 신성 로마 제국의 황제가 된 카를 5세 치하의 연합국가의 한 제후국인 나폴리는, 통치 범위가 남이탈리아로 제한되어 있던 나폴리와는 매우 상이했다.

교황은 역시 말썽 많은 존재였다. 왜냐하면 교황은 성무聖務 집행 정지권으로 참기 어려운 정신적 압력을 가할 수 있었고, 모든 기독교 나라로부터 그의 수입을 끌어들였기 때문이었다. 더구나 교황의 교체는 다른 지역의 왕들의 정상적인 교체보다 훨씬 빈번했다. 예를 들면, 알렉산데르 6세는 그의 아들 체사레 보르자를 돕고자 그가 할 수 있는 모든 것을 다한 반면에 그 다음의 교황인 율리우스 2세는 체사레 보르자를 적대시했다.

일반적으로 교황의 재임 기간도 역시 짧았다. 그 이유는 교황이 이미 연만年晚했을 때에야 교황의 직에 오를 수 있었기 때문이었다. 반면 카를 5세는 열여섯 살에 에스파냐의 왕위에 올랐고, 열아홉 살에 황제가 되어 40년간 에스파냐를 통치했다. 막시밀리안 1세는 26년간 신성 로마 제국의 황제로 재임했다.

더구나 모든 이탈리아의 도시는 군주가 되려는 어떤 야심적인 시민이나 또는 군주를 사로잡을 수 있는 용병 사령관의 목표물이 될 수 있었다. 밀라노는 이런 식으로 스포르차 1세의 지배 아래 들어갔다. 만일 그에게 군림할 수 있는 또 다른 패왕이 있을 경우, 그의 권력이 자신의 군대와 자신의 결단에 의해서 유지되었을 때만 그의 권좌가 존재할 수 있다는 사실을 그는 알았다.

더구나 체사레 보르자에게 예속된 도시국가들은 기회가 있을 때마다 그들의 군주를 배신하려 했다. 예를 들면, 피렌체가 매입한 아레초Arezzo는 자유를 되찾으려 여러 번 반격을 시도했다. 그뿐만 아니라 비록 막시밀리안 1세가 제위에 오르는 데에는 결코 어려움이 없었다고는 하지만, 신성 로마 제국의 황제들은 계속 이탈리아에 대한 소유권과 정치 간여를 주장했다.

마키아벨리 시대에 일어난 이탈리아의 혼란이 본질적으로 독일 황제의 농간과는 구별되는 어떤 다른 황제의 지배에 책임이 있다고 볼 수 있다면, 그 혼란은 황제들이 이탈리아로부터 물러나는 과정이었던 보다 더 이전의 시대에서 그 원인을 찾을 수 있다.

카를 5세 치하에서 신성 로마 제국의 통치권과 에스파냐 왕권이 통일되었다. 그는 또한 나폴리의 통치자이기도 했다. 결과적으로 그는 이탈리아의 거의 모든 문제를 간섭할 위치에 있었다. 예를 들면, 1527년에 교황 클레멘스 7세는 나폴리 왕국에서 신성 로마 제국 황제의 군대와 싸운 뒤 그들과 휴전 협정을 맺었다. 그러나 대부분 독일인으로 구성된 신성 로마 제국 황제의 북방군은 로마로 들어가 그곳을 약탈했다.

스위스는 단순한 북방의 이웃이라기보다는 사실상 이탈리아의 국경을 따라 살면서 이탈리아어를 사용하는 국민들을 통치하고 있는 국가였다. 그들은 대체로 우수한 용병으로 이탈리아 역사에 등장하고 있다. 한편, 그들의 가치가 어떠했는가 하는 점은 징집 방법으로 부분적으로나마 설명된다.

그 이유는, 그들이 지방 정부에 의해 종종 징집되면서도 중앙 정부가 임금을 지불했기 때문이다. 심지어 그들이 그들의 봉사를 바라는 통치자에 의해서 직접 징집되었을 때일지라도 그들을 조직하는 일은 스위스 당국의 권한으로써 이루어져야 했다.

어떤 뜻에서는 시민군으로서의 스위스 군대의 자질이 특히 마키아벨리의 관심사가 되었다. 그들은 프랑스나 독일의 용병으로서가 아니라 자신의 의사에 따라 이탈리아에 들어오는 경우도 가끔 있었다. 사실상 마키아벨리는 스위스인이 실질적으로 이탈리아를 지배하게 되지 않을까 걱정했다.[47]

스위스인의 애국심이 오랫동안 이성적인 것으로 여겨졌고, 스위스가 중립 정책을 지켜 온 오늘날에 와서 보면, 마키아벨리의 이와 같은 생각은 오히려 우리에게 이상하게 보인다. 그러나 마키아벨리 시대 이전이나 당시의 스위스 역사는 상당할 정도로 정복자의 역사라는 점을 잊어서는 안 된다.

스위스인들은 자신이 이루어 놓은 정복지를 자신의 영토로 병합한 것이 아니라 점령지를 예속시켜 세입의 원천으로 삼았다. 스위스군이 노바라에서 프랑스군을 무너뜨리고 밀라노를 장악한 뒤, 그들이 이탈리아의 지배자가 될지도 모른다고 마키아벨리가 기록한 사실은 생각해 볼 만한 가치가 있다. 심지어 마리냐노Marignano 전투에서 스위스가 아주 참패한 1515년에도 마키아벨리는 스위스인이 군인으로서 아마 최고일 것이라고 평가하는 전쟁 이론을 제시할 정도였다.

마키아벨리는 기병과 포병에 대해서는 낮게 평가하고 보병을 우수하게 평가했다. 스위스는 거의 포병이 없었고, 기병도 조금밖에 없었다. 반면 아주 훌륭하게 훈련된 보병을 가지고 있었는데, 확실히 마키아벨리는 그들의 결점을 알았으며 『전술론Art of War』에서 그 약점을 고치는 방법을 제시했다. 그러나 스위스군이 우수하다는 그의 견해에는 약간의 편견이 있었던 것 같다.

이탈리아의 다른 이웃 국가로는 독일이 있었다. 독일은 1519년까지 황제 막시밀리안 1세의 통치를 받았으며, 그 뒤에는 카를 5세의 통치를 받았다. 막시밀리안 황제는 이탈리아의 여러 국가, 특히 베네치아에 대항하여 여러 가지 조처를 취했다. 그리고 카를 5세는 이탈리아의 정무에 대해 깊이 간여했다. 독일의 황제군은 부분적으로 스위스에서 실시한 바와 같은 전략으로 훈련받은 홀

---

47 1514년 12월 20일자 편지 par. 7 하단.

륭한 보병으로 구성되었으며, 또한 독일의 창기병은 용병으로서 활약했다.

프랑스는 마키아벨리 시대의 이탈리아에 대하여 막강한 영향력을 미치는 존재인 데다 마키아벨리의 주요 고용자인 피렌체의 장관 피에로 소데리니는 프랑스와의 동맹을 확고히 믿는 인물이었기 때문에, 그는 특히 이 점을 주시했다. 이미 언급한 바와 같이 나폴리와 밀라노에 대한 프랑스의 권리 주장은 모든 이탈리아 도시국가에 대해서도 실제적으로 아주 중요한 것이었다.

왜냐하면 프랑스군은 아주 빈번하게 이탈리아의 정치 무대에 개입했으며, 적어도 이탈리아의 격동기에는 틀림없이 나타났기 때문이다. 프랑스 군대는 포병과 중무장한 기병으로 가공할 만한 힘을 가지고 있었다. 프랑스 출신의 보병은 별로 보잘것없었으나, 스위스와 독일의 수많은 창기병이 프랑스인으로부터 정상적으로 봉급을 받았다.

만일 에스파냐 왕들이 나폴리, 시칠리아, 그리고 사르데냐 공국Regno di Sardegna을 지배하지 않았고 카를 5세가 독일을 다스리지 않았더라면, 에스파냐는 아마 이탈리아 문제에 거의 사소한 부분밖에는 힘이 미치지 못했을 것이다. 그러나 바닷길로도 쉽게 닿을 수 있는 주요 가톨릭 국가인 에스파냐는 언제나 이탈리아의 문제에 등장했다. 교황 알렉산데르 6세는 에스파냐인이었다. 에스파냐 보병은 훈련이 잘되고 기동성이 높아 스위스군이나 독일군보다는 우수했다.

얼마간의 에스파냐 보병은 북방 민족들의 무기와 같은 창으로써 장비를 갖추고 있었으므로, 보병이나 기병에 대한 맞싸움에서 승리할 수 있었다. 기민성으로 말미암아 선발된 또 다른 부대는 칼과 방패로 무장되었다. 그들의 기능은 창날을 피하여 그 창기병에 아주 가까이 접근하여 긴 무기들을 사용하지 못하도록 하는 것이었다. 마키아벨리가 『군주론』의 마지막 장에서 지적한 바와 같이, 비록 에스파냐의 보병이 라벤나 전투에서 수적으로 열세였고 그들 군대의 나머지 부대에게 버림받았지만, 거의 이러한 방법으로 승리했다. 에스파냐는 또한 화기火器 사용을 개발하는 데 주력했다.

그 시대의 정치 및 군사적인 역사만을 보는 사람에게는 마치 이탈리아가 전쟁만을 수행하는 데 빠져 있었던 것처럼 보일 수도 있다. 당시의 상황으로 볼 때 전쟁 외에 어떤 다른 활동을 할 만한 자원이나 시간적 여유가 있을 수 있었을까? 그러나 그 시대에 이탈리아가 다른 측면에서 보여 준 활약은 세계적으로 경이적인 사건 가운데 하나였다.

1502년 체사레 보르자를 수행하며 종군한 기술공은 바로 레오나르도 다빈치Leonardo da Vinci였고, 마키아벨리가 죽은 직후 피렌체 성채의 건축 책임을 맡은 사람은 바로 미켈란젤로Michelangelo였다. 그가 설계한 작품 가운데 어떤 것은 피렌체의 카사 부오나로티Casa Buonarroti에 보존되어 있다. 이 두 예술가의 예로 볼 때, 그 무렵에 이탈리아에서는 수많은 예술품이 제작되었음을 알 수 있다.

번성한 예술은 회화나 조각뿐만이 아니었다. 마키아벨리는 정치 활동을 하는 바쁜 가운데에서도 『만드라골라Mandragola』[48]를 완성했다. 마키아벨리는 그 무렵에 훌륭한 극작가 가운데 한 사람이었다. 이폴리토 데스테Ippolito d'Este (1479~1520)[49] 추기경으로부터 명령을 받고 교황 율리우스 2세에게 파견되었던 루도비코 아리오스토Ludovico Ariosto(1474~1533)[50]는 이탈리아 르네상스 시대에 가장 훌륭한 시 『광란의 오를란도Orlando Furioso』를 발간했는데, 그 작품은 곧 마키아벨리에게도 알려졌다. 아리오스토가 그 시를 쓰느라고 추기경의 비서 일과 외교 사무를 소홀히 한 것에 대하여 추기경은 신경질을 부렸다고 전해지고 있다.

"그 무렵에 어떻게 예술적 생활이 존재할 수 있었을까" 하고 질문할 수도 있다. 볼로냐에 있는 미켈란젤로의 작품인 율리우스 2세의 동상이 쓰러지자 대포를 주조하는 재료로 녹이는 판국에, 어떻게 이탈리아의 예술은 그 동상과 운명을 같이하지 않았는가? 이에 대한 답은 여러 가지가 있다.

그 하나로서는 그 무렵에 실력가들이 있었다는 점을 들 수 있다. 율리우

---

48 * 이탈리아에 서식하는 독말풀의 이름이지만, 여기에서는 원어 그대로를 썼다.
49 * 이탈리아의 명문 귀족 에스테가의 후손으로 추기경을 지냈다.
50 * 이탈리아의 시인. 에스테가에 영광을 찬양하는 글을 많이 썼다.

스 2세는 전쟁을 수행하는 일로 기력이 쇠퇴해지기는커녕 미켈란젤로를 시켜 걸작이 될 만한 자신의 훌륭한 무덤을 만드는 계획을 생각할 수도 있었다. 미켈란젤로는 조각술을 축성술이나 시로 바꿀 수 있는 다재다능함을 가지고 있었다.

이탈리아는 역시 부유한 국가였다. 오늘날 이탈리아를 찾아오는 방문객에게 그곳의 모든 곳이 비교적 빈곤하게 보인다고 하여, 그것으로 우리는 그 시대의 이탈리아를 잘못 생각해서는 안 된다. 16세기에 이미 이탈리아에는 고달픈 농업 활동이 있었다.

도저히 견딜 수 없는 노동과 고심이 오늘날에도 수많은 이탈리아인들을 먹여 살리고 있는데, 이런 점에서 미국인들은 이탈리아의 농촌 생활에서의 행복을 맛볼 수 없다. 1500년대의 이탈리아 농부들이 기계의 사용 없이 손으로 농사를 지었다 해서 그들이 시대에 뒤떨어진 것은 아니었다.

기계화된 농사 방법 이전 시대의 손 도구를 알고 있는 미국인에게는 이탈리아인의 낫이나 삽의 모양이 서툴고 어설프게 보이겠지만, 그때까지만 해도 이탈리아에서 사용되는 도구들은 세계의 모든 농업과 경쟁하는 데 효과적인 것이었다. 그러나 이탈리아는 역시 거대한 수공업 국가였다. 곧 피렌체는 유럽 시장에 비단을 공급했다. 이탈리아인은 세계를 잇는 매개자였다.

영국이 무역을 통해 재화를 획득했듯이, 이탈리아도 베네치아의 무역을 통해 재화를 얻었다. 바로 얼마 전까지만 해도 은행업의 중심지인 런던이 세계의 조공품을 템스 강변의 은행으로 집결시켰듯이, 메디치가의 은행가들은 유럽의 조공품을 아르노 강변의 은행으로 집결시켰다.

더욱이 계속되는 피렌체의 전쟁조차도 그 도시에 쏟아져 들어오는 재화를 고갈시킬 수는 없었다. 이러한 재화의 대부분은 예술적인 목적에 사용되었다. 그것은 오늘날 과학에 충당되는 막대한 경비보다도 더 많은 것이었다. 부유한 사람이 자신의 돈으로써 하려 하는 것 가운데 하나는 예술가들을 고용하는 것이었다. 그 시대에도 여행이 있었지만, 오늘날처럼 비용이 많이 들고 목적 없이 이리저리 돌아다니는 것은 아니었다. 그 시대 사람들은 그들이 찾고자 하는 것이 있을 때에만 여행을 했다.

그러나 이러한 모든 점에 비추어 볼 때, 본질적으로 당시의 전쟁은 그 이후 시대의 전쟁보다 덜 파괴적인 것이었음에 틀림이 없다. 파괴는 자행됐으나, 용병은 자신들이 점령한 도시의 시민들에 대해 특별한 원한이 없었기 때문에 비록 그들이 피정복민의 동산動産을 원했고, 그것을 얻는 방법에서도 어떠한 양심의 가책도 없었다 할지라도, 만약 그들이 포로를 잡아 자신들이 좋아하는 몸값이나 또는 노예로 판 값을 받을 수 있다면, 그들은 포로를 죽이기보다는 오히려 그 포로들을 살려 주는 방법을 썼다. 동산을 약탈당한 도시는 다시 약탈될 수 있을지 모르나, 파괴되어 버린 도시는 더 이상 약탈의 기회가 없는 것이다.

지휘관의 관심은 체사레 보르자가 시니갈리아에서 했던 것처럼, 가능한 한 약탈을 방지하는 데 있었다. 그는 도시를 지배하여 그 도시로부터 수입을 올리고자 했다. 더욱이 군대는 약탈자와 다름이 없지만 수효가 비교적 적었다. 마키아벨리가 『군주론』에서 지적한 바와 같이 용병의 지휘관은 많은 병력을 고용하지 않았다.

샤를 8세가 이탈리아에 이끌고 온 군대는 기껏해야 4만 명이었다고 한다. 아마 이 정도의 숫자는 어떤 면에서 본다면 그가 계획한 것을 쉽게 성공시킬 수 있는 수치였는지도 모른다. 1524년에 프랑수아 1세의 군대가 이 숫자와 가까웠지만, 분명히 그 이후 군대는 그 4만이라는 숫자와 동일하지 않았다.

따라서 르네상스 시대의 이탈리아 군인의 소모 현상은 오늘날 우리가 겪고 있는 거대한 시민군의 부족 현상과 같지는 않았고, 피렌체와 같은 병력의 부족 현상은 이탈리아 전역에 퍼지지 않았다. 피렌체가 적극적으로 전쟁을 하지 않을 때의 군사 경비는 비교적 적었으며, 이탈리아 반도의 많은 도시와 지방도 그러했다. 더구나 군대의 많은 수가 외국인으로 구성되어 있었다. 라벤나 전투 당시 "프랑스 측에는 프랑스인, 독일인, 스위스인, 나바라인, 이탈리아인, 나폴리인, 아드리아해를 건너온 그리스인, 에트루리아Etruria인 및 아프리카인이 있었다"고 한다.

전투에서 이탈리아인은 비교적 많이 죽지 않았다. 라벤나 전투에서 페라라 공 알폰소 1세 소유의 대포는 그의 적국인 에스파냐 보병뿐만 아니라 그의 동맹국인 프랑스를 위하여 싸우고 있는 독일의 용병까지 섬멸했다. 왜냐하면 그의 동맹국들의 군인들이 접근전에서 섞여 버렸기 때문이다. 알폰소 1세는 그의 부하 사수들에게 "아무나 쏘아도 무방하다. 그들은 모두 우리의 적군이다"라고 외치며, 그의 사수들에게 대포를 계속 쏘아 대라고 용기를 불어넣었다고 한다. 물론 그 뒤 그는 이를 부인했다.

그러나 1565년에 신티우스Giraldi Cintius(1504~1573)[51]가 펴낸 책의 내용에 따르면, 알폰소 1세는 로마의 지휘관인 파브리치오 콜론나Fabricio Colonna(?~1520)[52]의 목숨을 살려 주었는데, 이는 "그가 항상 이탈리아 국민을 사랑했기" 때문이었다고 기록되어 있다. 콜론나는 자신을 공격했던 프랑스의 야만인에게 복종하느니 차라리 죽으리라 결심했지만, 끝내 항복했다.

이와 같이 이탈리아인들이 이탈리아의 전쟁에서 죽어가는데도 다른 많은 이탈리아인은 계속해서 재화를 축적하는 일에 몰두하고 있었으며, 죽는 것은 외국인들뿐이었다. 전쟁에도 불구하고 이탈리아인들이 번성할 수 있는 저력을 가지고 있었다는 사실은, 이탈리아를 약탈하는 데 맛들인 "야만인"의 끊임없는 침략 대열로써도 충분히 입증된다.

6. 마키아벨리의 생애

니콜로 마키아벨리는 1469년 5월 3일 피렌체에서 태어났다. 그의 가계家系는 별로 훌륭하지는 않았으나, 피렌체에서 남쪽으로 몇 킬로미터 떨어진 지역의 귀족이었다는 데에는 다소 근거가 있다. 그들은 몬타페르티Montaperti의 교황

---

51 * 이탈리아의 작가이자 자연철학자로서 페라라대학의 교수였다. 에스테가에서 국무 장관을 지냈고, 셰익스피어의 『오셀로』의 사료를 제공한 인물로 유명하다.
52 * 이탈리아의 장군. 나폴리 왕과 교황 율리우스 2세를 섬겼으며, 라벤나 전투에서 패배하여 연금 생활을 했다.

파敎皇派가 패주한 뒤, 피렌체로부터 추방된 사람들 가운데 하나였다. 마키아벨리家의 집은 폰테 베키오Ponte Vecchio에서 멀지 않은, 아르노Arno의 남쪽 피렌체 지방인 올트라노Oltrarno에 있었다. 마키아벨리는 오늘날의 구이차르디니가Gucciardini Street 16번지에 살았다.

사실상 그의 유년기에 대해 알려진 것은 별로 없다. 그는 교육을 적절히 받은 것처럼 보이지만 대단했던 것 같지는 않다. 그는 라틴어는 알고 있었으나 그리스어는 알지 못했다. 그러므로 라틴어로 번역된 그리스 작품을 읽었다. 그가 성년이 된 뒤의 활동은 단지 그의 뒷날 경력으로부터 추론할 수 있을 뿐인데, 계속해서 문학과 역사를 공부했다는 것은 분명한 사실이다.

또한 마키아벨리는 관청의 말직末職에서 경험을 쌓았을지도 모른다. 어쨌든 그는 관직에 진출하기로 마음을 굳히고 대중 앞에 나타나게 된다. 자신의 적성을 과시하거나 아니면 유력자의 지지를 받으려면 어떤 직책을 갖는 것이 중요했기 때문이었다.

1498년에 80인회Council of the Eighty는 제2사무국을 맡기고자 시의회, 곧 시뇨리아의 서기관직에 네 명의 인사를 고려했는데, 마키아벨리가 그 자리에 뽑혔다. 며칠 뒤 그 선출은 대의회代議會에 의해서 비준되었다. 한 달 정도 뒤에는 같은 식으로 10인군사위원회의 사무국장에 선출되었다. 그러므로 그는 10인군사위원회의 사무국장, 제2사무국의 사무국장, 그리고 시뇨리아의 사무국장 등 다양한 직함으로 불렸다.

이러한 임명으로 마키아벨리는 그가 봉직하는 시市 내외의 사무에 대한 지식을 얻고자 활동을 시작했다. 그의 임무는 이탈리아의 여러 지방과 심지어 프랑스와 독일까지 왕래하는 것이었다. 그는 피렌체 공화국의 대사大使라기보다는 오히려 요원要員이었다고 볼 수 있다. 그는 정부를 위해 최선을 다했으나, 사실상 조약이 비준되었어도 피렌체의 일부 고위 인사들에게 그 공적을 돌리지 않을 수 없었다.

그는 14년 동안 봉직하면서 로마에서 북쪽 국경 지대에 이르기까지 대부분의 이탈리아를 순방했고, 스위스와 티롤을 방문했으며 프랑스를 네 차례나 방문했으며, 멀리 블루아Blois까지 다녔다. 그는 처음 여행하는 곳에서도 그 고장의 언어를 말할 수 있었다. 모든 여행에서 그는 가능한 한 많은 것을 관찰했다. 그러나 그의 여행은 공무로 말미암아 특정 지역에 국한되었기 때문에, 지식을 얻으려고 자유롭게 여행할 수는 없었다. 그러나 당시로서는 어쩔 수 없던 느린 승마 여행은 현대의 여행자들이 알 수 없는 것들을 관찰할 기회를 주었다.

아마 이런 종류의 여행 가운데 괄목할 만한 일로서는 1502년 체사레 보르자를 만난 일이었을 것이다. 당시 보르자는 시니갈리아를 정복하는 전쟁을 수행하고 있었는데, 이때 그는 그의 "훌륭한 기만欺瞞"으로 그의 불성실한 용병을 압도했다. 마키아벨리는 아시시Assisi, 페루자, 포를리, 시니갈리아와 그 중간 지점을 방문하면서 보르자를 수행했다.

이것은 마키아벨리가 유능한 지도자의 행동을 관찰하는 최상의 기회였으며, 어떻게 전쟁을 수행해야 하는가 하는 안목에도 영향을 주었다. 1506년 그는 움브리아Umbria에서 전쟁 중인 다혈질의 율리우스 1세를 시종하면서 많은 것을 관찰했다. 그러나 율리우스 1세는 보르자만큼 마키아벨리에게 영감을 주지는 못했다.

이와 같은 여행 외에도 많은 피렌체 지방을 여행했다. 9인군사위원회의 사무국장인 마키아벨리는 물론 군사 지휘권이 없었음에도 불구하고 군대를 모집하는 행정직을 맡았다. 1506~1507년의 대부분의 시간을 그는 이 직무에 매달렸다. 그러나 3월에 그는 신성 로마 제국의 황제 막시밀리안 1세와 교섭하고자 티롤에 파견됐으며, 거기에서 돌아온 즉시 다시 피사와의 전쟁에 종군했다. 그는 단지 10인군사위원회의 사무국장일 뿐 책임져야 하는 사람 가운데 한 사람은 아니었으나, 그의 직책은 막중했다.

실제로 10인군사위원회에서는 마키아벨리에게 "우리는 당신에게 이 사무의 모든 일을 위탁합니다"라는 공한公翰을 보냈다. 그러나 당시에는 위원들이 직제상 그의 상사였기 때문에, 그는 그들에게 보다 정중하게 대하려고 고심했다. 그럼에도 불구하고 그는 그 직무를 수행하는 동안 피렌체의 불필요한 관료적 형식을 폐지하는 작업을 계속했던 것 같다. 피사의 전투에 다른 군사 위원들이 참전한 것은 사실이지만, 1509년 피사를 함락할 수 있었던 것은 전적으로 마키아벨리의 노고의 결과였던 것 같다.

그의 여러 가지 탁월한 복안 가운데 하나인 시민군의 창설 계획이 피렌체 정부로부터 신임을 받지 못했다면, 그는 그토록 중대한 과업을 수행할 수 없었을 것이다. 이러한 계획은 그의 독창적인 것이 아니었다. 왜냐하면 그것은 마키아벨리에 앞서 피렌체 정부에 건의된 바 있었기 때문이다. 그러나 그는 시민군 계획을 자신의 실제적인 정치적 경륜을 펼쳐 보일 수 있는 하나의 수단으로 만들었던 것 같다.

마키아벨리는 피렌체 정부에 봉직하는 14년 동안 저술을 아주 중단하지 않았다. 체사레 보르자를 수행할 때조차 그는 플루타르코스의 『영웅전』의 복사를 시도했고, 그의 첫 번째 저술인 『이탈리아 10년사: 1494~1504*Deccenale: 1494~1504*』를 대서사시로 작성했다. 이에 두 번째 저술을 시작했으나 탈고하지 못했다. 그의 저작물 가운데 『프랑스 사정기*Description of the Affairs of France*』와 같은 것은 사무차장과 같은 말직으로서는 도저히 쓸 수 없는 역작이기는 하지만, 그 밖의 저술들은 직무를 수행하면서 암시를 받은 것들이었다.

그러나 당시 시대는 급변하고 있었다. 에스파냐 군대가 프라토를 약탈하고 그들이 다시 프라토에 진격한 뒤 메디치가가 피렌체에 복귀했을 때, 비록 피렌체 공화국의 제1서기관인 아드리아니*Marcello Virgilio Adriani*(1464~1521)[53]와 같이 아무런 혐의가 없는 인도주의자는 겨우 그의 직위가 지속됨으로써 실속 없는 보상을 받았다고는 하지만, 소데리니의 신임이 두터웠던 사람도 공직에 남아 있을 수 없었다.

그 뒤 몇 년간 마키아벨리는 산 카스치아노*San Casciano*로부터 가까운 농장에서 많은 시간을 보냈다. 그곳에서 그는 지금은 자신에게 배은망덕한 배신을 했지만 자기 덕분에 명성을 얻은 그 도시를 멸시하듯 내려다보았다. 만약 그가 국무를 다룰 수 없었다 해도 국무에 관해서 글을 쓸 수는 있었다. 그 뒤 오

---

53 *그 무렵에 피렌체의 시장이었다.

래지 않아 그는 베토리Vettori에게 『군주론』의 저작에 손대고 있다고 말했다.[54] 이 무렵에 그는 또한 『리비우스 역사 논고』를 저술하고 있었던 것으로 보인다.

이러한 저술의 골자는 여러 해 동안 저자의 마음 한가운데에서 자라고 있었으며, 그 일부는 그가 피렌체 정부에 보낸 보고서에도 나타나고 있다. 그러나 그 저작의 보완과 정리는 물론 퇴고가 필요했다. 그 시기에 쓴 그의 서한을 진지하게 살펴본다면, 그가 밤에만 연구한 것을 알 수 있다. 그가 농장의 일에 약간의 신경을 쓴 것은 의심할 바가 없지만, 이 편지들은 오늘날 그렇게 중요시되고 있지 않다. 그는 일찍이 궁정에 봉직하면서 관찰할 수 있었던 인간의 본성을 농민에게서 즐겨 관찰했다.

그의 다른 작품으로는 『전술론』과 두 편의 희극 작품인 『만드라골라』와 플라우투스Titus Maccius Plautus(기원전 254년경~184년경)[55]의 『카지나Casina』를 모방하여 쓴 『클리치아Clizia』,[56] 단편 소설인 『결혼한 악마 벨파고르 Belfagor : The Devil Who Took a Wife』, 운문 작품인 『황금 나귀 The Ass of Gold』, 배은망덕·행운·야망·기회에 관한 삼행시 「인간의 배은망덕함에 관한 장」 그리고 축제의 노래와 짧은 시구들이 있다.

마키아벨리가 산 카스치아노에 있었을 때, 오르티 오리첼라리 정원에서 문학 친구들과 자주 어울리는 것을 볼 수 있었다. 그는 그곳을 대화체로 쓴 『전술론』의 작품 무대로 잡았다. 『우리나라의 언어에 관한 연구 또는 대화 Discourse or Dialogue on Our Language』는 아마 그가 그곳에서 친구들과 논쟁하는 가운데 얻은 결실인 것 같다. 이 작품에서 그는 언어가 피렌체어 또는 토스카나어 아니면 이탈리아어 가운데 어느 것으로 불리는 것이 타당한가를 결정하고자 유명한 이탈리아 작가들의 언어를 연구했으며, 문학어로서 이탈리아어와 관련이 있는 단테Dante의 『통용어 On the Ordinary Language』를 논의하고 있다.

이 글에서 단테는 피렌체어가 "문학적인 이탈리아어의 기초이며 연원"임을

---

54 1513년 12월 10일자 편지 par. 5 하단.

55 * 로마의 저명한 극작가이다.

56 * 클리치아는 본래 로마 신화에 나오는 요정으로, 해바라기가 되었다.

인정하고 있는 것으로 묘사하고 있다. 마키아벨리는, 특히 단테의 라틴어 작품을 이탈리아어로 처음 번역한 트리시노Gian Giorgio Trissino(1478~1550)[57]로 말미암아 이 문제에 대하여 관심을 갖게 되었다는 것은 의심할 나위도 없다. 전적으로 피렌체어로 쓴 다음의 글은 마키아벨리의 『우리나라의 언어에 관한 연구 또는 대화』에 나타난 결론일 뿐만 아니라, 그의 조국애를 가장 훌륭하게 표현한 것이었다. 이 글은 다음과 같이 시작된다.

내가 태어난 도시를 찬양할 수 있을 때면, 나 자신에게 어려움과 위험이 따를지라도 나는 즐겨 조국을 찬양한다. 왜냐하면 인간의 생활 가운데에서 국가에 갚아야 할 의무 이상의 큰 빚은 없기 때문이며, 또한 그는 애당초 자신의 존재와 그 다음으로의 행운과 자연이 그에게 부여한 유익한 모든 것에 대하여 국가에 빚졌기 때문이다.

그리고 이러한 의무는 자신의 조국이 가장 귀하다고 믿는 사람에게는 가장 고귀한 것이다. 설령 그 국가로부터 해를 입었다 할지라도, 마음속으로나 행동으로 그의 조국을 적과 같이 여기며 행동하는 사람은 아버지를 죽인 사람이라고 불려도 좋다.

어떤 이유든지 자기 부모에게 상해를 가했다면 이것은 가공스러운 행위일 것이며, 마찬가지로 그 자신의 조국을 상해하는 것은 가장 가공스러운 일이다. 왜냐하면 국가가 설령 당신으로부터 박해받을 짓을 했다 하더라도 그것으로 말미암아 당신이 피해를 겪을 리는 없는 것이며, 당신이 가지고 있는 좋은 일들은 모두 국가로부터 나온다는 사실을 당신은 시인하지 않을 수 없기 때문이다.

그러므로 가령 국가가 그 시민으로부터 무엇인가를 박탈했다 할지라도, 당신은 국가가 무엇을 빼앗아 간 것을 빙자하여 국가의 명예를 더럽히기보다는 오히려 국가가 당신에게 남겨 준 것에 대하여 감사할 의무를 지고 있는 것이다. 이러한 사실은 진실한, 아주 진실한 것이기 때문에 주제넘게 국가의 명예를 더럽히려고 기도하는 무리들과 싸우고 국가를 옹호할 때, 나는 나 자신을 기만하지 않는다고 확신한다.

---

57 * 이탈리아의 작가이자 학자. 교황 레오 10세, 클레멘스 7세, 바오로 3세의 내시로 시종하면서 이탈리아어의 구성에 기여했다.

이 말은 마키아벨리의 생활신조로 볼 수 있다. 내가 아는 한 마키아벨리의 개인적 행위가 이 말과 일치하지 않았다고 지적한 사람은 없다. 그는 여러 면에서 피렌체로부터 피해를 입었다. 그의 능력과 봉사가 과연 적절한 직위와 봉급으로 보상되었다고 마키아벨리 자신이 생각했는지의 여부는 알 수 없다(이것이 피렌체가 그에게 입힌 가장 큰 피해). 그러나 그는 결코 그것에 대해 불평하지 않았던 것 같다.

그는 국가를 위해 여행할 때 그가 받은 돈이 적절하지 못하다고 느꼈고, 또 종종 돈이 없음을 보이며 그렇게 말했다. 그러나 이것은 피렌체의 사절使節로서 해외에서 활동할 때 겉으로라도 훌륭하게 보이지 않을 수 없다고 그가 믿었다는 데에서 그 이유를 찾을 수 있다. 더구나 1513년 반反 메디치 음모가 적발되었을 때, 그는 투옥되어 고문까지 당했으나 곧 무죄로 판명되어 풀려났다. 그는 자신이 피렌체로부터 어떤 피해를 입었는가를 잘 알고 있었다.

마키아벨리가 말년에 친필로 쓴 원고에 보존된 짧은 산문체 작품은 『후회에 대한 권고Exhortation to Penitence』이다. 이 작품은 논조가 매우 경건한 것으로서 주로 배은망덕함의 부덕不德과 자비의 덕에 관한 것이다. 이러한 사실로 미루어 보건대, 마키아벨리는 종교적인 표현을 할 수 있었고, 그가 교회의 사악성을 공격한 것은 그가 개인적으로 비종교적이었다는 사실을 뜻하는 것이 아니었음을 알 수 있다. 마키아벨리가 투옥과 고문을 겪게 만든 반 메디치 감정에 대한 혐의에도 불구하고, 그는 자신의 정직을 아주 확신했기 때문에, 소데리니 밑에 있었을 때처럼 메디치 정권 아래에서 그런 일을 계속하려는 희망을 포기하지 않았다.

마키아벨리가 메디치가에게 『군주론』을 헌정하려고 계획했던 점과, 『군주론』의 마지막 장章에서 메디치가에게 열린 기회에 대하여 설명하고 있다는 사실이 위와 같은 설명을 훌륭하게 뒷받침해 주고 있다. 그러나 통치자인 그들이 그를 마땅치 않게 생각한 것은 아니었다 할지라도 그를 신뢰하지는 않았다.

이러한 사실은 1520년 연봉 100플로린florin으로 그에게 『피렌체사』를 저술

해 달라고 위탁한 것을 보아도 알 수 있다. 이 저작은 확실히 당시 피렌체대학과 피사대학의 총장인 줄리오 추기경의 허락에 따라 그에게 위탁됐으며, 추기경이 교황 클레멘스 7세로 등극한 이후 탈고와 함께 그에게 헌정되었다.

1525년 마키아벨리는 교황에게 『피렌체사』를 헌정하려고 로마로 갔는데, 교황은 그것을 정중하게 받고 보조금 100두카트ducat를 줌으로써 그에 대한 보조를 계속했다. 그러나 마키아벨리에게 외교적 기능을 맡기려던 계획은 교황의 허락을 얻지 못했다. 『피렌체사』는 메디치가가 위탁한 첫 번째 것은 아니었다. 1519년에 줄리오 추기경이 우르비노 대공 로렌초의 장례식에 참석하려고 피렌체를 방문했을 때, 그는 마키아벨리에게 피렌체 정부에 대한 조언을 부탁했다. 마키아벨리는 『피렌체 정부 개혁론』을 써서 교황 레오 10세에게 바쳤다.

그가 활동할 또 다른 기회가 왔으니, 그것은 지난날 공화국을 위해 여행했던 것과 비슷한 성격의 일이었다. 1518년에 그는 피렌체 상인들을 위해 사업차 제노바로 갔으며, 1520년에는 그와 비슷한 일로 루카에 갔다. 루카에서의 사명은 시뇨리아와 줄리오 추기경이 내린 것이었으나, 공적인 위탁은 점점 줄어들었다. 이 여행의 결과 『카스트루치오 카스트라카니 평전The Life of Castruccio Castracani』이라는 작품이 나왔다.

다음 해인 1512년에 그는 추기경의 제의로 프란체스코 교단 총회가 열리는 카르피Carpi에 갔는데, 이때 그의 임무는 토스카나의 잔지殘地에 살고 있는 성직자들과 피렌체의 성직자들을 분리하는 것이었다. 그는 또한 성직자 로바이오Rovaio를 그들의 사순절四旬節 설교자로 모시도록 해 달라는 부탁을 면직상인 조합絹織商人組合으로부터 받았다.

1525년에 그는 교황 클레멘스 7세의 부탁으로 로마냐의 교황청장인 구이차르디니와 협의하고자 파견됐는데, 이때의 임무는 그가 예전부터 생각한 것으로서 무장한 백성으로 용병을 대체하는 문제를 논의하는 것이었다. 1526년에 피렌체 정부는 그에게 카를 5세와의 싸움에서 사태가 어떻게 진행되는지를 알아보도록 위탁했다.

마키아벨리는 곧 연맹군의 진지로 돌아왔는데, 그의 주요 임무는 교황청장인 구이차르디니에게 피렌체의 군사적 약점을 설명해 주는 것이었다. 그 뒤 그는 교황에게 더 이상의 도움을 줄 수 있는 것이 없나 살펴보려고 당시 로마 지역에 있는 구이차르디니를 찾아 가서 활동을 계속했다.

이러한 여행 이외에도 또 다른 중요한 과업이 그에게 부여됨으로써, 그는 다시 피렌체의 관료가 되었다. 피렌체가 공격을 받을지도 모른다는 위험으로 말미암아 교황 클레멘스 7세는 그 도시의 방위를 생각하지 않을 수 없었는데, 이는 그가 그 도시의 성벽에 관심을 기울이고 있음을 뜻하는 것이다. 마키아벨리는 로마를 방문하여 교황과 함께 성벽의 문제를 상의했으며, 돌아오는 길에 건축가 나바로Pietro Navarro와 함께 성벽을 시찰했다.

1526년 5월에 다섯 명의 성벽 시찰단이 선출되었고, 마키아벨리는 그 사무국장에 임명되어 구매購買 업무를 맡았다. 그는 그 일을 열심히 수행했지만, 교황 클레멘스 7세에게 의탁하지 않을 수 없었던 사람들과 마찬가지로 마키아벨리도 교황으로부터 용돈이나 생활비를 얻어 낼 수 없었기 때문에, 이 일은 아무런 성과 없이 끝나고 말았다.

그 뒤 피렌체에는 또 다른 혁명이 일어났다. 그리하여 관료로서 갓 재임명된 마키아벨리는 메디치가에 동조했던 탓으로 공직에서 물러나게 되었다. 그러나 다행히 그는 오랜 기간 재기를 다시 기다릴 필요가 없었다. 왜냐하면 혁명이 일어난 지 1개월 후인 1527년 5월 22일에 피렌체에서 사망했기 때문이다.

니콜로 마키아벨리 연보

1469	마키아벨리 출생. 로렌초 데 메디치는 사실상 피렌체의 지배자가 됨
1491	사보나롤라가 피렌체 대성당에서 최초로 설교하고, 산마르코의 수도원장으로 선임
1492	로렌초 데 메디치 사망. 알렉산데르 6세가 교황 등극
1494	프랑스 샤를 8세의 이탈리아 침공. 메디치가는 피렌체에서 쫓겨남. 샤를 8세는 피렌체에 입성한 뒤 로마를 거쳐 나폴리로 진군
1495	샤를 8세가 나폴리를 떠나고, 곤살보에 의해 프랑스군이 격퇴당함. 교황이 피렌체에서 설교하는 것을 사보나롤라가 금지함
1496	피렌체는 샤를 8세에게 빼앗긴 피사를 회복하기 위해 전쟁 시작
1497	사보나롤라 파문
1498	사보나롤라 처형. 마키아벨리 제2사무국의 서기와 군사 및 외교를 맡는 10인 군사위원회의 사무국장 겸 서기 임명
1499	프랑스의 루이 12세가 이탈리아 침공. 마키아벨리는 카테리나 스포르차에게 사신으로 파견. 발렌티노 대공 체사레 보르자는 로마냐 정복 계획
1500	마키아벨리 프랑스에 외교관으로 파견. 프랑스의 루이 12세와 아라곤의 페르난도가 그라나다 조약에 따라 나폴리 왕국 분할 동의
1502	마키아벨리는 여러 임무를 띠고 체사레 보르자에게 파견. 소데리니는 종신 피렌체 장관으로 임명

1503	마키아벨리는 체사레 보르자에 대한 임무 수행. 교황 알렉산데르 6세 사망. 율리우스 2세 교황으로 선출. 체사레 보르자 몰락. 마키아벨리 로마 파견
1504	마키아벨리 프랑스 파견. 『만드라골라』 저술 착수(~1512)
1506	마키아벨리 피렌체 시민군 조직 계획. 교황 율리우스 2세가 페루자·로마냐·볼로냐 정복. 마키아벨리는 율리우스 2세에게 파견
1507	마키아벨리는 시민군을 관장하는 9인위원회 서기장으로 임명. 신성 로마 제국의 황제 막시밀리안에게 파송
1508	막시밀리안 황제, 프랑스의 루이 12세, 아라곤의 페르난도, 뒤에 참여한 교황 율리우스 2세, 사보이 대공, 페라라 공, 만토바 백작이 베네치아 공국을 전복시키기 위해 캉브레 동맹 체결
1509	피사, 피렌체에게 항복. 당시 마키아벨리는 장군도, 사령관도 아니었지만 작전의 중요한 책임을 지고 있었던 것으로 보임. 베네치아인들이 아그나델로와 바일라에서 동맹군에게 패배(『군주론』 제12장 [5] 참조). 막시밀리안 황제, 베네치아에 대한 전쟁을 계속할 수 있도록 지원금을 보내고자 마키아벨리 파견
1510	교황 율리우스 2세는 베네치아인과 평화 조약. 마키아벨리는 프랑스에 세 번째로 파견. 귀국길에 피렌체 영내의 주민들에게 기병대를 조직하도록 격려
1511	교황과 프랑스의 지원을 받은 페라라 공 사이에 전쟁 발발. 피사의 교회위원회가 교황 율리우스 2세에게 반기를 듦. 마키아벨리는 교회위원회에 반대하는 피렌체 측에 고용됨. 프랑스에 네 번째로 파견됨. 교황 율리우스 2세는 아라곤의 페르난도, 베네치아 공국, 그리고 영국의 헨리 8세에 의해 프랑스에 대항하여 신성 동맹 체결
1512	라벤나 전투에서 프랑스군 승리. 스위스 군대가 프랑스에 항거하여 이탈리아로 진군. 당시 프랑스는 정복지의 대부분을 포기하도록 되어 있었음. 마키아벨리는 피렌체 영토 안에서 군대 양성. 소데리니 몰락. 메디치가 귀환. 마키아벨리 공직 상실
1513	교황 율리우스 2세 사망(2월 20일). 조반니 데 메디치는 교황 레오 10세로 등극. 아라곤의 페르난도와 프랑스의 루이 12세가 이탈리아 영토 밖에서의 평화 협정을 체결. 루이 12세와 베네치아인들이 밀라노를 침공했지만 프랑스군은 노바라에서 스위스군에 패배하여 이탈리아를 떠남. 베네치아인이 동맹군

(막시밀리안 황제, 에스파냐, 밀라노, 교황)에 패배. 영국의 헨리 8세가 프랑스를 침공하여 테루네 장악. 마키아벨리는 산 카스치아노 근처의 저택에 은퇴하여 『군주론』과 『리비우스 역사 논고』 집필 시작

1515 루이 12세가 죽고 프랑수아 1세가 왕위 승계. 프랑수아 1세가 이탈리아를 침공하여 마리냐노에서 스위스 격파하고 밀라노 장악

1516 아라곤의 페르난도 사망. 카를 5세 등극. 줄리아노 데 메디치 사망. 우르비노의 대공 로베레가 대공의 자리에서 축출, 로렌초 데 메디치가 대공이 됨

1517 독일에서 루터의 종교 개혁 시작

1518 로렌초 데 메디치가 프랑수아 1세의 친척인 프랑스 여인 마들렌과 결혼. 마키아벨리가 루첼라이 가문의 소유인 오르티 오리첼라리 정원에서 여러 문인들을 만남

1519 막시밀리안 1세 사망. 우르비노의 대공 로렌초 데 메디치 사망. 줄리오 추기경이 피렌체를 장악하고 로렌초보다 더 많은 자유를 줌. 마키아벨리가 줄리아노 데 메디치의 요청을 받아 『피렌체 정부 개혁론』 집필

1520 루터가 교황의 교서를 불태움. 마키아벨리는 루카에서 피렌체의 상인들을 위한 사업 요원으로 활동. 그곳에서 『카스트루치오 카스트라카니 평전』 집필. 주로 줄리아노 데 메디치의 영향으로 피렌체의 역사를 쓰는 직분을 맡음. 마키아벨리의 희극 『만드라골라』 공연(1521년 또는 1522년일 수도 있음. 작품 탈고 날짜가 알려지지 않음. 1504년 연보 참조)

1521 레오 10세와 카를 5세, 프랑스에 대항하여 비밀 협정 체결. 밀라노가 프랑스로부터 회복되었지만 성채는 파괴되었음. 레오 10세 사망. 로베레가 우르비노 대공의 직분을 회복함. 피렌체인들이 그로부터 페루자를 보호하기 위해 군대 파견. 마키아벨리가 임무를 띠고 카르피에서 열린 프란체스코 교단 총회에 파송됨. 마키아벨리 『전술론』 출간

1522 아드리안 6세 교황 등극. 우르비노 대공이 페루자 장악. 블랙 밴드의 조반니 데 메디치가 피렌체를 위해 싸움. 피렌체에서 마키아벨리의 여러 친구들이 가담한 반反 메디치 음모가 있었으나 마키아벨리는 그에 가담하지 않았음

1523 밀라노의 성채가 교황과 신성 로마 황제의 장군인 콜론나에게 정복됨. 교황 아드리안 6세 사망. 줄리오 데 메디치가 클레멘스 7세로 교황 등극. 『군주론』

에 기초한 라틴어 작품인 니포의 『통치술』 출간

1524   프랑수아 1세가 이탈리아 침공. 조반니 데 메디치가 프랑수아 1세에게 가세
        함. 클레멘스 7세가 코르토나의 추기경 파세리니를 피렌체의 통치자로 임명.
        『만드라골라』 출판(정확하지 않음)

1525   파비아 전투 발발. 프랑수아 1세가 제국 군대에게 패배하고 포로가 됨. 마키
        아벨리가 『피렌체사』를 클레멘스 7세에게 헌정. 『만드라골라』를 대본으로 한
        「클리치아」 피렌체에서 공연

1526   마드리드 조약은 프랑수아 1세로 하여금 카를 5세에게 부르군디를 양도할 수
        있는 조건에 관한 자유를 주었고, 이에 따라서 밀라노에 대한 그의 권리도 포
        기했음. 교황, 베네치아, 밀라노 대공, 프랑수아 1세 사이에 코냑 조약 체결. 조
        반니 데 메디치가 제국 군대에 대한 항전에서 전사. 마키아벨리는 피렌체의
        성곽을 근대화하는 계획으로 분주

1527   클레멘스 7세가 나폴리에서 카를 5세에 대한 전쟁 개시. 제국 군대와 함께 샤
        를 드 부르봉이 로마로 진군. 사령관은 전사했으나 도시는 함락되어 약탈당
        함. 메디치가가 피렌체에서 추방됨. 마키아벨리 사망

1531   『리비우스 역사 논고』 출간

1532   『카스트루치오 카스트라카니 평전』, 『피렌체사』 출간

1537   『클리치아』 출간

도판 출처

찾아보기

279